U0944500

宋词三百年

艾公子·著

台海出版社

图书在版编目（CIP）数据

宋词三百年 / 艾公子著 . -- 北京：台海出版社，2022.9（2022.11 重印）

ISBN 978-7-5168-3268-4

Ⅰ.①宋… Ⅱ.①艾… Ⅲ.①中国历史—宋代—通俗读物 Ⅳ.① K244.09

中国版本图书馆 CIP 数据核字（2022）第 154721 号

宋词三百年

著　　者：艾公子

出 版 人：蔡　旭　　封面设计：今亮后声・小九

责任编辑：姚红梅

出版发行：台海出版社

地　　址：北京市东城区景山东街 20 号　邮政编码：100009

电　　话：010-64041652（发行，邮购）

传　　真：010-84045799（总编室）

网　　址：www.taimeng.org.cn/thcbs/default.htm

E-mail：thcbs@126.com

经　　销：全国各地新华书店

印　　刷：天津旭丰源印刷有限公司

本书如有破损、缺页、装订错误，请与本社联系调换

开　　本：880 毫米 × 1230 毫米　1/32

字　　数：325 千字　　印　张：14

版　　次：2022 年 9 月 第 1 版　　印　次：2024 年 6 月 第 4 次印刷

书　　号：ISBN 978-7-5168-3268-4

定　　价：79.80 元

版权所有　翻印必究

宋　赵佶《听琴图》（故宫博物院藏）

泛月四時宜九夏為尤
芙荷塘窮而幽淥水
清且淺不必擷芳華
虛明供靜遣灑然玉
壺冰色香俱難辨
御題

宋　赵伯驹《莲舟新月图》

北宋　苏汉臣《货郎图》

北宋　赵昌《岁朝图》

宋　佚名《盥手观花图》

南宋　佚名《杂剧（打花鼓）》

北宋　燕文贵《溪山楼观图》

宋　萧照《山腰楼观图》

宋　周季常《五百罗汉·应身观音图》

北宋　苏汉臣《秋庭戏婴图》

宋　佚名《松阴策杖图》

宋　佚名《西湖春晓图》

北宋　范宽《雪景寒林图》

自序

宋词里被遗忘的历史

明崇祯三年，公元1630年，江苏常熟，毛晋刊刻出版了一套书：《宋六十名家词》。这套书，只是这个“富二代”一生辉煌刻书事业的其中一种而已，但对宋词的整理和流传起到了极大的作用。在接下来的清代，这套书被人一刻再刻，广为流传，成为无数人欣赏和学习宋词的启蒙书籍。

毛晋，他平生别无所好，就喜欢藏书和刻书。为了搜集宋元善本、孤本，他公开张榜说，“别家出一千，我出一千二百”，以高出市场20%的收购价，将江南一带的好书尽收囊中。他家的藏书楼——汲古阁，最终所藏秘本珍籍多达8.4万余册。这么多好书，毛晋搜罗过来后，苦心校勘，又雇刻工、印工等多人，进行刊刻出版，造福天下读书人。

毛晋去世两百多年后，晚清一个广西临桂人，花费近三十年时间，刻成出版了多种宋元词集，包括《四印斋所刻词》二十四种、《汇刻宋元三十一家词》三十一种等。这些刻本，保存了善本词集的原书真貌，十分难得和珍贵，故被学界专称为“四印斋刻本”。

这名广西临桂人，名叫王鹏运。他官做得不大，但思想颇为进步，曾多次替康有为代上奏折，屡次抗疏言事，几罹杀身之祸。他一生最大的成就在词学上，被誉为“晚清四大家”之首。

清光绪二十二年（1896），王鹏运在京师创立词社，期间，一个四十岁的浙江湖州人开始跟着他学词。由此机缘，这个大器晚成的湖州人，青出于蓝而胜于蓝，此后亦跻身“晚清四大家”之列，并成为王鹏运之后领导词坛近三十年的领袖。

这个传奇人物，名字叫朱祖谋。他有一个更广为人知的名号，上彊村民。如今最为流行的宋词选本《宋词三百首》，就是他在1924年编的，上面署名“上彊村民编”。在《宋词三百首》中，他收选了宋代词人88家，选词标准是有神致、浑然天成，选源是既广泛又深入，此选本对后世影响极深。

至此，作为宋代文学代表的宋词，历经数百年的流传、保存与刊刻，终于不至湮灭佚失。而且，随着一代代出版家、词学家的不懈努力，宋词跟唐诗一起，日渐走入普通读书人的阅读范畴，成为无数国人的精神食粮。但是，相比早在康熙四十四年（1705）由皇帝出面组织刊刻的影响深远的《全唐诗》，宋词直到二十世纪还在等待一个集大成的时机。

直到唐圭璋的出现。

“我在读大学时，曾在图书馆浏览过清康熙年间由彭定求、沈三曾等10人奉旨编校的《全唐诗》，《全唐诗》有12卷，共收入唐五代诗48900余首。我由唐诗想到宋词，宋词的数量虽不如唐诗，但宋词的艺术质量却完全可以和唐诗媲美，因此我心中升起一个想法，我来编一部《全宋词》，留给喜爱宋词的读者。”后来回忆起编《全宋词》的动因，唐圭璋如此说道。

在战乱年代，从搜集、整理、考证、校勘到编辑，唐圭璋凭一人之力，积十年之功，终于在1940年出版了《全宋词》。此间的艰辛，难以为外人道。中华人民共和国成立后，《全宋词》又经过王仲闻修订、孔凡礼补辑，总共收录有姓氏可考的词人达1493家，词作达20155首，是迄今为止收录词人词作最为完备的宋词总集。其中，1493家词人，唐圭璋一人就辑佚939家，是《全宋词》编纂中当之无愧的第一功臣。一代词宗，实至名归。

回顾宋词流传的历史，对于网络时代的人们而言，或许难以体会前人与时间赛跑的文化焦虑感。但是，你只要想一想，在进入电子数据化时代之前，人类为了保存精神食粮，耗费了多少心力，而往往伴随着一场战争、一次藏书楼大火，抑或是虫咬水浸，多少经典就灰飞烟灭，永远消失在历史的暗夜中，就像那些美好的文字从未出生过一样。是的，每想至此，你就会知道，无论是《尚书》《史记》，抑或是唐诗、宋词，我们今天还能够读到，无疑是十分幸运，甚至于有些侥幸了。当然，我们必须承认，有更多的文字经典，我们已经永远无法读到和听到了。

但在有限的幸运和侥幸背后，其实是人力对抗经典流失的结果：如果不是司马迁本人的传世意识，司马迁外孙等人的精心保存，我们还能看到多少《史记》篇目？如果不是伏生的舍命护书与传书，我们还能看到多少今文《尚书》？如果不是胡震亨、季振宜、康熙皇帝等人的用心整理和挂念，传世的5万首唐诗还要湮灭多少？如果不是毛晋、王鹏运、朱祖谋、唐圭璋等人的跨代努力，传世的2万首宋词还要湮灭多少？……

所以，我们今天讲宋词，第一要感谢两宋时期的词人，写下了它们；第二要感谢每一首宋词在长达千年的流传过程中，那些默默传抄、校勘和刊刻它的幕后功臣。

词从小道、艳科，难登大雅之堂，到上升为“一代之文学”，中间经历了怎样的历史变迁？是哪些人使宋词完成了蜕变？是哪些事在宋词中留下深刻印痕？而宋词又是怎样与一个王朝的兴衰相始终？这背后，大有故事可讲。

可惜的是，许多研究宋词的书籍，更喜欢沿着文学鉴赏的老路，去告诉读者这首词好在哪儿，而往往忽略了作品诞生的时代信息——这背后可能是一场惊心动魄的战争，可能是一次你死我活的政治斗争，抑或可能是一次宾主尽欢的宴饮，又抑或是一曲哀伤痛悟的临终寄语。

一个作品，诞生的历史信息，有时更能引起我们的兴趣。这也是我在前面花了这么多笔墨去追述宋词流传过程的原因，每一次整理保存都携带着那个时代的信息，从而超越了词作本身的意义与内涵。有鉴于此，摆在您面前的这本书，或许是独特的：我们不是从文学角度去解析宋词的美与痛，而是尝试着从历史角度去走近宋词的时代氛围，去读取深藏其中的兴衰起落，生老病死，辉煌、深沉、热闹与沉默。

希望您会喜欢以这样的方式重新接触和认识宋词。现在，请跟着我的脚步，一起开始这趟宋词之旅吧。

艾公子
2022年2月22日

目录 Contents

宋兴：从花间词到宋词

978年南唐后主李煜之死，
标志着文学史上“五代词”的落幕。
当大幕再拉开时，
属于两宋最高荣耀的“宋词”开始隆重登场。

变革：北宋党争与士人词声

在北宋大变革时代，
多少的政治斗争和缠斗，
抵不过一阕绝妙好词穿越时光的力量。

亡国：家山回首三千里

家国远去三千里，
这种南归和北伐的慷慨愁绪，
在经历宋徽宗时代的清新靡丽之后，
开始变得字字带血。

北伐：王师北定中原日

爱国主义之精神，
实为南宋一代文化之命脉，
亦为南宋词之命脉。

终局：最后的宋词

张炎、王沂孙、周密和蒋捷，
这四位词人被后世称为“宋末四大家”。
他们在国破家亡之后书写最后的宋词。

别集：从宋词中体会宋人生活的侧面

相较于讲述宋代的词，
我们更想讲述词里的宋代，
那些活生生的词人，
那个活生生的朝代，那段活生生的过往。

宋兴：从花间词到宋词

978年南唐后主李煜之死，
标志着文学史上“五代词”的落幕。
当大幕再拉开时，
属于两宋最高荣耀的“宋词”开始隆重登场。

乱世花间词：宋词的先声

花间词书写了一个时代的开始，却来不及记录一个时代的结束。

没有花间词，就不会有宋词。

1

978年南唐后主李煜之死，标志着文学史上“五代词”的落幕。当大幕再拉开时，属于两宋最高荣耀的“宋词”开始隆重登场。

而在李煜死前大约一百年，温庭筠就走完了他的一生。我们至今无法确知温庭筠死于哪一年，只能推断他应该死在唐末王仙芝、黄巢起义爆发之前。

未能看到摧枯拉朽的起义如何重创那个曾经辉煌的朝代，但温庭筠也切实经历和感受到了一个时代的江河日下。

温庭筠生在没落贵族家庭，自幼才华横溢。唐宣宗大中年间进京应试，京师人士争相与之结交。

江湖上流传着很多关于他的段子，说他有一种本领，应试时，根本不用打草稿，把手笼到袖子里，伏在几上，信口吟诵，便能作完八韵的诗赋，因此人送外号“温八吟”。又说他一叉手即成一韵，八叉手即能完篇，故又名“温八叉”。

他还是个“天才枪手”，经常出现在考场上代人答题。最“牛”的一场考试，他暗中帮了8个人答卷。看来，“8”是他的幸运数字。

讽刺的是，他自己科举却一直不顺利，“累年不第”。

原因呢，根据史书记载，温庭筠到京城后，“士行尘杂，不修边幅，能逐弦吹之音，为侧艳之词。公卿无赖子弟……相与蒲饮，酣醉终日，由是累年不第”。总之就是跟京城的贵族子弟一块儿玩耍堕落，喝酒唱歌，当权者认为这样的人不靠谱，所以把他放弃了。

不过，其中有项“罪名”值得说一说，叫作“为侧艳之词”。

写艳词，被当作是不入流乃至下流的，这跟早些年杜牧写艳诗饱受非议是一样的。然而温庭筠在现实中的挫折，正是他死后成名的“资本”。

在他死后六七十年，后蜀出了一本畅销书《花间集》，开卷便是66首温庭筠词，温庭筠由此被奉为中国词史上第一个流派“花间词派”的鼻祖，影响深远。

含娇含笑，宿翠残红窈窕。鬓如蝉，寒玉簪秋水，轻纱卷碧烟。雪胸鸾镜里，琪树凤楼前。寄语青娥伴，早求仙。

霞帔云发，钿镜仙容似雪。画愁眉，遮语回轻扇，含羞下绣帏。玉楼相望久，花洞恨来迟。早晚乘鸾去，莫相遗。

——温庭筠《女冠子》

像“雪胸鸾镜里”这样直写女人胸脯的词句，在温庭筠生活的时代还难以被接受。所以，尽管在五代来临以后，有无数的花间派词人都在写“雪胸”，但早生了半个世纪的温庭筠显然没赶上那样的“好时代”。在现实中，他“活该”被正襟危坐的士大夫摒弃。

更倒霉的是，这名恃才傲物的落魄才子，因为太耿直，最终丧失了人生的转机。

史载，温庭筠起初很受宰相令狐绹的欣赏，经常出入令狐绹的书馆。令狐绹是唐宪宗时期宰相令狐楚的儿子，他本人则在唐宣宗时期担任相位长达十年之久。

令狐绹善待当时受人冷落的温庭筠并非没有条件。他的意图很明确，利用温庭筠的才气向皇帝邀宠。据说唐宣宗很喜欢《菩萨蛮》的曲子，令狐绹就拿了温庭筠所作《菩萨蛮》词20首（现存14首）进献给唐宣宗，谎称是自己写的。同时，令狐绹告诫温庭筠，不能向外人透露此事。

有才的人身上难免有个性。温庭筠怎能受得了自己最满意的作品被他人“盗用”，剥夺署名权？于是，很快，整个京城都在哄传令狐绹偷了温庭筠20首《菩萨蛮》的事儿，搞得令狐绹无地自容。

小山重叠金明灭，鬓云欲度香腮雪。懒起画蛾眉，弄妆梳洗迟。

照花前后镜，花面交相映。新帖绣罗襦，双双金鹧鸪。

——温庭筠《菩萨蛮》

这是温庭筠《菩萨蛮》的第一首，也是花间词的扛鼎之作。如果温庭筠当年咽下了那口气，他或许可以在令狐绹的庇护下享受荣华富贵，但他偏不。哪怕当年这些词不受待见，他依然认为这是可以青史留名的作品。他才不在乎现世的安稳，他要的是一股傲气得以抒发。

所以，类似让令狐绹下不了台的事儿，温庭筠没少干。

野史记载，唐宣宗作了一首诗，里面用到“金步摇”一词，却一时找不到合适的对仗语。结果温庭筠对以“玉条脱”，唐宣宗十分赞赏。“金步摇”和“玉条脱”都是人身上的饰物，对仗也堪称完美。

令狐绹不知道“玉条脱”是什么东西，出自什么典籍，于是就问温庭筠。温庭筠告诉令狐绹出自某某书，但又忍不住多嘴说了一句：丞相在处理公事之余，也应该读点古书呀。

一句话又让堂堂宰相难堪至极。

据说唐宣宗本有意把温庭筠提拔成进士，但令狐绹从中作梗最后不了了之。被令狐绹疏远后，温庭筠更加陷入困顿，流落而终。

相传温庭筠曾收过一个女弟子，教她写诗。这个女弟子，名鱼玄机。某年，鱼玄机因笞打女婢致死，被京兆尹温璋判处死刑。而温璋是温庭筠的远亲。

听闻女弟子被处死，流落千里之外的温庭筠默然无语。

无穷的远方，无数的女子，在温庭筠的词里都和他有关。但在现实中，他却只是一个无能为力的旁观者，仅此而已。

牡丹花谢莺声歇，绿杨满院中庭月。相忆梦难成，背窗灯半明。
翠钿金靥脸，寂寞香闺掩。人远泪阑干，燕飞春又残。
——温庭筠《菩萨蛮》

2

唐朝号称盛世，长安名为世界中心，但大唐一乱起来，连皇帝都往四川跑。原来，成都才是大唐最后的乌托邦。

温庭筠死后，王仙芝、黄巢起义相继爆发，“衣冠之族多避乱在蜀”，花间词派就崛起于西蜀。由此形成了此后半个多世纪西蜀文化的繁荣——五代词的第一个高峰。

在花间词派内部，如果说温庭筠是死去的教父，那么韦庄就是活着的教父。

897年，当年逾六旬的韦庄被朝廷派往蜀中时，他不知道自己将要在那里经历改朝换代，并终老于此。

跟温庭筠一样，韦庄也出身于没落贵族家庭。他是韦应物的四世孙。史书并未记载他有何“不检点”的行为，但他参加科举就是考不上。不过，与温庭筠率性而为、爱咋咋地的个性相反，韦庄最终却活成了乱世中的励志榜样。

唐僖宗广明元年（880），韦庄在长安科举失败。同年十二月，黄巢起义军攻入长安，唐僖宗逃往四川，韦庄滞留长安，与弟、妹失散。一年多后，他才得以离开长安赴洛阳。

在洛阳，韦庄完成了著名的长篇叙事诗《秦妇吟》。全诗长达1666字，是现存唐诗中最长的一首。诗中通过一名从长安逃难出来的女子即“秦妇”的叙说，描写黄巢起义军攻占长安、称帝建国，与唐军反复争夺长安以及最后城中被围绝粮的情形。诗中有许多悲怆之语以及血淋淋的描写，没有经历过那场战乱的人，断然写不出来。

在这首长诗中，韦庄给自己的定位是一个冷峻的历史记录者。他既写了黄巢军的暴虐，“东南断绝无粮道，沟壑渐平人渐少”，“内库烧为锦绣灰，天街踏尽公卿骨”；也写了朝廷官军之恶甚于黄巢，“黄巢过后犹残半”，但官军一来，“罄室倾囊如卷土”……据说此诗甫一问世就流传广泛，韦庄因此获得绰号“秦妇吟秀才”。

单凭这首史诗，韦庄已经足够在唐代文学史上占有一席之地了。然而，这首史诗在很长的历史时间内却失传了，直到20世纪初在敦煌石窟中被发现后才重见天日，震惊世人。

韦庄本人的态度也很奇怪，他晚年一再告诫子孙，不要提及此诗。他的诗词集《浣花集》也未收录此诗。似乎在他自己看来，这首诗犯了什么忌讳，使他本人都不愿提起。

当年，黄巢军攻陷长安后，负责组织朝廷官军反击的人叫杨复光，杨复光手下有八个都头，其中一个叫王建。这个王建后来成为五代十国中前蜀政权的开国皇帝，而韦庄晚年入蜀后，官至前蜀宰相。王建成了韦庄的上级，《秦妇吟》中讽刺朝廷官军（包括王建部队）胡作非为的句子自然也不好让其看到，于是韦庄才忍痛将这首诗删掉，并严禁子孙提及。

从长安逃亡洛阳后，韦庄仍然四处避乱。从四十八岁到五十八岁，除中间一度北上迎驾之外，他在江南前后待了近十年。江南因此成了他的第二故乡。

人人尽说江南好，游人只合江南老。春水碧于天，画船听雨眠。

垆边人似月，皓腕凝霜雪。未老莫还乡，还乡须断肠。

——韦庄《菩萨蛮》

这是韦庄后来回忆江南生活的代表词作之一，语句清秀，但读完使人莫名惆怅。晚清词人陈廷焯评论说，“意中是乡思，笔下却说江南风景好，真是泪溢中肠，无人省得”。

892年的秋天，五十七岁的韦庄从江南的衢州出发，赴长安应试。在近六十岁的时候，这个顽强的老头儿终于考中了进士，被朝廷任命为校书郎，开始仕途生涯。

而此时，他所效忠的王朝早就进入了败亡的倒计时。

897年，韦庄奉朝廷之命入蜀，作为副官去调解西川节度使王建和东川节度使顾彦晖的矛盾。但王建并不理会朝廷的态度，依旧出兵打败顾彦晖，尽占两川之地。

皇权出不了长安，使大半生执着于科举的韦庄再次领会到王朝末世的残酷。“蜀王”王建不断扩张自己的势力，他很欣赏韦庄，希望韦庄到自己的幕府中任职。韦庄没有立即答应。

三年后，韦庄答应了。王建很高兴，任命他为掌书记。

关于韦庄投靠王建，不同人站在不同立场会有不同的评价。有人站在王朝正统的角度，谴责他背叛唐朝；有人站在乱世的角度，肯定他的选择是明智的；有人站在地方的角度，赞赏他为四川的稳定作出了贡献。

劝君今夜须沉醉，尊前莫话明朝事。珍重主人心，酒深情亦深。

须愁春漏短，莫诉金杯满。遇酒且呵呵，人生能几何。

——韦庄《菩萨蛮》

902年，韦庄在成都找到了杜甫草堂的旧址，重结茅屋，使之得以保存。

907年，朱温篡位，建立后梁，开启五代乱世的第一个朝代。王建传檄天下，要联合各藩镇讨伐朱温。各藩镇知道王建想挑头，无人响应。王建又写信给晋王李克用，说服李克用跟他一起称帝，二人“各帝一方”，李克用未同意。

同年九月，韦庄与众将共同劝说王建：“大王虽然忠于唐朝，但是唐朝已经灭亡，正所谓‘天与不取，反受其咎’啊。”于是，王建率领官员、百姓痛哭三日后，即皇帝位，国号大蜀（史称前蜀）。

第二年，韦庄被委任为前蜀宰相。前蜀的制度，基本是他制定的。而他的主要思想，就是希望在乱世中保持稳定，使百姓免于离乱的痛苦，所以他总是劝王建不要介入中原的战争。可以说，唐末五代时期，四川地区的短暂繁荣与安定，离不开韦庄的功劳。

据说，韦庄在生活中极为节俭，甚至吝啬。每次做饭，下多少米都有固定分量，连做饭烧的柴也要事先称好。如果吃肉，一共多少片他也记得清清楚楚，少一片都会知道。他有个儿子八岁夭折了，只以原来睡的草席包着去下葬，掩埋后，他又把那床草席带了回家。

没有经历过战争年代的人，无法理解韦庄的这些行为。他曾在战乱时四处避战漂泊，太懂得珍惜眼前的一草一木、一米一粟了。

而这也影响到韦庄的词。他写的词不像温庭筠有那么多镂金错彩的描写，而是以白描见长，色彩清淡，却能俘获人心。王国维分别以温庭筠和韦庄二人的词句来形容他们的词风，说温庭筠的词是“画屏金鹧鸪”，韦庄的词是“弦上黄莺语”。

哪怕是写情情爱爱的东西，韦庄处理起来同样平淡如水，但却有纪录片的真实感，流露着隐隐的忧伤。

四月十七，正是去年今日，别君时。忍泪佯低面，含羞半敛眉。

不知魂已断，空有梦相随。除却天边月，没人知。

——韦庄《女冠子》

记得那年花下，深夜，初识谢娘时。水堂西面画帘垂，携手暗相期。

惆怅晓莺残月，相别，从此隔音尘。如今俱是异乡人，相见更无因。

——韦庄《荷叶杯》

910年，韦庄在成都病逝，享年七十五岁。

著名文学史家郑振铎说，在韦庄之前，“蜀中文学，无闻于世……李（白）、杜（甫）与蜀皆有关系，但并没有给蜀中文学以若何的影响。到了韦庄的入蜀，于是蜀中乃俨然成为一个文学的重镇了。从前后二位后主（前蜀末帝王衍、后蜀末帝孟昶）起，到欧阳炯等诸人止，殆无不受有庄的影响。花间的一派，可以说是，虽由温庭筠始创，而实由韦庄而门庭始大的”。

3

五代乱世中，四川地区先后出现两个政权——前蜀与后蜀。正是这两个偏安的政权，庇护了词的创作，使得西蜀成为五代仅有的两个文学重镇之一（另一个是南唐）。

韦庄死后十五年，925年，前蜀在王建的儿子、蜀国第二代皇帝王衍的手中亡了。王衍的口碑并不好，他喜欢游山玩水，奢靡无度。前蜀亡国前夕，后唐庄宗李存勖派出的军队打过来了，王衍接到急报，还认为是朝中大臣为了阻止他继续游玩而编造军情来吓唬他。

但这名荒唐帝王喜唱艳曲，曾“自执板唱《霓裳羽衣》及《后庭花》《思越人》曲”，并曾作过《醉妆词》等艳词。

者边走，那边走，只是寻花柳。
那边走，者边走，莫厌金杯酒。

——王衍《醉妆词》

后唐灭了前蜀后，自身也陷入内乱，李存勖在兵变中被杀，平蜀主将郭崇韬亦因此事变身亡，西川节度副使孟知祥遂窃取蜀中兵权，继续割据四川。新即位的后唐明宗李嗣源只得接受既定事实，于933年封孟知祥为蜀王。第二年，孟知祥在成都建国称帝，国号蜀，史称后蜀。同年，孟知祥去世，“家业”留给了儿子孟昶。

孟昶是个颇有争议的人物。965年，宋太祖赵匡胤出兵灭了后蜀之后，认为孟昶是一个荒淫、无能的昏君。但实际上，孟昶在位三十余年，励精图治，境内很少发生战争，使得后蜀继续维持前蜀的经济文化发达局面。据《蜀梼杌》记载，孟昶投降宋朝，离开成都时，“万民拥道，哭声动地”。《邵氏闻见录》也说：“（孟）昶治蜀有恩，国人哭送之。”可见，后蜀虽然亡了国，但百姓依然爱戴孟昶，并不像北宋宣传的那样，亡国之君就一定是坏人、昏君。

史载，孟昶也喜爱并擅作艳词，曾以花蕊夫人徐妃为描写对象作词进行歌咏。他的名作《木兰花》更是在宫中广为传唱。

冰肌玉骨清无汗，水殿风来暗香满。绣帘一点月窥人，攲枕钗横云鬓乱。

起来琼户寂无声，时见疏星渡河汉。屈指西风几时来，只恐流年暗中换。

——孟昶《木兰花》

如同南唐的君主爱填词，前、后蜀的君主虽然词作水平跟“词帝”李煜没法比，但他们的示范效应，带动了词这一文学形态在四川地区的流传与繁盛。

五代时期，中原几乎是没有文学的，宋朝建立后，词代表了两宋文学的最高荣耀。而追溯宋词发展的根源，则必须追溯到蜀中的花间词派。花间词派被认为是“倚声填词之祖”，在千年词史上占有极为重要的地位。但因为不像南唐有李煜的存在，花间词派的地位常常遭到忽略。

4

温庭筠是花间词的鼻祖，也是文学史上第一个大量作词，且以词名掩盖诗名的人。正是在他手上，词在题材和风格上终于与诗分道扬镳，发展为一种独立的体裁。温庭筠之后，士大夫才开始关注词这种充满艳情但却婉约的文体。后世著名词人如冯延巳、李煜、欧阳修、柳永、晏几道、周邦彦等，无一不受温庭筠的影响。到了明朝，还一度出现“人人读花间，少长诵温词”的程度。

梳洗罢，独倚望江楼。过尽千帆皆不是，斜晖脉脉水悠悠。肠断白蘋洲。

——温庭筠《望江南》

至于韦庄，如古代文学研究大家莫砺锋所说，从纯属客观描写的、仅供歌姬舞女所唱的“伶工之词”，到从主观上抒情述怀的“士大夫之词”，中间有一个过渡，而韦庄正是这一过渡中的关键人物。

相比温庭筠，韦庄的词不再单纯为思妇怨女代言，有时也自抒情怀，在深沉的独白中流露出词人自身的个性和情感。这一点，深深影响了李煜，使其写出了至深至痛的经典词作。

如今却忆江南乐，当时年少春衫薄。骑马倚斜桥，满楼红袖招。翠屏金屈曲，醉入花丛宿。此度见花枝，白头誓不归。

——韦庄《菩萨蛮》

除了温庭筠和韦庄这两位“扛把子”的大师，花间词派中还有很多扫地僧式的高手。比如孙光宪。孙光宪服务于十国中最小的政权——南平，官至御史中丞。963年，宋太祖赵匡胤以平定湖南为名，借道从荆州过。有大将劝南平末代国君高继冲加强军事防备，孙光宪呵斥说：“你是峡江的一平民罢了，怎么知道成与败。中国从周世宗以来，已有统一天下的志愿。何况宋太祖秉承天命，真主出现了！王师不是轻易能抵挡的。”因而叫高继冲去了解情况，封府库以待，将三州之地都献给北宋。赵匡胤嘉奖孙光宪统一的功勋，授任黄州刺史。

孙光宪以文学自负，处南平，怏怏不得志，认为在乱世中不能展示他的文学才能。他每次对知交说：“宁知获麟之笔，反为倚马之用。”后蜀编《花间集》，孙光宪被收录的词达61首，数量仅次于温庭筠，可见他的水平。

鸡禄山前游骑，边草白，朔天明，马蹄轻。鹊面弓离短韔，弯来月欲成。一只鸣髇云外，晓鸿惊。

帝子枕前秋夜，霜幄冷，月华明，正三更。何处戍楼寒笛，梦残闻一声。遥想汉关万里，泪纵横。

——孙光宪《定西番》

又比如李珣。他的祖先是波斯人，妹妹李舜弦是前蜀后主王衍的昭仪。尽管有这层关系，李珣在前蜀没有做过什么重要的官，而前蜀灭亡后，他隐居起来，过着一种诗酒陶情的世外生活。

楚山青，湘水绿，春风澹荡看不足。草芊芊，花簇簇，渔艇棹歌相续。

信浮沉，无管束，钓回乘月归湾曲。酒盈尊，云满屋，不见人间荣辱。

——李珣《渔歌子》

正是有许多像孙光宪、李珣一样热衷写词的文人，撑起了花间词派的世界，并一步步催生了宋词的高光时刻。尽管后来的人往往戴着有色眼镜看花间词，认为它“艳情”，批判它是“亡国之音”，但站在历史的当下，我们必须承认，没有花间词，就不会有宋词。

965年，北宋灭亡后蜀之后，对富庶的四川地区进行蹂躏和盘剥，用了十几年将后蜀府库财物全部运至开封，并对蜀地制定沉重的纳税指标，由此造成民生贫苦。四川人在北宋统治下的命运，远远不如孟昶当国主的时候。以至于蜀地刚归降，反宋运动就连绵不绝。这些反宋武装，往往假托孟昶（或其后人）的名义相号召，打出“兴国”“兴蜀”的旗帜，重建蜀国的意图十分明显。赵匡胤为此十分头疼，曾怅然说了一句："蜀人思孟昶不忘。"直到二十多年后，993年，四川爆发了北宋规模最大的农民起义。

这时候，通过蜀地和南唐的反哺，宋词已在酝酿着更辉煌的爆发。也就没有什么人记得孕育了花间词的蜀地，此刻正在经受怎样的苦难了。

文学与历史就这样擦身而过。花间词书写了一个时代的开始，却来不及记录一个时代的结束。但愿还有人知道这么个时代，这么些人，这么一朵奇葩，来来往往，消失无痕。

带血的宋词：9个亡国之君被消灭以后

金陵（南京）城外，北宋大军已经围城十月，但南唐国君李煜仍然幻想着，赵匡胤能放他一马。

这是北宋开宝八年（975）初冬。面对兵临城下、三面围城的北宋大军，李煜最后一次派出使臣徐铉前往开封城中，希望能够说服赵匡胤撤兵、放过南唐。

尽管已近亡国，但善辩的徐铉仍然在赵匡胤面前慷慨陈词："李煜无罪，陛下师出无名。李煜如地，陛下如天；李煜如子，陛下如父。天乃能盖地，父乃能庇子。"

五代十国已近尾声，赵匡胤只是笑笑："既是父子，如何两处吃饭？"

徐铉仍然恳求道，希望赵匡胤能放南唐国一马。说得赵匡胤怒了，蹦出了那句千古名言："卧榻之侧，岂容他人鼾睡！"

徐铉无力回天，只能扼腕叹息。

半个月后，北宋名将曹彬督军攻城，金陵城破，李煜被俘。历经三世、国祚三十八年的南唐，至此泯灭于金戈铁马之中。

后来，李煜在词中如此描绘山河破碎时的困窘狼狈：

四十年来家国，三千里地山河。凤阁龙楼连霄汉，玉树琼枝作烟萝，几曾识干戈？

一旦归为臣虏，沈腰潘鬓消磨。最是仓皇辞庙日，教坊犹奏别离歌，垂泪对宫娥。

——李煜《破阵子》

1

对于五代十国盛行的曲子词，赵匡胤是很有好感的。

北宋乾德三年（965），仅仅用了六十多天，宋军就兵临成都，俘虏了后蜀国君孟昶。尽管后蜀全境要到次年才被平定，但大局已定，赵匡胤心中欢喜，早已听闻后蜀曲子词发达、曲调靡靡，于是赵匡胤找来后蜀的降臣、词人欧阳炯，希望能洞窥曲子词的艳丽。

欧阳炯是个“降臣”，他先是出仕前蜀，前蜀被后唐灭亡后出仕后唐，后来又投降后蜀，如今后蜀灭国，他又出仕北宋。

欧阳炯在后蜀曾官至宰相，为后蜀国君孟昶所信任。

这位后蜀宰相会吹笛，还填得一手好词。仅以一个“春”字，他就能写出万般变化：

春来街砌，春雨如丝细。春地满飘红杏蒂，春燕舞随风势。

春幡细缕春缯，春闺一点春灯。自是春心撩乱，非干春梦无凭。

——欧阳炯《清平乐》

对于这位会吹长笛的词人宰相，赵匡胤自然充满好奇，于是召来欧阳炯在开封皇城中奏曲表演。御史中丞刘温叟听说后，劝谏赵匡胤道，后蜀君臣沉溺声乐以至亡国，切不可重蹈覆辙。赵匡胤说："朕早就听说孟昶君臣如此，故而为我所擒。朕之所以召唤欧阳炯，不过是想检验传言罢了。"

作为开国之君，雄心壮志的赵匡胤很能克制私欲、杜绝靡靡之音。此后，他再也不找欧阳炯等后蜀臣工吹笛、作词、奏乐了。

所以，当词名远扬的南唐国君李煜被俘抵达开封时，赵匡胤更加深信御史中丞刘温叟等人的谏言。发达的曲子词，在某种程度上，确实是五代十国时期南方各国的亡国之音。加上南唐出兵抵抗，这更加使得赵匡胤心中厌恶。于是，他故意封李煜为"违命侯"以侮辱他。

李煜心中愁苦，作为南唐国主李璟的第六子，他原本与帝位无缘。因缘巧合的是，他前面几位哥哥多数夭折，后来被立为太子的兄长李弘冀又对他非常猜忌，这使得生性文弱的李煜只能埋头诗书以求示弱自保。没想到李弘冀却在派人刺杀有争位之嫌的叔叔李景遂后，自己也一命呜呼。至此，李煜前面五个哥哥全部或夭折或丧命，身为第六子的他意外成为南唐国君。

当时，李煜的父亲李璟也是位著名词人，写过"青鸟不传云外信，丁香空结雨中愁"等著名词句。出身江南的南唐国君有艺术天赋，但在乱世之中，这显然并非嘉兆。文学上才华横溢、治国理政却一塌糊涂的李煜，在接连斩杀潘佑、李平等忠臣良将之后，也将南唐江山逐步推向了火坑，以致最终金陵城破、束手就擒。

然而被俘开封、"归为臣虏"的日子，却意外成就了这位千古词帝。以前，他身为国君偏居江南，专写靡靡之音，被俘虏北上开封后，亡国以及沦为阶下囚的至痛体验，使得他以挚诚之心，写出了全新的境界。正如王国维所说："词至李后主而眼界始大，感慨遂深，遂变伶工之词而为士大夫之词。"

在别人的京城，李煜如此低唱愁绪：

无言独上西楼，月如钩。寂寞梧桐深院锁清秋。

剪不断，理还乱，是离愁。别是一般滋味在心头。

——李煜《相见欢》

李煜是在南唐亡国两三个月后的966年年初抵达开封的。起初，他并不能理解自己身处的险境，尽管赵匡胤表面上优待五代十国的各位亡国之君，但仔细翻阅史料就可以发现，五代十国投降北宋的各位君王，基本上都是离奇暴死。

965年，后蜀国君孟昶被俘虏至开封后，仅仅7天就暴毙身亡，由于下手太急，此后为了遮掩门面，避免后面各国激烈反抗，赵匡胤改变了策略，转为先优待各位亡国之君，然后再伺机动手的做法。

孟昶死后八年，973年，被北宋灭国的南平末帝高继冲也离奇暴死，年仅三十一岁。不久前，年仅二十一岁的后周末帝柴宗训也无故暴毙。

对于前面这些亡国之君的下场，抵达开封的李煜不是没有听说，他只是希望赵匡胤能高抬贵手。虽然是四十几岁的中年人了，但他还是喜欢天马行空地做白日梦。这种梦境似幻似真，让一位忧愁的亡国之君迷离彷徨。

还没来得及下手，赵匡胤却在李煜抵达开封的这一年，突然一命呜呼了。北宋开宝九年（976）十一月，宋太祖赵匡胤在跟弟弟晋王赵光义聚会过后，离奇暴毙。在“斧声烛影”的迷案中，赵光义登基上位，是为宋太宗。

赵光义上位后，给李煜摘掉了“违命侯”的侮辱封号，改封为“陇西公”，李煜原来的皇后小周后则被封为郑国夫人。对于这位表面亲善的宋太宗，李煜一度迷离，以为自己的日子能好过一些了。

但他显然错了。

赵光义表面亲善，实际却一直觊觎小周后的美色。借着大臣夫人们必须定期入宫的惯例，赵光义趁机强奸了小周后。

作为亡国之君，懦弱的李煜苟且偷生。对于妻子时常被赵光义强暴的现实，他只能忍辱吞声。面对妻子血泪俱下的埋怨和泣诉，无能为力的李煜只能在诗词中寄托自己的哀愁痛苦。

当时，南唐旧臣徐铉在赵光义的授意下，去看望旧日的君主李煜。昔日君臣相见，两人相对无言，突然，李煜放声痛哭，长叹说，我当年错杀潘佑、李平，以致自毁长城，如今后悔不及。

徐铉离去后，李煜悲从中来，写下了千古名篇《虞美人》：

春花秋月何时了？往事知多少。小楼昨夜又东风，故国不堪回首月明中。

雕栏玉砌应犹在，只是朱颜改。问君能有几多愁？恰似一江春水向东流。

——李煜《虞美人》

这是宋太宗太平兴国三年（978），在听徐铉转述李煜的心声后，赵光义大怒，立马起了杀心。他下令在七月七日李煜生日这天，赐给李煜一壶毒酒。当晚，四十二岁的李煜暴毙。

或许，他早已看破结局，只是不知这结局来得如此之快，此前，他在《相见欢》中就曾哀叹：

林花谢了春红，太匆匆。无奈朝来寒雨晚来风。

胭脂泪，相留醉，几时重。自是人生长恨水长东。

——李煜《相见欢》

李煜暴毙后不久，红颜命薄的小周后也抑郁而终。或许在黄泉之下，她将和后主李煜，一起梦回金陵，只是朱颜已改，故国不再。

2

尽管表面上善待各位亡国之君，但像自己的大哥赵匡胤一样，赵光义对于五代十国的各位亡国之君的定点清除计划，一直在稳步推进。

如果说赵匡胤还有兄弟之情的话，在“斧声烛影”的弑兄猜疑中上位的赵光义，对于亲人却是狠辣无情。赵匡胤死后，其留存的两个儿子燕王赵德昭、秦王赵德芳一个被迫自杀、一个离奇暴死。此后，赵光义的弟弟赵廷美也在被诬告谋反、贬黜房州（今湖北房县）后“忧悸成疾而卒”。

在逐步铲除可能威胁自己皇位的各位至亲后，赵光义在毒杀李煜后，又计划对南汉国君刘鋹下手。

联想到此前后蜀国君孟昶、南平末帝高继冲、后周末帝柴宗训、南唐后主李煜等人的暴死，刘鋹在南汉国亡投降后一直心有余悸，于是处处模仿蜀汉后主刘禅进行自污。赵光义上位后，先后迫使福建割据政权和吴越国君主动纳土投降，至此，五代十国四分五裂的割据政权中，就只剩下北方的北汉尚未平定。

在979年出征北汉前的酒宴上，赵光义请刘鋹以及原来的吴越国君钱俶等亡国之君赴宴。宴席上，刘鋹曲意逢迎地说："朝廷威名远播，四方僭号窃位的君主，今日都在座。不久平定太原（北汉都城），刘继元（北汉皇帝）又将到达。臣率先来朝，希望可以手持棍棒，成为各国投降君王的'老大'。"这种谄媚言论，当场就逗得赵光义哈哈大笑。

但北汉在宴会当年（979）被平定后，刘鋹却没有机会成为降王们的"老大"。因为，第二年，980年，他就像前面的几位亡国之君一样，莫名其妙地暴毙了，年仅三十九岁。

越来越多的亡国之君离奇"暴毙"，这使得身居开封城内的原吴越国君钱俶更加胆战心惊。

此前，北宋在进攻南唐时，曾经邀约吴越国一起夹攻南唐。对此南唐后主李煜曾经写过亲笔信给钱俶说："今日无我，明日岂有君？"

但钱俶不懂得唇亡齿寒的道理。果然，在南唐灭国后，国势日益衰微的他只能被迫纳土归宋。吴越国灭后，在开封的钱俶更加小心翼翼。为了在赵光义面前"积极"表现，他经常半夜就醒来准备上朝，“每晨趋行阙，人未有至者，（钱）俶必先至”。

曾经浸润在杭州的湖光山色之中，钱俶对于诗词有自己的理解，在《宫中作》中他写道：

廊庑周遭翠幕遮，禁林深处绝喧哗。
界开日影怜窗纸，穿破苔痕恶笋芽。
西第晚宜供露茗，小池寒欲结冰花。
谢公未是深沉量，犹把输赢局上夸。

才情不能解救金陵的李煜，同样也不能解救西湖边的钱俶。宋太宗端拱元年（988）八月二十四日，作为前吴越国君，钱俶在这一天做宴庆祝自己的六十大寿，赵光义特别派来使者赐宴。当天，钱俶陪同使者饮酒至日暮，当夜离奇暴毙。

钱俶和李煜一样都是在自己生日这天，喝了赵光义的赐酒、被赐宴后暴毙。对于其中的“巧合”，明末清初著名学者周亮工在《因树屋书影》中说：“南唐李后主以七月七日生，亦以七月七日死。吴越王俶以八月二十四日生，以八月二十四日死。两王生死相同如此……顾两王皆以生辰死者，盖御忌未消，各借生辰赐酒阴死之耳。”

钱俶死后三年，宋太宗淳化二年（991），被安置在房州的北汉末帝刘继元生病，赵光义派使者陪同御医前往探病。史载，刘继元在被“诊视后，卒”。

至此，赵匡胤、赵光义兄弟前后经营几十年，终于在伪善的面目下，逐步铲除了五代十国的各个亡国之君。在二十八年内，五代十国中投降北宋的9名亡国君王，全部离奇暴毙。不仅如此，原来后蜀国君孟昶的长子孟玄喆、南唐后主李煜的长子李仲寓、吴越国君钱俶的长子钱惟濬等亡国之君的后裔，也在宋太宗朝纷纷暴毙。

至此，赵光义终于觉得放心了。

此前，作为宋词的前身，曲子词在南方的后蜀、南唐等国颇为发达，但在北宋逐一平定南方各国后，随着各国的亡国之君和著名词人被强行迁徙到开封，南方的曲子词逐渐趋于消亡。对于后蜀孟昶、南唐李煜沉溺声词音乐的教训，赵光义跟自己的哥哥赵匡胤一样，对此抱有警惕。南唐亡国后，南唐著名词臣张洎也随同到了开封。当时，朝臣们想推荐张洎作为翰林学士，赵光义表示反对，他说：“朕知道张洎才华横溢，但是德行还差得很远。”

尽管如此，张洎最终还是因为“文彩清丽，巧于逢迎”成了翰林学士。对此赵光义特地叮嘱群臣说：“张洎文采斐然，至今还用心读书，在江东人士中算是拔尖人才，但士大夫应该以德行为先，倘若空恃文学，亦无所取。”

话虽如此，宋太宗赵光义身边，仍然汇聚起了一批经常填词唱和的词人。例如太平兴国五年（980）的状元苏易简，就曾经在宋太宗的宴会上写下《越江吟》：

神仙神仙瑶池宴。片片。碧桃零落春风晚。翠云开处，隐隐金舆挽。玉麟背冷清风远。

作为宋词的开篇，这些词作跟五代十国的南方曲子词一样，大多萎靡清艳，基本为后世所忽略。

作为状元词人，苏易简极其嗜酒。赵光义多次劝诫，有一次甚至亲自草书《诫酒》《劝酒》二诗，命令苏易简在母亲面前朗读，但这些都不能改变苏易简的嗜酒癖好。苏易简最终因为嗜酒被贬。996年初，苏易简因饮酒过度去世，年仅四十岁。赵光义听说后非常惋惜，特地为他写了“时向玉堂寻旧迹，八花砖上日空长”的挽词，并下令追赠苏易简为礼部尚书。

与苏易简等北宋自行擢拔的词人受到重视不同，原来南方各国的词人则在入宋后，进入了集体缄默的境地。例如后蜀著名词人欧阳炯在入宋后，从此不再写词；原来位处湖南的词人孙光宪，也在入宋后不见创作。

这些作为亡国之臣入宋的词人们明白，赵匡胤、赵光义兄弟尽管对曲子词也有好感，但二人身为“创业者”，与后蜀孟昶、南唐李煜等亡国之君不同，对被臣子们屡屡劝谏为“亡国之音”的曲子词，内心还是抱有抵触情绪的。

所以，原本在后蜀和南唐已经充分发达的曲子词，在入宋后逐渐消亡转化。这种局面，与开国创业的赵匡胤、赵光义兄弟的警惕自省有很深的关系。创业难，守业更难，开基立业的赵匡胤、赵光义兄弟，始终保持着自省内敛的本色。曲子词在入宋后的冷落寂寞，也就顺理成章。

在北宋君王朝臣们看来，那些，都是“亡国之音”。

3

尽管对于来自南方的词人抱有警惕，但对于如何培养北宋的自家文人，赵光义却尽心尽力。

北宋自赵匡胤开国后，为了规避唐末五代以来军人乱政的局面，先是通过“杯酒释兵权”集中了皇权和军权；赵光义上位后，又通过扩大科举录取，来培养北宋的文人“后备队”。

科举制虽然在唐代兴起，但唐代时每年的录取人数不过七八十人，少的时候甚至只有几个名额，甚至出现过考生全部落榜的情况。宋太祖赵匡胤上位后，科举录取人数仍然很少，从几个人到几十人不等，即使最多一次，也仅有百余人。宋太宗赵光义上台后，为了推进“崇文抑武”的国策，开始大规模扩大科举录取人数。赵光义即位第二年（977），宋太宗在自己任内的第一次科举考试中，就一次录取了进士、诸科人数达500人，相当于宋太祖在世时每年录取人数的25倍。

此后，宋太宗在每隔两三年一期的科举考试中大规模收揽士子，以求“田野无遗逸”“朝廷多君子”。这种科举录取人数的规模，直接促成了此后三百年宋朝的文风鼎盛，使得整个社会阶层流动顺畅，精英人物迅速向北宋皇权靠拢，为宋代的“文治”奠定了政治和文化基础，从而也为宋词的勃兴打下了坚实的人才基础。

但与北宋“文治”的日益兴盛相比，北宋的“武功”却多次受挫。宋太宗太平兴国四年（979），赵光义借着灭亡北汉的余威北伐契丹，希望借此机会收复燕云十六州，没想到却在高梁河之战中大败，赵光义被箭射伤，只能乘着驴车逃命。

七年后，雍熙三年（986），赵光义又派遣五路大军北伐契丹，最终也遭遇惨败。其中西路军主将杨业为了掩护军民南撤，兵败被俘，最终绝食而死。

不仅仅是两次北伐败于契丹，宋太宗赵光义时期，北宋对交趾（越南）的征战也告失败。当时西夏也在不断崛起，面对对外征战的屡屡败绩，宋太宗赵光义灰心丧气。于是，在第二次北伐契丹失败后，赵光义将绝大部分精力转向了治国理政。也就是在此时，王禹偁、寇准、晏殊等词人或崛起，或开始成长。在北宋“武功”受挫的局面中，北宋的“文治”日益兴隆，一批日后即将开启宋词大幕的优秀词人，亮丽登场。

与清丽萎靡的其他词人不同，身为翰林学士的王禹偁性格耿直，多次得罪权贵，以致宋太宗赵光义几次三番劝诫他不要锋芒过露。有一次赵光义当面提醒他说：“卿之聪明和文章，不在韩愈、柳宗元之下。但刚直不容人，以致别人总是攻击你，朕都难以庇护你。”

这种太过刚硬的性格，自然使得王禹偁处处遇挫，在一阕词中，他委婉道出了自己的愁绪：

雨恨云愁，江南依旧称佳丽。水村渔市。一缕孤烟细。
天际征鸿，遥认行如缀。平生事，此时凝睇，谁会凭栏意。

——王禹偁《点绛唇·感兴》

在一边“冷处理”五代十国的亡国词人，一边大力扶持本朝文人的文化科举下，北宋的文治逐步兴盛。从宋太宗时期开始，每次状元公布后，“每殿廷胪传第一，则公卿以下，无不耸观，虽至尊（皇帝）亦注视焉。（状元）自崇政殿出东华门，传呼甚宠，观者拥塞通衢，人摩肩不可过，锦鞯绣毂角逐争先，至有登屋而下瞰者，士庶倾羡，欢动都邑”。

997年，宋太宗赵光义因为在高梁河之战中所受箭伤反复发作，在开封驾崩。但他奠定的文治基础已然蔚为大观，到了他的儿子宋真宗时期，宋真宗甚至亲自写下诗歌《励学篇》劝诫民间学文向上：

富家不用买良田，书中自有千钟粟。
安居不用架高堂，书中自有黄金屋。
出门莫恨无人随，书中车马多如簇。
娶妻莫恨无良媒，书中自有颜如玉。

在君王倡导、举国崇文的热烈氛围中，宋词发育的文化种子迅速传遍了大江南北，以致北宋时人汪洙写诗道：

天子重英豪，文章教尔曹。
万般皆下品，惟有读书高。

尽管宋代的武将集团遭到压制，但文治的兴盛却为宋词的崛起，打下了坚实的基础。在西湖岸边，十二岁时就经历吴越国亡的词人林逋，选择了在此终生隐居。

时人记载，林逋经常独自一人划着小船，遍游西湖边的各个寺庙，与高僧诗友唱和往来。有时候他外出不在西湖孤山家中，若有友人来访，家中童子会将他散养的白鹤放飞，林逋见到白鹤，知有客来，就会划船而返。

林逋写诗写词都是随写随弃，幸亏一些有心人帮他偷偷保存，才使得他有部分诗词流传后世。在词中，他写道：

金谷年年，乱生春色谁为主？余花落处，满地和烟雨。
又是离歌，一阕长亭暮。王孙去。萋萋无数，南北东西路。

——林逋《点绛唇》

在隐居西湖孤山的一生中，他不出仕，也不婚娶，只是喜欢种植梅花和饲养白鹤，自称“以梅为妻，以鹤为子”，人称“梅妻鹤子”。

当时，晚辈梅尧臣仰慕他的为人，专门为他的诗集写序说，林逋为人如高峰瀑布，望之可爱，越接近越觉得清澈，捧之则如清泉，甘甜洁净，久而不厌。

林逋生活的主要时代，是文治日益兴盛的宋太宗、宋真宗两朝。面对举国对科举迷恋若狂的局面，他选择了在西湖边隐居。到了晚年，他在住宅边为自己修建墓穴，作诗说：

湖上青山对结庐，坟头秋色亦萧疏。
茂陵他日求遗稿，犹喜曾无封禅书。

——林逋《自作寿堂因书一绝以志之》

诗中讲了并无什么“武功”壮举的宋真宗，在继汉武帝、光武帝、唐高宗、唐玄宗等人之后封禅泰山，林逋听后对此很不以为然，除此，他说，他不愿意阿谀奉承皇帝，只想在百年之后守护西湖的湖光山色，与孤山修竹为伴。

那时，宋朝正处于上升期，在西湖边的林逋却孑然一身，高傲自然，显得如此特立独行。

那时，宋朝词坛仍然人才凋零，但从林逋开始，词人天才们即将开始小试牛刀，最终喷涌而出。正如唐诗在唐开国初期的寂寥一般，一个属于宋词的时代，在曲折中，开场了。

宋仁宗时代：宋词的第一个高峰

他们是隶属于宋仁宗时代的卓越代表，失意民间的柳永，高处庙堂的晏殊，锐意进取的范仲淹，构成了这个词坛黄金时代的多重镜像。

1

欧阳修在二十四岁这一年（1030），高中进士。宋朝人最喜欢“榜下择婿”，认为新科进士是未来的超级“潜力股”。于是，金榜题名的欧阳修很快就迎来洞房花烛，被翰林学士胥偃定为女婿。

尽管如此，他还是不减风流，在不知道写给哪位心爱女子的《系裙腰》一词中，他如此回忆：

水轩檐幕透薰风。银塘外、柳烟浓。方床遍展鱼鳞簟，碧纱笼。小墀面，对芙蓉。

玉人共处双鸳枕，和娇困、睡朦胧。起来意懒含羞态，汗香融。素裙腰，映酥胸。

作为后来的一代文学宗师，欧阳修年轻时候最喜欢写这些艳词，这也为他后来惹下了无数风波。然而在当时，这似乎是一种文人群体间的集体活动。

至少，欧阳修的老上司，西京留守钱惟演就很是包容他。

作为投降北宋的吴越王钱俶的第七子，钱惟演很清楚北宋政局的微妙。钱惟演十二岁时，他的父亲、原吴越王钱俶就在过六十大寿时，喝了宋太宗赵光义的赐宴，酒后“暴毙”。这件事，对年幼的钱惟演造成了很大的心理冲击。此后一生，他最喜欢的，就是攀附赵宋皇权，没事读读书、喝喝酒，为求自保嘻嘻哈哈过一生。

为免遭杀身之祸，钱惟演特别喜欢攀附皇室。他先后让儿子钱暧娶了宋仁宗郭皇后的妹妹，又让另一个儿子钱晦娶了宋太宗的外孙女。他甚至将自己的亲妹妹嫁给了宋真宗刘皇后的哥哥刘美（刘世济）。宰相丁谓得势时，钱惟演就把女儿嫁给丁谓的儿子，等到丁谓倒台，钱惟演又拼命踩踏这位亲家。因此，钱惟演的人品让时人很不屑。但这位在夹缝中求生、写下“情怀渐变成衰晚，鸾镜朱颜惊暗换”的贵胄，却很欣赏欧阳修，对于奖掖后进也不遗余力。

在西京洛阳，钱惟演幕下聚集了一大批优秀词人。除了欧阳修，那时，梅尧臣、张先等人也经常是钱惟演的座上客。刚刚金榜题名、洞房花烛的欧阳修，此时经常写写“试问当筵眼波恨，滴滴为谁娇”的浓情艳词。

有一次，钱惟演在后园开宴，宾客都已到齐，欧阳修却迟迟不至。好不容易人来了，大家却发现欧阳修竟然还带了位歌妓。

钱惟演不责备欧阳修，却询问歌妓说，为何迟到?

歌妓这才慵懒回答，中午睡了午觉，醒来后发现丢了金钗，跟欧阳修一起找来找去找不着，因此才迟到。

钱惟演于是说，如果欧阳推官愿意为你写一首词，我就送你一个金钗。

钱惟演既然发话，欧阳修二话不说，挥笔就来了首《临江仙》：

柳外轻雷池上雨，雨声滴碎荷声。小楼西角断虹明。阑干倚处，待得月华生。

燕子飞来窥画栋，玉钩垂下帘旌。凉波不动簟纹平。水精双枕，畔有堕钗横。

好一首词，把歌妓午睡写得诗情画意，马上引来满座称赞。于是，钱惟演让人从公库中取钱给歌妓代偿其钗。

可在洛阳，欧阳修不仅仅拥有这位歌妓。在《玉楼春》中，他这样告别心爱的女人：

尊前拟把归期说，欲语春容先惨咽。人生自是有情痴，此恨不关风与月。

离歌且莫翻新阕，一曲能教肠寸结。直须看尽洛阳花，始共春风容易别。

晚年时，已经成为文坛宗师的欧阳修曾经自我反省说："三十年前，尚好文化，嗜酒歌呼，知以乐而不知其非也。"意思是说，那时候我还年轻，就知道玩得高兴，根本不知道什么是对错。

2

当二十多岁的欧阳修在纵酒高歌的时候，已经四十多岁、多次落榜的柳永，却在痛苦中徘徊。

后世对于柳永的具体生卒年月有所争议，只知道他大约生于984年，约卒于1053年。这位生命中大部分时间一直在底层浮沉的词坛高手、情场浪子，十八岁就从福建崇安（武夷山）老家北上，想要到京城开封一博科举，没想到中间经过江南，竟然一停就是七年，一直到二十五岁时才赶到开封赴考。

“江南好，风景旧曾谙”。江山如画、美人如花的江南，显然让这位来自南方山区的少年才子流连忘返，在那首著名的《望海潮·东南形胜》中，柳永如此描绘钱塘（杭州）的繁华：“东南形胜，三吴都会，钱塘自古繁华。烟柳画桥，风帘翠幕，参差十万人家。”这首词艺术感染力很强，相传后来南宋初期，金主完颜亮听唱柳永的这首词后，激发了吞并南宋的野心。

宋仁宗朝大才子范镇也曾评价说：“仁宗四十二年太平，镇压翰苑十余载，不能出一语咏歌，巧于耆卿词见之。”意思是，回想宋仁宗朝那四十二年的太平岁月，我范镇担任翰林学士十几年，却没有好词咏歌，但这些在柳永的词里却都能看到。

等到柳永从江南的美景里短暂苏醒过来，想到京城开封寻觅功名时，科举的大门却屡屡对他关闭。一生中至少落榜四次的柳永，后来写了《鹤冲天·黄金榜上》抒发这种抑郁：

黄金榜上，偶失龙头望。明代暂遗贤，如何向。未遂风云便，争不恣狂荡。何须论得丧？才子词人，自是白衣卿相。

烟花巷陌，依约丹青屏障。幸有意中人，堪寻访。且恁偎红倚翠，风流事，平生畅。青春都一饷。忍把浮名，换了浅斟低唱！

五代十国以后蜀、南唐的曲子词为代表，因为君主沉溺声乐乃至亡国的教训不远，从宋太祖、宋太宗到宋真宗、宋仁宗朝，都对“属辞浮靡”格外警惕。但柳永的“青楼艳词”在北宋民间颇负盛名，以致“教坊乐工，每年新腔，必求（柳）永为辞，始行于世”，而有的妓女为了抬高知名度和身价，甚至有偿请柳永题词，“妓者爱其有词名，能移宫换羽，一经品题，声价十倍，妓者多以金物资给之”。当时有“凡有井水饮处，即能歌柳词”的说法。

这种民间的风尚，传到了开封大内皇宫。“天下咏之，遂传禁中。仁宗颇好其词，每对宴，必使侍从歌之再三”。连宋仁宗都喜欢上了这位浪子的歌词，眼看着柳永似乎金榜题名有望，然而世事弄人，君王私下喜欢归喜欢，但在公开的政治取向上，却严斥这种“浮靡艳词”。相传宋仁宗有次看到柳永的名字出现在录取榜上，就想起了柳永写过的“忍把浮名，换了浅斟低唱”，于是特意将他黜落，还说：“且去浅斟低唱，何要浮名？”

科举无望，多次落榜，柳永“由是不得志，日与獧子纵游娼馆酒楼间，无复检约”，并且调侃自称“奉旨填词柳三变”。

有人向宋仁宗推荐柳永，宋仁宗就问：“莫非是那个填词的柳三变？”推荐人就说是啊，宋仁宗的回答也有趣，说，那就“且去填词”。

在《蝶恋花》中，无奈风流、失意人生的柳永这样写道：

伫倚危楼风细细，望极春愁，黯黯生天际。草色烟光残照里，无言谁会凭阑意。

拟把疏狂图一醉，对酒当歌，强乐还无味。衣带渐宽终不悔，为伊消得人憔悴。

这不仅是对心爱的女人而言，更是对柳永流连市井、落寞人生的真实写照。

3

柳永有烦恼，打发柳永“且去填词”的宋仁宗赵祯也有烦恼。

这位十三岁就登基为帝的君王，一生中以谨慎克制闻名。他晚上肚子饿想吃羊肉，却怕奢侈浪费不敢说。想提拔自己心爱的张贵妃的亲戚当个官，却因包拯反对，只好作罢。

尽管也喜爱柳永的歌词，但大部分时候，宋仁宗在开封的皇宫中，并不演奏诗词音乐，因此皇宫中时常显得冷清寂寞。宋人施德操在《北窗炙輠录》中写道，有一天夜里，宋仁宗听到外面有很热闹的丝竹歌笑之声，就问宫人说：“这是哪里在作乐？”宫人回答说，这是皇宫外面民间酒楼的喧闹声音。紧接着，宫人向宋仁宗诉苦说：“官家您听，外面民间是如此快活，哪似我们宫中如此冷冷落落啊。”

北宋时，臣子私下会称皇帝为官家。宋仁宗倒是看得开，他回答说："你知道吗？正是因为我宫中如此冷落，外面人民才会如此快乐。我宫中若像外面如此快乐，那么民间就会冷冷落落。"

宋仁宗十三岁那年，父亲宋真宗去世。仁宗少年登基，但朝政实际上是被其父的皇后刘娥把持。一直到1033年，刘太后去世，二十四岁的宋仁宗才开始亲政。但亲政不久，宋仁宗却获悉了一个惊天消息：刘太后原来不是他的亲生母亲，甚至很有可能是他的杀母仇人。

原来，宋仁宗真正的亲生母亲，是刘娥身边的一个婢女李氏。当初，宋真宗在偶然临幸李氏后，李氏便怀上了孩子。得知消息后，多年不育的刘娥遂将李氏所生孩子据为己有，对外谎称是自己亲生。

为了隐瞒宋仁宗的真实身世，刘娥在世时一直软禁控制李氏，以致宋仁宗与母亲李氏二人终生不能相见。

实际上，宋仁宗的身世在当时就广为人知，但养在深宫的宋仁宗却被蒙在鼓里。碍于刘娥的权势，整个宋廷内部无人敢言。但等到刘娥去世，这个秘密再也无法隐瞒。

得知自己的真实身世后，宋仁宗一度崩溃流泪，并下发《罪己诏》，说自己对亲生母亲不孝，没当好皇帝，也没做好儿子。《罪己诏》一发，举国议论纷纷。

为了验明真相，宋仁宗命令为母亲李氏开棺验尸。在看到李氏在棺内被隆重入殓后，他才强抑怒火，淡化了此事。

对于如何评价刘娥的功过，当时，满朝文武大臣鉴于刘娥掠夺仁宗为子、在世时垂帘听政的种种做法，纷纷上书谴责她的种种不道德和执政过失。但朝臣范仲淹却上书说，太后虽然有过，不过毕竟养护今上多年，建议朝廷掩饰太后过失，成全其美德。最终，宋仁宗采纳了范仲淹等人的建议，诏令朝廷内外不得再擅自议论太后之事。

尽管如此，这件事还是对宋仁宗造成了巨大的心理伤害。等到二十三年后的至和三年（1056），四十七岁的宋仁宗突然精神失常、手舞足蹈、语无伦次。后来，他的病情越来越重，天天大声呼叫说："皇后等人要害我！皇后等人要害我！"这种疯癫状况持续一个多月后，宋仁宗才逐渐康复。

4

获悉身世之谜第二年（1034），宋仁宗特开恩科，下令放宽对历届科场沉沦之士的录取尺度。已经五十一岁的柳永听闻消息，特地从鄂州赶赴京师。最终，从二十五岁一直考到五十一岁，柳永才被擢为进士。

老来中举，自然让柳永欣喜若狂。在从汴梁（开封）前往苏州时，柳永特地拜访了当时的苏州知州范仲淹。

相比沉沦半生的柳永，范仲淹的身世也相当坎坷。

范仲淹两岁时丧父，母亲带着他从苏州改嫁到山东一户姓朱的人家。很长一段时间，他都不知道自己的身世，一直到有次他劝诫朱家兄弟不要挥霍浪费时，对方反而怒道，我用朱家的钱，关你什么事？

由此，范仲淹才知道自己并非姓朱，而是姓范，原籍苏州。了解自己的真实身世后，范仲淹伤感不已，毅然辞别了母亲，来到了应天府（今河南商丘）求学。生活清苦的他每天煮粥充饥，为了节约，每次等粥冷却凝固后，再用刀子将粥划为四块，然后早晚伴着腌菜各吃两块，如此坚持多年。

在应天府求学四年后，宋真宗大中祥符八年（1015），范仲淹高中进士。范仲淹也对后面才获悉自己真实身世的宋仁宗心有戚戚焉，但出于朝政大局，他仍然建议宋仁宗要护全刘娥的身后名声。

宋仁宗真实身世曝光后，北宋也迈入了多事之秋。

此前，北宋在和辽国达成澶渊之盟（1005）后，两国保持了长期和平的局面。尽管与东北的辽国达成和平，但是在西北，党项人却不断崛起。到了宋仁宗宝元元年（1038），党项的李元昊正式称帝建立西夏，此后从1040—1042年，西夏连续在三川口战役、好水川之战、定川寨之战中大破宋军，西夏军队兵锋直逼长安，汴京开封震动。这也是宋夏两国之间百年战争的开端。

面对西夏人的崛起，范仲淹被委以重任。从宋仁宗宝元元年至庆历三年（1038—1043）间，范仲淹以龙图阁直学士身份，参与经略西线边防，使得宋军在多次大败后，仍然能够稳住西北边防。

经过范仲淹、韩琦等名将的力守，西夏针对北宋的攻击屡屡遇挫而返。另外在经济上，北宋针对西夏的经济命脉主要依靠盐业的弱点，也对应采取了经济制裁、禁运青盐等贸易战。在北宋多管齐下的震慑下，西夏国力日益衰微，李元昊最终息兵讲和，与北宋在1044年达成和议。双方约定，西夏向北宋称臣，北宋每年则赐予西夏绢十三万匹、银五万两、茶二万斤，并开放边境贸易，史称“庆历和议”。

与西夏的和议虽成，但北宋隐藏的危机并未解除。

北宋由于长期的崇文抑武，导致军队作战系统效率低下。为了拱卫中央和巩固边防，军队不断膨胀。宋仁宗时期，北宋军队最高峰时期达到了125.9万人，军事开支占据全国年收入的70%以上。与“冗兵”相对，则是北宋的官僚队伍不断扩张，使得“冗官”和“冗费”等问题不断积累加深。

为了养兵和养官，北宋针对底层民众的税费不断加重。与此同时，北宋国内的土地兼并也日益严重，许多大地主和公卿大臣甚至占地达千顷以上，以致“富者有弥望之田，贫者无立锥之地”。北宋农民开始大量逃亡，小型起义屡屡发生，欧阳修说民变“一年多于一年，一伙强于一伙”。

面对内忧外患的局面，忧心忡忡的宋仁宗在宋夏达成“庆历和议”前，便急匆匆地将范仲淹从对西夏的作战前线召回朝中问对，并将他擢升为参知政事（副宰相）。

在宋仁宗的推动下，庆历三年（1043）八月，由范仲淹、富弼等人主持的“庆历新政”开始推行，范仲淹等人试图通过澄清吏治、富国强兵，从根本上解决北宋的根基孱弱问题。但改革很快遭遇阻力，来自公卿大臣和地主阶层的阻挠，使得“庆历新政”难以为继。到了庆历五年（1045）正月，范仲淹被外放到陕西，同样作为改革派中坚力量的富弼等人也纷纷被外放，“庆历新政”至此偃旗息鼓。

尽管历时仅有十四个月，但“庆历新政”却为二十多年后的王安石变法开启了先声。

被外放到陕西后不久，范仲淹又因为得罪宰相吕夷简，而被贬黜到河南邓州担任知州。当时，同样参与了“庆历新政”变革的同僚滕宗谅被贬黜到岳州（今湖南岳阳）。滕宗谅到任后，主持重修了岳阳楼，并邀请范仲淹为之作文纪念，为此，范仲淹写下了传扬千古的《岳阳楼记》：“不以物喜，不以己悲。居庙堂之高则忧其民，处江湖之远则忧其君。是进亦忧，退亦忧。然则何时而乐耶？其必曰：先天下之忧而忧，后天下之乐而乐！”

与此同时，因为支持新政而遭贬黜的欧阳修，则在被贬任滁州（今安徽滁州）知州后，写下了千古闻名的《醉翁亭记》，在游记中，欧阳修如此阐述自己的心怀：“醉翁之意不在酒，在乎山水之间也。山水之乐，得之心而寓之酒也。”

“庆历新政”的失败，衍生出了千古名文《岳阳楼记》和《醉翁亭记》，也塑造了千古名园沧浪亭。

作为支持“庆历新政”的一员，名士苏舜钦也被开除公职，废为庶民。苏舜钦是宋太宗朝的翰林学士、参知政事苏易简的孙子，他的父亲是工部郎中苏耆。另外，苏舜钦的外公，则是老宰相王旦。

政治的幻灭，使得苏舜钦这位名门公子看破红尘，于是，他从汴京开封跑到苏州，花了四万钱买了一块荒地。这块地，曾经是吴越国的节度使孙承祐的旧宅池馆。苏舜钦耗费巨力，将这块荒地改造成了后世闻名的沧浪亭。好友欧阳修听说后，特地写下《沧浪亭》一诗：“清风明月本无价，可惜只卖四万钱。”

政治失意的苏舜钦，则在《水调歌头》一词中写道：

潇洒太湖岸，淡伫洞庭山。鱼龙隐处，烟雾深锁渺弥间。方念陶朱张翰，忽有扁舟急桨，撇浪载鲈还。落日暴风雨，归路绕汀湾。

丈夫志，当景盛，耻疏闲。壮年何事憔悴，华发改朱颜。拟借寒潭垂钓，又恐鸥鸟相猜，不肯傍青纶。刺棹穿芦荻，无语看波澜。

万千壮志，最终只归无语看波澜。

5

“庆历新政”的失败，磨炼了宋仁宗朝众多词人的心志。后来，宋仁宗想让范仲淹重回中央，并让他跟反对变法的宰相吕夷简道歉。没想到范仲淹的回答却是：“臣以前与吕夷简闹矛盾，讨论的都是国家大事，我对他个人于心无憾。”

此前，范仲淹说过：“公罪不可无，私罪不可有。”对待公务必须坚守原则，哪怕得罪人也在所不惜，但在私人品行上，则将恪守清白，绝不贪赃枉法。

最终，在被辗转贬黜后，1052年，范仲淹在赴任颍州途中病逝，终年六十四岁。

晚年，范仲淹对子孙说：“每晚就寝时，我都要合计自己一天的俸禄和一天所做之事。如果二者相当，就能够打着鼾声熟睡。如果不是这样，心里就不安，闭目也睡不着。第二天一定要做事补回来，使所作所为对得起朝廷的俸禄。”

范仲淹去世第二年，宋仁宗皇祐五年（1053），柳永也告别了人世。

柳永在中举后，曾经辗转担任过睦州团练推官、余杭县令、晓峰盐监、泗州判官等职，最终以屯田员外郎的职位退休。

柳永退休后浪迹天涯、居无定所，传说去世时身无分文，还是歌女们凑钱为他办理了丧事。后来每年清明节，有的歌女还会相约去他的坟前祭拜，由此相沿成习，后人将其称为“吊柳会”，也称“吊柳七”，因为柳永在家族兄弟中排行第七。

这位词人在年轻时曾经写下著名的《雨霖铃·寒蝉凄切》一词：

寒蝉凄切。对长亭晚，骤雨初歇。都门帐饮无绪，留恋处、兰舟催发。执手相看泪眼，竟无语凝噎。念去去、千里烟波，暮霭沉沉楚天阔。

多情自古伤离别，更那堪、冷落清秋节！今宵酒醒何处？杨柳岸、晓风残月。此去经年，应是良辰好景虚设。便纵有千种风情，更与何人说？

万般风情，无人诉说，这岂止是柳永一人的孤单落寞。

柳永去世两年后，北宋至和二年（1055），当年作为欧阳修举进士时的主考官、神童宰相晏殊在汴京开封病逝，享年六十五岁。

在无数独上高楼、望尽天涯路的征途中，范仲淹、柳永、晏殊先后去世。他们是隶属于宋仁宗时代的卓越代表，失意民间的柳永，高处庙堂的晏殊，锐意进取的范仲淹，构成了这个词坛黄金时代的多重镜像。

6

随着范仲淹、柳永、晏殊的相继去世，欧阳修也开启了属于自己的文学宗师时代。

到了宋仁宗嘉祐二年（1057），五十一岁的欧阳修奉旨担任当年科举主考官。该届科举各科共录取899人，其中进士388人。

在这次录取的新榜进士中，有后来名列唐宋八大家的苏轼、苏辙和曾巩，还有宋明理学的引路人张载、程颢，以及王安石变法的核心干将吕惠卿、曾布、章惇等人。由于这届进士星光灿烂，因此被后世称为千年科举第一榜。

作为主考官，欧阳修成为当年考生的集体恩师，由此奠定了他的文学宗师地位。当然，宗师地位远非一个主考官的名衔所能胜任，在诗词作文之外，欧阳修还曾独撰《新五代史》，并作为主修人，与范镇、吕夏卿等人合撰《新唐书》。

而在千年科举第一榜的光环之下，这一年，从枢密使（相当于国防部长）被外放为陈州知州的名将狄青，也在大宋文人的集体质疑排挤中抑郁死去。

当初，狄青从一个普通士兵一步步做起，无论是在对抗西夏，还是在平定两广地区侬智高之乱中，都立下了赫赫战功。但在北宋崇文抑武的时代氛围中，狄青始终受到文官集团的集体排挤打压，连欧阳修都曾经当面对宋仁宗说，狄青以武将身份掌管军国要职，恐怕不是国家之福。

欧阳修的言外之意是，宋太祖赵匡胤，也是武将出身的。

大宋帝国的文治如此兴盛，对武将处处提防猜忌，对此，沉浸于文官世界的苏轼并未察觉到此中隐含的危机。关于欧阳修为官、作文、写诗、赋词的造诣，苏轼曾经称赞说，恩师“论大道似韩愈，论事似陆贽，记事似司马迁，诗赋似李白”。评价极高。

在宋词的世界里，是没有武将什么事的。后来即使南宋有了岳飞和辛弃疾，但他们的词，也是字字带血。

但眼下，宋词仍然沉浸在歌舞升平里，尽管范仲淹、柳永、晏殊等相继去世，但写出“红杏枝头春意闹”“车如流水马如龙”的宋祁，写出“心中事，眼中泪，意中人”的张先，写出“落尽梨花春又了，满地残阳，翠色和烟老”的梅尧臣……众多伟大的词人在这个时代交相辉映，他们，共同开启了属于宋词的第一个黄金时代。

作为这个宋词黄金时代的君王，宋仁宗则以自己的谨慎、内敛和自制，为一个时代的继往开来保驾护航。在临终前两年（1061），他还举办了“贤良方正能直言极谏科”考试，并在考试中重点提拔了奋勇直言的苏轼、苏辙这一对才子兄弟。

虽然自己已经快走到人生终点，但宋仁宗还是很高兴，在事后对曹皇后说：“朕今日又为子孙得太平宰相二人，这二人同为兄弟，一个是苏轼、一个是苏辙，我年纪大了，担心用不了他们，但这种人才也是遗留给子孙的财富。”

那一年，这一对后来名列唐宋八大家的才子兄弟，苏轼只有二十五岁，苏辙二十三岁，历史和时间将不断证实宋仁宗的睿智与宽容。

两年后，嘉祐八年（1063）三月，五十四岁的宋仁宗去世。消息传出后，首都开封的商户自发罢市停业，街头巷尾到处可见为仁宗皇帝痛哭的人，即使是乞丐和小孩子，也自发在皇宫前焚烧纸钱哭泣落泪。宋仁宗去世的消息传到辽国后，宋辽交界的燕云十六州的人们“远近皆哭”，辽道宗耶律洪基则紧紧抓着宋朝使者的手，哀痛流泪说：“四十二年不识兵革矣。”

宋仁宗的去世，带走了一个和平昌盛的时代，尽管北宋的积弊未能消除，但这艘大船总体仍在航向一个富裕安康的方向。

但对欧阳修的考验再次到来。

由于宋仁宗膝下无子，其侄子赵曙得以继承皇位，是为宋英宗。宋英宗即位一年后，想要尊称自己的亲生父亲为“皇考”，但朝臣们认为宋英宗继承的是宋仁宗的皇位，理应尊称宋仁宗为皇考，对于宋英宗的亲生父亲，则应称为“皇伯”。这场爆发在宋英宗与朝臣之间的争议，史称“濮议”事件。这跟后来明代时，继承堂哥明武宗皇位的嘉靖皇帝面对的“大礼议”事件很相似。

当时，以韩琦、欧阳修为主的政府系统（中书派）支持宋英宗称生父为皇考，但以司马光、范纯仁、吕公著为首的言官系统（台谏派）则坚决反对，认为只能称皇伯。在人情与礼制之争中，欧阳修一派代表着皇帝（宋英宗），司马光一派则代表着太后（曹太后），双方的利益与权力之争，使得这场争议，从一开始就被赋予了政治角力因素。

最终，欧阳修一派在宋英宗的支持下取得胜利，但欧阳修也因此得罪了司马光等士大夫阶层。事件结束后，宋英宗很快去世，士大夫阶层开始联合筹划如何攻击欧阳修。恰好，欧阳修的妻弟薛宗孺此前因为私事对欧阳修怀恨在心，这时到处造谣说欧阳修与儿媳吴氏有染。御史中丞彭思永听说此事后，觉得可以利用，就告诉了御史蒋之奇。

蒋之奇遂上疏“揭发”所谓的欧阳修乱伦丑闻，引发了轩然大波。尽管事件后来查出纯属污蔑，蒋之奇被贬谪出京，宋神宗还下令在朝堂张榜替欧阳修鸣冤，但是这种恶毒的攻击，还是让欧阳修身心俱疲。

在“乱伦”诬陷事件当年，1067年，欧阳修被免去参知政事（副宰相）。此后，他相继出任亳州、青州、蔡州等地知州，当时，宋英宗已去世，欧阳修便一再上书宋神宗，希望能退休养老。按照宋代的规定，官员可以到七十岁再退休，当时欧阳修才六十多岁，有门生便问这是为何。欧阳修的回答是：“我平生的名节，已经被后生描画尽了。唯有尽快退休保全名节。岂能等待别人驱赶呢？”

由此可见，这位文坛宗师在经历“乱伦”诬陷等政坛风雨后，晚年心态急转直下。这种内心的苍凉与悲愤，使得他渴望安静与祥宁。经过多次上书请求，宋神宗在1071年批准了他的退休请求，但同时也希望欧阳修不要离京城开封太远，以便随时召唤咨询。于是，欧阳修选择了临近开封、自己曾经做过知州的颍州（今安徽阜阳）作为退休养老之地。

或许他年轻时写下的《浪淘沙·把酒祝东风》更能表达心意：

把酒祝东风，且共从容。垂杨紫陌洛城东。总是当时携手处，游遍芳丛。

聚散苦匆匆，此恨无穷。今年花胜去年红。可惜明年花更好，知与谁同。

在生命的最后时光，他更加用心地整理自己平生的文章，修改得很辛苦。妻子劝他说：“何苦如此呢？难道还怕先生责骂不成？”欧阳修的回答是：“倒不是害怕先生责骂，而是怕后生们笑话。”

经历过年轻时候的放浪形骸，晚年的回归宁静，词人的回头，更像是一种道心的回归。而对后世名声的重视，也突显出欧阳修的自律与敬畏。

第二年，宋神宗熙宁五年（1072），欧阳修病逝于颍州，享年六十六岁。这位文坛宗师逝世的这一年，刚拜相不久的王安石五十二岁，苏轼三十六岁，晏几道三十五岁，黄庭坚二十八岁，秦观二十四岁，贺铸二十一岁，年轻才俊们竞展风流，形成了一个层次分明的人才梯队，宋词也将在他们手中进一步发展深耕。一个属于宋词的黄金时代，即将来临。

宋夏百年战争与边塞词

在大西北的日子，范仲淹的生活质量急剧下降。他在表文中跟宋仁宗说，自己都憋出病了："痛心疾首，日夜悲忧，发变成丝，血化为泪。"

宋夏交战之际，康定元年（1040），范仲淹出任陕西经略安抚副使，来到了延州（今陕西延安），负责防御西夏的军务。

塞下秋来风景异，衡阳雁去无留意。四面边声连角起。千嶂里，长烟落日孤城闭。

浊酒一杯家万里，燕然未勒归无计。羌管悠悠霜满地。人不寐，将军白发征夫泪！

这首边塞词《渔家傲·秋思》，就写于这一时期。

范仲淹心忧天下，在前线与宋军将士同甘共苦，亲身经历战争的残酷。宋夏战争中的"镇戎三败"震惊了朝野，也让他看清了时代的危机，这才是他痛心疾首的原因。

1

一般认为，西夏党项族政权是晚唐藩镇割据的残余。唐朝以来，党项人在今宁夏、甘肃、青海等地区定居。他们本是羌族的一支，其名最早见于《隋书》。其中，夏州（今陕西靖边）拓跋部落实力最强，是党项人中的老大哥。黄巢起义时，其首领拓跋思恭率部平定起义军有功，成了唐朝的忠臣，被赐姓李，封夏国公，统辖夏、绥（今陕西绥德）、银（今陕西榆林）、宥（今陕西靖边西）四州，在西北藩镇中崭露头角。

从五代到北宋，群雄并起，常年混战，党项李氏依附于各个中原王朝，并不断扩张势力。到宋太宗时，双方关系发生了微妙的转变。

宋太宗太平兴国七年（982），党项首领李继捧无力镇服党项诸部，向宋太宗请求入朝，并献出党项所辖五州诸县。宋太宗打仗不太行，一听说有人主动归附，当然喜出望外，于是接受李继捧献地，并下诏令党项贵族入朝。

党项贵族听说首领要投降，索性不再听宋朝命令，转而去捧李继捧的族弟李继迁。李继迁是个枭雄，他以宗族、血亲为口号，号召众部落恢复祖业，与宋朝对抗。可当时的党项人与如日中天的宋朝相比，无异于蚍蜉撼树。起初，李继迁屡败屡战，只能在大国的夹缝中求生存。

为了扭转局势，李继迁与辽结盟，娶契丹宗室之女，借辽朝的军事力量压制宋朝。宋朝拿他没辙，只好默认了党项人的割据地位，授予李继迁银州观察使的职位，并赐予国姓“赵”。

从李继迁到其子李德明统治时期，党项人在宋、辽之间左右逢源，放弃东进，接受宋朝的岁赐银、帛、钱各4万，茶2万斤。

但党项人不甘心成为宋朝的附庸，他们一方面向宋示好，一方面向西扩张，将政权中心迁移到西北重镇灵州（今宁夏银川），李继迁还在与吐蕃争夺西凉府（今甘肃武威）时中箭战死。

李德明继承其父遗志，延续“依辽和宋”的战略，并率军向西征讨，逐渐统一河西走廊，他的儿子李元昊英雄出少年，在攻破甘州（今甘肃张掖）、西凉的战役中屡立奇功，由此名震西北。

宝元元年（1038），在继述祖、父基业后，李元昊率领党项人完成对西部的讨伐，已经有脱宋自立的能力。李元昊废除宋朝给他的封号、官职，自称“大夏”皇帝。这个与宋、辽（以及后来的金）三足鼎立的少数民族政权，史称“西夏”。

李元昊写了篇趾高气扬的表章送到开封，要求宋朝“许以西郊之地，册为南面之君”，承认他称帝。宋仁宗阅后大怒，下诏削夺李元昊一切官爵，对西夏进行经济封锁，还四处张贴公告，用丰厚的赏金招募壮士刺杀李元昊，当然，最后也没人去。

李元昊见挑衅得逞，干脆就来硬的，发动举国兵力，东出攻宋。宋夏百年恩怨就此拉开序幕。

从李元昊的爷爷李继迁反宋，到靖康之变后宋夏脱离直接联系为止，在近一个半世纪里，宋、夏约有四分之三以上的时间在陕西、宁夏一带对立。因此，西夏成为宋朝敌对时间最长的政权，双方打的仗一点儿不比与辽、金的少。

西夏，这个尚武善战的铁血王朝，却消失在了丝绸之路的黄沙之中，至今充满神秘色彩。

国亡史作，是历代修史的传统。1227年，西夏为蒙古人所灭。元朝人修前朝历史，只编纂了宋、辽、金三个王朝的正史，对西夏丰富的珍贵文献，仅仅将宋辽金旧史中关于西夏的记载，附于三部正史之中，即《宋史·夏国传》《辽史·西夏外纪》《金史·西夏传》。近代以后，西夏文献被大量盗掘、破坏，更是造成无法弥补的损失，为史学界研究西夏史造成极大困难。如此一来，西夏就更加神秘了。

但在宋朝眼中，西夏曾经是一个可怕的对手。

2

范仲淹的另一首经典之作《苏幕遮》，也是在陕西时所作的作品：

碧云天，黄叶地，秋色连波，波上寒烟翠。山映斜阳天接水，芳草无情，更在斜阳外。

黯乡魂，追旅思，夜夜除非，好梦留人睡。明月楼高休独倚，酒入愁肠，化作相思泪。

从秋景秋思之中，可读出范仲淹与戍边士卒的思乡之情，更有一种“先天下之忧而忧”的悲凉沉郁。正是残酷的现实，让范仲淹无比忧愁。西夏发兵后，宋军接连遭遇了三场大败，史称“镇戎三败”，先后死伤约二十万人。

老宰相吕夷简在朝中收到前线战报后，惊呼：“一战不如一战，可骇也！”

一败三川口。

李元昊攻宋，兵锋所指是延州。延州城有“三秦锁钥”之称，依山而建，地势险要。

延州守将、振武军节度使范雍兵力单薄，面对来势汹汹的攻势一筹莫展，被李元昊偷袭，西夏军直逼城下。李元昊以“围城打援”之计，在三川口（在今陕西延安）这一咽喉要地，设伏歼灭宋朝援军。延州成为孤城，被围攻七日，幸而天降大雪，才让露宿在外的西夏兵暂时退兵，围城之危解除。

此战，宋军西北边防的空虚暴露无遗，两员大将刘平、石元孙被生擒，损兵多达万人。刘平最后病死在西夏，宋朝以为石元孙也死了，便为二将追封致祭。没想到，石元孙不过是到西夏喝了几年“西北风”，后来被放回来。

宋朝众臣见石元孙活着回来，纷纷劝说宋仁宗，“军败不死辱国”，要把石元孙杀了。宋仁宗是个老好人，没放在心上，留了石元孙一命，将他贬谪到广西。

二败好水川。

三川口战役后，宋仁宗撤销范雍边帅之职，改派韩琦、范仲淹两位名臣经略陕西，部署对夏防务。

范仲淹接过这烫手山芋，一到任就重建防线、训练士卒，西夏兵感慨：“小范老子腹中自有数万甲兵，不比大范老子可欺！”小范，指范仲淹，大范指不久前败给西夏的范雍。

宋朝却在此时暴露了第二个问题，主帅意见不合。

当时，范仲淹主张积极防御，打持久战：“为今之计，莫若且严边城，使持久可守，实关内，使无虚可乘。”

韩琦的想法却是主动出击，集中大军打歼灭战，尽快结束战争，不然朝廷没面子：“屯二十万重兵，只守界壕，不敢与敌，中夏之弱，自古未有。”

庆历元年（1041），李元昊再次攻宋，就是利用了宋军的矛盾心理。他在进攻中引诱一意主战的宋将任福轻敌冒进，深入好水川（在今宁夏隆德）。宋军大举出动，也是坚持韩琦歼灭敌军主力的战略方针。进入好水川后，任福发现其中有诈，赶紧率军沿好水川撤退，但李元昊早已在好水川口埋伏十万精兵，并放置了许多装有鸽子的泥盒。

宋军将士出于好奇，打开了盒子，盒中系有哨子的鸽子直冲云霄，这是给伏兵传送的信号。西夏军看到信号，得知宋军已中埋伏，迅速从四周分割包围，歼灭宋军万余人。

主将任福宁死不降，拔剑死战，说：“我身为大将，带兵作战失败，只有一死以报效国家。”最后被西夏兵一枪刺入喉咙而死。这一天，宋军除了一名叫朱观的将领幸存，其余军官全部阵亡。这是宋夏开战之后最惨痛的失败。

韩琦收拾残兵败将后，行至路上，无数阵亡者的家人手持死者旧衣，提着纸钱，对韩琦痛哭道：“韩大人回来了，我儿的魂魄还能归来吗？”宋仁宗非常郁闷，气得饭都吃不下，将韩琦等人降职处分。

三败定川寨。

次年，李元昊集合兵马，第三次向关中发兵。

宋将葛怀敏兵分四路抵御，下令各路军在定川寨（今宁夏固原西北）会师。此举正合李元昊之意，他截断定川寨的水道，烧毁河上木桥，断绝宋军退路，之后趁着天气突变、狂风肆虐，向宋军发起进攻。

宋军又乱成一团，死伤无数，葛怀敏以下十余名将领皆战死，所部近万人全军覆没。西夏军趁势直奔渭州城下，纵掠几百里，满载而归。

宋夏最初交战，几次重要战役都以宋军惨败告终，损兵折将数以万计，出乎宋朝意料之外，又在情理之中。

宋军之败，首先败在军事体制上。将兵分离、内外相制等政策削弱了将帅兵权，宋朝内部的“三冗”（冗官、冗兵、冗费）也导致数量庞大的宋军虚有其表，战斗力大打折扣。正如学者詹安泰的评价，军权集中带来了军力的削弱，政权集中带来了官僚机构的庞大与瘫痪，财权集中带来了统治阶级的腐化。

交战之前，宋军中很多刚参军的将士几十年未经战事，未尝听过战场上的金鼓，也不识战阵。他们生于衣食无忧的年代，充满骄惰情绪，对西夏的情况缺乏了解。

当听到李元昊称帝时，宋朝群臣还以为，李元昊“小丑也，请出师讨之，旋即诛灭矣”。结果呢？谁也没把这个“小丑”拿下，都是在吹牛。

相反，西夏以军事立国，东征西讨打下土地。李元昊不仅能征善战，还不断刺探宋朝边境与朝中虚实，甚至花钱买来宋仁宗从宫中放出的宫女，就是为了摸清宋军底细。

镇戎三败，给了宋朝惨痛的教训。三次大战后，西夏忌惮宋朝川陕一带的数十万大军，不敢深入，只得大掠而归，宋朝也无法一举打垮西夏，双方只能选择妥协。

恰好当时辽夏关系开始紧张，而西夏连年征战，早已疲困。庆历四年（1044），宋夏达成和议，宋仁宗封李元昊为夏国主，宋朝每年给西夏的岁赐上升到了银七万两、绢十五万匹、茶三万斤，李元昊向宋朝称臣，尊宋仁宗为“父皇帝”。

宋朝耗费了数万将士的生命，最后赢了面子。李元昊表面上为辽、宋双方的臣属，实际上在自己的领地内仍自称皇帝，与辽、宋形成鼎立的局面。

但宋夏之间的战火并未因此熄灭，仍时不时爆发冲突。正是有宋夏战争这一契机，范仲淹的“庆历新政”与之后王安石的“熙宁变法”都针对军事上的弊端进行了改革。

3

蔡挺是在范仲淹、韩琦之后镇守西北的老臣。

一年冬天，他为描述边塞生活，作了一首《喜迁莺》：

霜天秋晓，正紫塞故垒，黄云衰草。汉马嘶风，边鸿叫月，陇上铁衣寒早。剑歌骑曲悲壮，尽道君恩须报。塞垣乐，尽橐鞬锦领，山西年少。

谈笑，刁斗静，烽火一把，时送平安耗。圣主忧边，威怀遐远，骄虏尚宽天讨。岁华向晚愁思，谁念玉关人老？太平也，且欢娱，莫惜金樽频倒。

这首词本来纯属蔡挺自娱自乐，后来却传到了宫中。宫女见词中有“太平”等词句，以为是首好歌，皇帝听了会高兴，就唱给当时的皇帝宋神宗听。她们不懂“岁华向晚愁思，谁念玉关人老”是何意。

宋神宗一听“玉关人老”之句，才知蔡挺这是在抱怨镇守边塞多年，一年比一年老了，刚好最近几年天下太平，姑且饮几杯酒，寻求短暂的欢娱。听到这些话，宋神宗给蔡挺写了封信，说爱卿镇守边塞多年，我很挂念，朝中枢密院缺人，留个位子给你。于是，蔡挺调任中央，为枢密副使，一时传为佳话。

这个美好的故事背后，是宋神宗一朝在对西夏战事中打出了血性，“愤然将雪数世之耻”。

熙宁年间，王安石推行变法，其中的强兵措施就有裁汰冗兵、整编军队、设军器监、将兵法、保甲法、保马法等。这些改革措施，增强了宋军的战斗力。

有了将兵法，将领与士卒形成正规编制，一改将不识兵、兵不识将的局面。

有了保甲法，大量农村壮丁接受军事训练，节省养兵军费。

有了保马法与军器监，宋军在军备竞赛中提升了一个等级，不再缺少战马，武器也不再是粗制滥造。

宋神宗熙宁四年（1071），宋臣王韶在王安石支持下，出兵经营河湟地区，转战五十四天，先后收复了熙（今甘肃临洮）、河（今甘肃临夏）等五州，拓边两千里，招抚西北各部三十余万帐，设置熙河路，建立起一块稳固的战略基地。

王韶曾上《平戎策》，提出“欲取西夏，当先复河、湟”的战略。熙河开边，实则斩断了西夏的右臂，使西夏腹背受敌、各部相互孤立，一有良机即可出兵伐夏。

这位与苏轼、苏辙、曾巩、张载、章惇、程颢等名臣文士同榜的嘉祐二年（1057）进士，在宋夏对垒的棋局中打出了绝妙的一着。

机会来了。元丰四年（1081），西夏发生政变，年少的国主李秉常被囚禁，其母梁太后把持朝政。宋神宗乘此良机，派出种谔等名将，五路攻夏，以西夏的兴、灵二州为目标，企图一举将西夏荡平。五路大军中，出兵鄜延的种谔最为积极，势如破竹地攻下西夏多个城寨，一路打到夏州（今陕西靖边）、银州（今陕西榆林），因为粮运不济，又逢大雪，才被迫退兵。

元丰四年，五路伐夏后，宋夏又爆发数次大战，宋军虽没能如愿攻陷西夏的灵州，但收复了夏、银诸州和横山北侧。此后，宋朝在这场百年战争中转守为攻。

4

熙河开边之后，宋代词人写起西夏，总有一种志在必得的豪迈气概。其中的代表作，为苏轼的《江城子·密州出猎》：

老夫聊发少年狂，左牵黄，右擎苍，锦帽貂裘，千骑卷平冈。为报倾城随太守，亲射虎，看孙郎。

酒酣胸胆尚开张。鬓微霜，又何妨！持节云中，何日遣冯唐？会挽雕弓如满月，西北望，射天狼。

这是熙宁年间，苏轼被外放到密州（今山东诸城）为官时所作。词中的“天狼”，即指西夏。

宋哲宗、宋徽宗在位时，宋朝延续熙宁、元丰年间的战略，继续蚕食西夏。

宋哲宗绍圣年间（1094—1098），章楶为泾原路经略安抚使，集合兵马修筑了平夏（今宁夏固原西北）、灵平等五十余堡寨，增兵严守。

之后，宋军在平夏城之战中打退来犯西夏军，并乘胜追击，夜袭天都山（今宁夏海原南），使西夏失去聚兵就粮之地。

此后的宋夏战争中，西夏胜少败多，多次求和。

宋徽宗即位后，一个极具争议的人物来到了西北战场，他就是童贯。

童贯在古典小说《水浒传》中是一个大反派，在历史上被列为“六贼”之一，但在宋夏战争中，他却是一个有功之臣，曾为陕西经略使，多次带兵攻夏，对西夏步步紧逼。

有一次，童贯带兵至湟州，适逢宫中失火，不太吉利，宋徽宗下手谕，命令各军暂缓出兵。

童贯收到密令后，却将其藏入靴中，一句话也不说。将领问他这是为何？童贯说：“陛下希望出兵大胜。”继续带兵出战，竟取得大胜，又收复了四个州。

这一时期的宋夏战争，为两宋输送了大量军事人才。

在靖康之变中有心救国、无力回天的名将种师道，渡江后的名将韩世忠、吴玠、吴璘、刘锜等早年都打过宋夏战争，陕西军也成为日后抗击金军的主力。

到了宣和元年（1119），宋夏全面停战时，西夏已经彻底失去横山地区，再无防御北宋的最后屏障。如果没有靖康之变，宋夏战争有可能会是另一种结局。

可就在这时，宋夏之间出现了“第三者”——由女真人建立的金。靖康之变前后，西夏抓住了女真人这根救命稻草，转而依附于金。

1127年靖康之变后，西夏利用北宋灭亡之机，攻占宋朝此前在西北各州修筑的城寨，收复了大片土地。敌人的敌人就是朋友，西夏与金划分边界，东以陕西与山西之间的黄河为界，南以今陕西米脂、宁夏海原境内的萧关、甘肃靖远为界。

随着宋室南渡，宋夏几乎断绝来往，一场百年战争落下帷幕。神秘的西夏王朝，在与辽、宋、金、蒙等王朝的纵横捭阖中渐渐归于沉寂。

二晏：盛世词人的理想模样

一生顺达的晏殊，遇到了人生中最大的“政治危机”。

之前，宋真宗的妃子李宸妃去世，有人安排晏殊为她撰写墓志铭。李宸妃的身后隐藏着宋仁宗赵祯的身世之谜，即民间故事“狸猫换太子”的原型。赵祯其实是李宸妃所生，但自幼由宋真宗皇后刘娥抚养长大，这一秘密并未公开。

在当时，如何为李宸妃盖棺定论，是个棘手的问题。晏殊决定继续为朝廷隐瞒真相，在碑文中只说李宸妃生女一人，无子，而对她与宋仁宗的血缘关系只字未提。

宋仁宗亲政后，得知自己的身世，翻出当年晏殊写的碑文，气不打一处来。仁宗对其他大臣说：“我出生的时候，晏殊为先帝侍臣，不可能不知实情，他没有说实话，这完全是欺君罔上。”

宋仁宗发火了，将他的老师晏殊贬出京，赶到地方上为官。

这是晏殊一生数次贬谪中的其中一次。欺君之罪可是要命的，但晏殊很淡定。不出意外，等皇帝消气后，这次危机就化解了。

晏殊为官，一向四平八稳，其学生欧阳修就评价他，“富贵优游五十年，始终明哲保身全。”

作为“太平宰相”，这是一种低调处世的政治智慧。晏殊从政五十年，没做过什么惊天动地的大事，却伴随着北宋走过了盛世年华，词中尽显富贵之气，艳丽而不失高雅。

他是北宋词坛第一位江西籍领袖，也是宋词婉约派的一代宗师。他的第七子晏几道，继承其才学，词风、造诣不亚于其父亲，父子二人合称为“二晏”。

可以说，晏殊活成了古代无数官员理想中的样子。谁不想像晏殊一样？大半生位高权重，除了案牍劳形，就是风花雪月、歌席酒宴，无功无过，熬到退休。

1

在富足安逸的生活中，晏殊的词，不乏伤春怀旧之作，他经常感叹时光流逝，思考生命的意义。比如那首著名的《浣溪沙》：

一曲新词酒一杯，去年天气旧亭台。夕阳西下几时回？
无可奈何花落去，似曾相识燕归来。小园香径独徘徊。

晏殊的这类小令，流露出丝丝闲愁，不同于乱世文人所遭遇的沧桑巨变。他生逢北宋盛世，又仕途顺达，未受过飘零之苦，故而写出了苑中景物平缓变化的美。

同样是写春光易逝，他不像李煜，心怀亡国之痛：“问君能有几多愁？恰似一江春水向东流。”

他也不像宋室南渡后的词人康与之那样感叹：“阿房废址汉荒丘。狐兔又群游。豪华尽成春梦，留下古今愁。”

晏殊的词，有亭台楼阁，有珠光宝气，有离愁，也有闺思，如那首《蝶恋花》：

槛菊愁烟兰泣露，罗幕轻寒，燕子双飞去。明月不谙离恨苦，斜光到晓穿朱户。

昨夜西风凋碧树，独上高楼，望尽天涯路。欲寄彩笺兼尺素，山长水阔知何处？

其中“昨夜西风凋碧树，独上高楼，望尽天涯路”一句，被国学大师王国维引用，以此形容古今成大事业、大学问者读书的第一种境界。

“无可奈何花落去”，也是晏殊对生命的忧虑。年少成名的他，一生没有衣食之忧、冻馁之苦，唯独害怕“人貌老于前岁”，一步步走向衰老。这与晏殊的成长经历不无关系。

晏殊是个神童，抚州临川人（今属江西），七岁能写文章，少年时经地方官员推荐，来到京城，与全国各地的千余名考生同时参加考试，并崭露头角，被宋真宗赐同进士出身，从此跻身官场，开始了长达五十年的仕宦生涯。

在一场考试中，晏殊做试题时发现，这个题目是以前练习时做过的，于是果断站了出来，说：“这个题目我曾经做过，请出别的题吧。”考官便另外出了一道题，命他重新作答。

宋真宗听说后，对小晏殊大为赞赏，让他到秘书省（国家图书馆）上班。

少年得志之后，悲剧接踵而至。晏殊有个感情要好的弟弟叫晏颍，也是个神童，同样得到皇帝欣赏，被赐同进士出身。

但晏颍得知消息后，走入书房，反锁上门，再也没有出来。等到家人推门进去，晏颍已经去世了。这一年，晏殊二十一岁。少年独得圣宠，平步青云，弟弟却在眼前离世，这也许导致晏殊的性格变得十分敏感，更加忧生惧死。

晏殊词中的喜乐哀愁，应该都是他的真情流露。有些后世学者研究他的词集——《珠玉词》，常批判其词“无病呻吟”。

确实，晏殊的词，大部分关于诗酒、歌舞，还有一些粉饰太平、歌功颂德的祝祷之作，其作品中渗透着常人无法企及的华贵气派，浸淫了高层的享乐意识。

2

惜命的官员，往往是保守的，晏殊做官一向很稳。

宋真宗在位时，有一次，宰相寇准与丁谓翻脸了。寇准对宋真宗说，丁谓为人奸佞，不适用辅佐新君。宋真宗听了，表示赞同。

没想到寇准喝醉了酒，自己先把这件事泄露出来。丁谓知道后很害怕，决定先下手为强，诬告寇准，联合亲信请求皇帝罢了寇准的参政之职。

当天，宋真宗召晏殊入宫，拿出要求罢免寇准的名单给他看。晏殊不敢为寇准说好话，说：“臣如今掌外制，这不是臣负责的工作。”

这天晚上，晏殊连家都不敢回，怕自己出宫了，别人说他有向寇准泄密的嫌疑，就住在了学士院的办公室。后来，寇准遭到丁谓等人排挤，果然被罢相。

宋真宗选择晏殊为东宫伴读，当太子赵祯的老师，也是看在他为人老实。当时，大臣们听说年轻的晏殊要担任这一职务，都很纳闷，问宋真宗，晏殊明明毫无资历，这是为何?

宋真宗说："最近听说大臣们都在嬉戏游玩、聚会宴饮，只有晏殊是个例外。他整日闭门不出，研读诗书，这样谨慎好学的人，才适合辅佐太子啊！"

晏殊上任后，宋真宗跟他说了此事，勉励他好好工作。晏殊却坦率地说，我没有出去玩，是因为没钱啊，如果我经济宽裕，也是要去宴饮游玩的。

宋仁宗即位后，作为其导师的晏殊受到重用，挤进了宰辅系统，成为文坛的领袖人物。

在优裕的生活环境中，晏殊每日以饮酒赋诗为乐（"喜宾客，未尝一日不宴饮"）。他有闲情逸致，又有文化修养，于是，快活啊，反正有大把时光。

"太平宰相"，这是晏殊留给后世的印象，也是北宋官员梦寐以求的理想状态。

北宋士大夫厚俸禄，多休假，退休待遇高。宋朝吸取晚唐大权旁落的教训，自开国以来重文轻武，加强中央集权，"国朝待遇士大夫甚厚，皆前代所无"。因此，朝野上下都追求安逸，及时行乐，缺乏建功立业的精神。

当时，北宋王朝的官员，或者说统治阶层的文人，大都想成为晏殊的样子，寄情于一山一水、一草一木，不像建安、盛唐诗人那般慷慨激昂。

3

晏殊对宋朝最大的贡献，是选贤任能，为朝廷提拔了一批人才。范仲淹、欧阳修、韩琦、富弼等名臣都出自他门下。

宋仁宗天圣年间（1023—1032），晏殊在地方为官时大兴学校，倡导州、县办学，对应天府（今河南商丘）的书院极力支持，办成了中国古代四大书院之一的应天书院。

这一时期，范仲淹与晏殊结下了深厚的交情。当时，范仲淹因母亲去世丁忧在家，按照儒家的道德规范，不应该出山任职，但晏殊不避世俗偏见，坚持聘请范仲淹出任书院的掌学。

范仲淹为晏殊的诚心所感动，接下了晏殊的邀约，出山助其办学。后来经晏殊力荐，范仲淹入朝为秘阁校理，并在日后得到仁宗重用，推行了改革弊政的“庆历新政”。

范仲淹比晏殊年长两岁，但由于这层渊源，他对晏殊终身执门生礼，后来当了参知政事，与晏殊同朝为相，也不曾改变。他还在诗中对晏殊说：“独愧铸颜恩未报。”

欧阳修也是晏殊举荐的人才。欧阳修年幼时家中贫困，可能是因为营养不良，长大后身材瘦弱，其貌不扬。他参加科举多次碰壁，最后一次进京，正好是晏殊担任主考官。晏殊一眼就看出欧阳修是个人才，称赞他：“今一场中，唯贤一人识题。”

这一次，欧阳修终于考上了，位列十四名。

晏殊后来回忆，欧阳修未能中状元，是因为锋芒过露，众考官欲挫其锐气，促使他成才。

这些人才在晏殊的提携下进入朝堂，却在后来或多或少都“冒犯”过这位恩师。

庆历年间（1041—1048），宋夏战事吃紧，当时晏殊是枢密使。欧阳修担心老师政务繁忙，过于辛苦，就在一个大雪纷飞的日子，与朋友同去探望。

欧阳修一进门，只见晏殊家里热闹非凡，毫无紧迫的气氛，正在西园摆酒设宴。欧阳修大感意外，即席赋诗，劝谏老师，其中写道：“须怜铁甲冷彻骨，四十余万屯边兵。”这是善意地提醒晏殊，您肩负重任，不应该如此花天酒地。

同样对晏殊毕恭毕敬的范仲淹，在国家大事上也不会附和晏殊的错误意见。晏殊的学生，范仲淹、富弼、韩琦、欧阳修一班人，大都是改革派，甚至连支持新政的宋仁宗都受过晏殊的教导，而晏殊却常年远离政治上的争斗。

周汝昌先生读晏殊的诗，读出了一种寂寞感，如这首《破阵子》：

燕子来时新社，梨花落后清明。池上碧苔三四点，叶底黄鹂一两声。日长飞絮轻。

巧笑东邻女伴，采桑径里逢迎。疑怪昨宵春梦好，元是今朝斗草赢。笑从双脸生。

词中似乎藏着某种隐喻。良辰佳节之际，两个少女在采桑的路上相遇。一见面，西邻女问东邻女："你怎么这么高兴，夜里做了什么好梦吧？"

东邻女笑道："你莫胡说，我刚跟她们斗草来着，赢了不少呢！"

晏殊看朝臣争斗，就像看少女的游戏，他身在朝堂之中，不想卷入纷争，也不想变革，只想安稳地度过自己的政治生涯。这是晏殊的理性，也是大多数人的选择。

他代表的是沉默的大多数，也是无数北宋官员的缩影，无功无过，度过此生足矣。

庆历新政时，晏殊当年为李宸妃撰写墓志之罪被旧事重提，孙甫、蔡襄等联名弹劾晏殊，指责他有"欺君之罪"。幸而宋仁宗早已解开心结，没有给予晏殊冲动的惩罚，只是以"广营产以殖赀，多役兵而规利"的罪名处置，将他贬到颍州（今安徽阜阳）为官。

好运继续伴随着晏殊，他后来再次入朝，直到生命的最后时刻。

至和二年（1055），晏殊病重，宋仁宗要去探望他。晏殊知道后，立刻命人进宫捎信给仁宗，说："臣是老毛病犯了，很快就痊愈了，不劳陛下操心。"没过几日，晏殊就去世了。

宋仁宗亲临祭奠，但还是为不能见其最后一面而感到遗憾。之后，他为晏殊罢朝两天。

在晏殊晚年，与他多次发生冲突的欧阳修，为恩师撰写神道碑，颂扬了晏殊兴办教育、选拔人才的功绩，"自五代以来，天下学废，兴自公始"。

4

晏殊有八个儿子，只有四子晏崇让在官场上较为显达，其余子女都无法重现晏殊的辉煌。

但有一个人例外，他以另一种方式在历史上留下了足迹，也与其父一样，代表着宋代官员的生存指南。他就是晏殊的第七子——被称为“小晏”的晏几道。

晏殊去世后，包括晏几道在内的几个未成年子女由其长媳张氏抚养长大。尽管有嫂子的教导，可晏几道这公子哥从小就叛逆，特别鄙视科举考试，像极了《红楼梦》中的贾宝玉。

以往经常有人误传，晏家在晏殊死后家道中落。实际上，晏殊去世时，他的女婿富弼还在朝中担任要职，欧阳修等门生故吏也都在京城为官，晏家依旧是地位显赫的豪门。至少在三十岁之前，晏几道都拥有丰厚的物质生活。

青少年时期的晏几道，与沈十二廉叔、陈十君、黄庭坚经常在一起谈文论艺、饮酒赋诗，举办了各式各样的家庭聚会，还在此期间邂逅了一段美好的爱情。

晏几道的词，写得最好的就是爱情。

当时，晏几道的朋友家中，有莲、鸿、蘋、云四位年轻貌美的歌女，在一旁唱和。

多年后，半生蹉跎的晏几道回想起与小蘋初遇的场景，写下《临江仙・梦后楼台高锁》：

梦后楼台高锁，酒醒帘幕低垂。去年春恨却来时。落花人独立，微雨燕双飞。

记得小蘋初见，两重心字罗衣。琵琶弦上说相思。当时明月在，曾照彩云归。

人总是要吃饭的，步入中年的晏几道还得出来寻份差事。宋代，官员子女经过选拔，可通过门荫入仕，成为中下层官员，晏几道正是通过这一途径授官。

然而，晏几道的快乐人生，在进入官场后戛然而止。宋神宗熙宁变法期间，晏几道的一位朋友郑侠反对王安石变法，绘制《流民图》，反映灾情下灾民流离失所的现状，请求罢黜新法。

这一事件如晴天霹雳击中了晏几道。郑侠很快就出事了，被变法派揪住辫子，接受朝廷调查。

有人在他家中搜到晏几道写的诗："小白长红又满枝，筑球场外独支颐。春风自是人间客，主张繁华得几时？"由于这首诗，晏几道被怀疑讽刺新法而下狱。

晏几道终于觉悟了，知道他不能一辈子碌碌无为。晏几道被释放后，家境已经每况愈下，他为求上进，给上司韩维献上一首词，抒发自己的政治抱负，请他多多提携，没想到，碰了一鼻子灰。

韩维自称是晏殊的门下老吏，并称呼晏几道为郎君，却不愿提供帮助，并直言不讳地说，晏几道"才有余，德不足"。这一番话，让晏几道心灰意冷，他从此不再介入朝中纷争，在工作之余，专心创作《小山词》，到后来，他的词名不下其父。

有时午夜梦回，这位出身高贵而又归于平凡的多情公子，会追忆起纸醉金迷的似水年华，与爱人相逢在梦中。那一切，恍如隔世：

彩袖殷勤捧玉钟，当年拼却醉颜红。舞低杨柳楼心月，歌尽桃花扇底风。

从别后，忆相逢，几回魂梦与君同。今宵剩把银釭照，犹恐相逢是梦中。

晏几道终其一生，只做过判官一类的地方官，却独善其身，活到了宋徽宗大观年间（1107—1110）。

他用诗词歌咏宋朝的最后一个太平盛世，也作为“盛世”中无数官员的缩影，于古稀之年安然离世。

变革：北宋党争与士人词声

在北宋大变革时代，
多少的政治斗争和缠斗，
抵不过一阕绝妙好词穿越时光的力量。

变革时代：北宋党争与士人词声

熙宁二年（1069），王安石被宋神宗任命为参知政事，跻身执政之列，开始颁行新法。尽管此后围绕新法的施行演变成朝堂上的派系乱斗，但这个事件的标志性意义是不言而喻的。从这一年起，直至北宋亡国的将近六十年间，所有的朝廷政治的发生都可以追溯至此。

风起于青蘋之末，在此两年前，我们已经从王安石的一阕词中，听到了大时代变革的先声。

当时，刚刚即位的宋神宗因久慕王安石之名，起用他为江宁（今南京）知府。在江宁任上，王安石登上金陵故都，凭高吊古，写下了《桂枝香·金陵怀古》：

登临送目，正故国晚秋，天气初肃。千里澄江似练，翠峰如簇。归帆去棹残阳里，背西风，酒旗斜矗。彩舟云淡，星河鹭起，画图难足。

念往昔，繁华竞逐，叹门外楼头，悲恨相续。千古凭高对此，谩嗟荣辱。六朝旧事随流水，但寒烟衰草凝绿。至今商女，时时犹唱，后庭遗曲。

词风雄浑苍凉。王安石表面是在感慨六朝兴亡的历史，实际上却不忘眼前危机重重的现实。他最担忧的，是朝廷的未来。

古典文学研究大家周汝昌评价，王安石“只此一词，已足千古”。一流的政治家一出手，就在高手如云的两宋词坛站稳了脚跟。从某种意义上说，北宋大变革时代伴随着这阕宋词的沉郁叹息，渐渐拉开了帷幕。

1

二十岁的宋神宗刚登基，就被认为具有“中兴英主”的资质。与他的敏锐精干形成反差的是，他接手的国家在“仁宗盛治”的美誉之下，已经陷入了财政困局。

宋神宗即位没几天，主管财政的三司使就给他上交了一份财政报告，赫然写着八个字——“百年之积，惟存空簿”。国家真是穷到快揭不开锅了。在“富者益富，贫者益贫”的社会环境和“三冗”（冗员、冗兵、冗费）的现实危机中，朝廷正在无可挽回地堕入衰世。

变革，于是成了落在宋神宗肩上的历史使命。他别无选择，无法像他的父辈、祖辈一样，安安静静地做一个守成之君。

这名年轻的皇帝找来了曾参与发动“庆历新政”的三朝老臣富弼，向他请教富国强兵之道。富弼却告诉皇帝：“陛下即位之始，应当广布恩德，与民休息，至少二十年不言兵事。”当年的改革者老了，热血变凉，不愿再提往事。

然而，当年轻的皇帝在寻找热血的辅臣之时，一个天生的改革者也在寻找支持他的明君。

宋仁宗庆历三年（1043），范仲淹、富弼、韩琦等人发起宋朝的第一次政治变革。由于权贵的阻挠与反扑，变革者很快被排挤出朝廷，仅仅一年多后，“庆历新政”宣布失败。但这场昙花一现的变革，却点燃了年轻的进士王安石理想主义的火焰。此后，这团火未曾在他心中熄灭。

他给宋仁宗上过万言书，提出自己的变法主张。但石沉大海。

他只能在地方实践变法的理念，蛰伏、磨砺和等待。为此，他多次放弃留在京城的升迁机会，请求调到地方为官。

这样一个“不忘初心”的人才，终于等到了一个有魄力收拾旧山河的皇帝。当宋神宗准备重用王安石，召其进京讨论治国方政时，王安石说，一定要“变风俗，立法度”。宋神宗兴奋地连连点头，说好。

王安石的变法理念是一个庞大的体系，具体包括青苗法、均输法、免役法、市易法、农田水利法、方田均税法、保甲法、保马法、坊场法、将兵法，以及设军器监、扩大茶盐专卖、改革科举制度等十多项措施。这些措施如疾风骤雨般推行下去，震动了整个社会。

首先在朝廷内部就产生了急剧的分立。

基于不同的利益，或不同的理念考量，士大夫阶层分裂成两大派别。这就是我们现在所说的新党与旧党，或变法派与保守派。

2

王安石干得热火朝天的时候，作为一名坚定的保守派，司马光在洛阳担任闲职，带着一帮学者用十五年的时间编撰《资治通鉴》。

表面是半退休的状态，实际上，他也在蛰伏、磨砺和等待。

司马光早年跟王安石一样，也是朝廷上的“刺头”，爱上奏折请求变法，且不时流露出不惧皇权的性情。可他后来并没有成为宋神宗推行改革的第一人选。

他与王安石在政治上的“分道扬镳”，源于二人变法理念的差异。简单而言，司马光要民富，王安石要国强；司马光要节流，王安石要开源。

二者的区别在于，王安石认为国民经济是一个变量，要增加国库收入，就要发展经济，把蛋糕做大，实现所谓的“不加赋而国用饶”；可在司马光看来，国民经济是一个常量，所谓“天地所生货财百物，止有此数，不在民间则在公家”，国家要理财，只能不断取之于民，这是与民争利。

但政治的对立并不影响二人的私谊。

司马光与王安石是好友，他们与吕公著、韩维并称为“嘉祐四友”，年轻时经常聚在一起玩。眼下，为了阻止新法推行，司马光一连给王安石写了三封信，长达数千字。他说王安石是位贤臣，可“独负天下大名三十余年”，只是缺点在于性情执拗，听不进批评意见，“用心太过，自信太厚”，才招致天下非议。王安石也给司马光写了几封回信，其中就有著名的《答司马谏议书》，对司马光给自己加上的“侵官、生事、征利、拒谏、怨谤”等罪名一一进行反驳。

王安石说，解决财政困难就是要找到善于理财的人。

司马光却说，你只是说得好听，历朝历代所谓理财，就是巧立名目、横征暴敛，民众最终不堪盘剥，只能流离失所，这难道是国家的幸事？

政见分歧让二人在政治上越离越远。

在洛阳担任闲职，司马光远离了政事的纷扰。他在西京留台衙署东边的一座小园中搭起木架，种植牵牛、蔷薇、扁豆等植物，称之为“花庵”。闲暇之余，他就在花庵小憩，对着满园的花花草草赋诗写词。或许正是在这个时期，他才有可能写出《阮郎归》这样的词作：

渔舟容易入春山，仙家日月闲。绮窗纱幌映朱颜，相逢醉梦间。
松露冷，海霜殷。匆匆整棹还。落花寂寂水潺潺，重寻此路难。

司马光以名臣和史家的双重身份扬名，诗词歌赋并不在他的成名范围之内。现存司马光的词也极少，据说仅有三首。此词写东汉刘晨、阮肇进山采药遇仙女的传奇，颇有几分香艳色彩。

司马光是一个古板的人，但生在北宋，写起香艳意味的词竟也毫不违和。只是，词中“落花寂寂水潺潺，重寻此路难”的感叹是否含有政治寄寓，就见仁见智了。

熙宁四年（1071），司马光志同道合的好友、御史中丞吕诲因反对变法被罢官，不久后郁郁而终。病重弥留之际，吕诲对前来探望的司马光说：“君实啊，你要再努力，不能放弃！”

3

不过，王安石也没能坚持到最后。他的改革，阻力越来越大。

对于国家的改革事业，宋神宗本身是矛盾的。他一方面支持王安石，另一方面极力维护皇权，恪守“异论相搅”的祖宗之法，对王安石及变法派进行牵制，避免王安石权位太重。

改革伊始的执政班子，就有“生老病死苦”之称，除了王安石，其余人都不支持变法。“老”是指曾公亮，他已经年近古稀；“病”是富弼，他因反对变法而称病不出；“死”是唐介，他也反对变法，整日忧心忡忡，变法开始不久后就病死了；“苦”是赵抃，他无力阻止变法，牢骚不断，整天叫苦不迭。这几个旧臣与变法领袖王安石互相牵制，正是宋神宗出于权力均衡考量的特意安排。

剩下的“生”是王安石，他的变法生机勃勃。当宰相的权力不断加强时，宋神宗不由得心生忌惮。

熙宁六年（1073），宋朝军队扭转了西北战线长久以来的被动局面。由王韶率大军尽收熙、河各州，拓地两千余里，在河西走廊确立了三面包围西夏的有利形势。宋神宗大为振奋，到紫宸殿接受众臣朝贺，并当着百官的面解下自己所配玉带，赐给王安石。王安石走上了人生巅峰，也走入了前所未有的困境。

第二年春天，天下大旱。反对王安石的人用天灾做文章，很快，王安石遭罢相。一年后，熙宁八年（1075），王安石再度被起用，但宋神宗已不再重视他的意见，经常自作主张，甚至对他表现出了厌烦。王安石后来对人说：“只从得五分时也得也。”意思是，要是皇帝能听从我一半建议也好啊。

新、旧党的争斗，皇帝的平衡术，以及新党内部的分裂，使得王安石的第二次宰相任期匆匆结束。爱子王雱去世后，他极度悲痛，辞去相位，退居江宁。在那里度过了人生的最后九年，至死未再回京。

别馆寒砧，孤城画角。一派秋声入寥廓。东归燕从海上去，南来雁向沙头落。楚台风，庾楼月，宛如昨。

无奈被些名利缚。无奈被他情担阁。可惜风流总闲却。当初谩留华表语，而今误我秦楼约。梦阑时，酒醒后，思量著。

——王安石《千秋岁引·秋景》

在兼济天下与独善其身之间徘徊，在梦与酒之中浑浑噩噩，一代名相最终仅留给历史一个落寞的背影。

4

王安石彻底远离政坛后，宋神宗并未停止变革的步伐，仍在继续他的变法。这场长达十六年、被称为“熙（宁）元（丰）变法”的政治运动，几乎与宋神宗的当政时间相始终。

虽然王安石本人被排挤，导致仕途坎坷，但变法本身在解决北宋中期财政危机的问题上，是成功的。

神宗时期，政府的岁入是六千多万缗钱，相当于仁宗时期岁入的1.6倍左右。即便到了金兵入侵前夕的徽宗时期，北宋的社会经济文化还呈现出繁荣、成熟的局面，所以它的覆灭源于外力，也才会让人无比惋惜。而北宋最后五十多年的繁荣，从某种程度上看，正是神宗期间开启大变革的遗产。

但经济成功的背后，却是政治的大决裂。连王安石、司马光这些执宰都在权力的轮替中浮沉，更不要说其他人了。

元丰二年（1079），由于被政敌告发在诗文中讽刺新政，时任湖州知州的苏轼遭捉拿下狱。这起被称为“乌台诗案”的冤狱，是苏轼的命中大劫。

案发之初，早先与苏轼有过诗词唱和、信件往来的人，纷纷加入揭发队伍，撇清关系。黄庭坚当时只是国子监教授，人微言轻，虽跟苏轼仅是神交，未曾谋面，却站出来替苏轼说话，说了一些“苏轼忠君爱国”之类的话。但最终，苏轼被贬黄州，黄庭坚被处罚金。

在黄州，苏轼写出了《黄州寒食帖》、《定风波·莫听穿林打叶声》、前后《赤壁赋》等名作，逐渐从政治的阴影中走出来，实现了人生的超脱。同一时间，黄庭坚在江西泰和当知县，成长为一个保守而有风骨的人。朝廷新政规定，地方官收上来的盐税跟政绩直接挂钩。其他县都在拼命收税，黄庭坚倒好，说“穷乡有米无食盐”，拒绝执行新政。结果，被降职到了山东德州德平镇。别人的官越做越大，黄庭坚的官却越做越小。

元丰八年（1085），宋神宗走到了生命的尽头。在去世前半年，他已对新法表现出了厌倦。其中一个重要举措，是指定了司马光与吕公著为太子老师。这两个人，都是变法的反对派。

英年早逝的宋神宗留下年幼的皇子赵煦即位，这就是宋哲宗。

宋哲宗刚即位时懵懂无知，由宋神宗的母亲高太后垂帘听政，而她正是变法的坚定反对者。

根据记载，高太后摄政后的第一件大事，竟然是抛开正常的政治途径，私下派太监到洛阳向司马光问政。因反对王安石变法而在洛阳隐居著书十五年的司马光，估计做梦都想不到，自己会在生命的最后阶段重返政治核心。

在高太后的支持下，司马光全面推翻宋神宗时期的变法内容。有人担心这会违背“三年无改于父之道”的儒家伦理，司马光却说，这是太皇太后做主，母改子政，有什么不行的？

尽管重获起用后不到一年半，司马光就病逝了，但这最后一年多时间，已足够他完成自己潜伏十五年的夙愿。他的好友王安石奠定的新法格局，尽数遭到废除。

宝髻松松挽就，铅华淡淡妆成。青烟翠雾罩轻盈，飞絮游丝无定。

相见争如不见，多情何似无情。笙歌散后酒初醒，深院月斜人静。

——司马光《西江月》

想不到写起词来这么婉约蕴藉的司马光，在政治上却是如此顽固而不听劝。当苏轼认为新法并非一无是处，有些成果值得保留时，司马光一概不听，气得苏轼回家大骂“司马牛”。

当免役法被废的消息传到江宁后，病中的王安石不禁老泪纵横。他叹息道：这个新法是我与先帝研究了整整两年才推行的，为何也要废除？

平岸小桥千嶂抱，柔蓝一水萦花草。茅屋数间窗窈窕。尘不到，时时自有春风扫。

午枕觉来闻语鸟，欹眠似听朝鸡早。忽忆故人今总老。贪梦好，茫然忘了邯郸道。

——王安石《渔家傲》

退隐多年的王安石已经修炼得稳重平和，写的词心境淡然。可还是被司马光的顽固气倒了。

没多久，王安石在悲愤中去世。司马光在给吕公著的信中说：“介甫（王安石字）文章、节义过人处甚多，但性不晓事……朝廷特宜优加厚礼。”

王安石病逝五个月后，司马光去世。

5

此时，北宋政局已经掉入了一个挥之不去的梦魇：朝局的重心不再是研究如何富国强民，而是研究如何打倒对手。

王安石和司马光去世三年后，元祐四年（1089），朝廷上又爆发了一起文字狱——“车盖亭诗案”。这起文字狱距离苏轼的“乌台诗案”正好十年，只是这次反过来了，是旧党针对新党的构陷。

变法派领袖蔡确在高太后临朝后，就被贬出朝廷。或许是心情郁闷，蔡确曾游安州（今湖北安陆）车盖亭，并作了一组绝句抒发个人感情。不料，旧党言官抓住机会，曲解诗意，上奏称其诗中影射高太后为武则天，由此制造了“车盖亭诗案”。

高太后下令蔡确自辩，却不接受他的自辩之辞，还坚持认为朝中有蔡确余党，将打击面扩大到整个变法派。这种莫须有的极端做法，引起旧党内部一些人的反对。范仲淹之子范纯仁提醒说：“不可以语言文字之间暧昧不明之过，诛窜大臣”，文字狱这个头不能开呀。吃过“乌台诗案”苦头的苏轼也认为要从轻发落，不可株连他人。对这些理智的不同声音，高太后不仅不听，还很生气，她甚至在朝会上抱怨：“蔡确的事都没人管了吗？如果司马光还在世，一定不会这样。”

最终，高太后仍然利用手中的权力，制造了北宋开国以来打击面最广、打击力度最大的文字狱案。蔡确直接被贬到了新州（今广东云浮新兴县），在当时，贬逐过岭南对朝臣来说，是被看作近似于判死刑一样的重罚。旧党中人吕大防、刘挚、范纯仁等人替蔡确求情，说不宜置蔡确死地，高太后却说：“山可移，此州不可移。”

退朝后，范纯仁对吕大防说：“此路荆棘七八十年矣，奈何开之，吾侪止恐亦不免耳。”后来，范纯仁的话不幸应验了。在蔡确被贬岭南之前，宋朝被贬至此的官员只有距当时七八十年前的寇准、丁谓。但在蔡确被贬岭南之后，有越来越多的官员被贬谪过岭，朝廷上的斗争越来越残酷。

蔡确最终死于岭南。吕惠卿、章惇、安焘、曾布等新党主力，均被“榜之朝堂”，仕途沉沦。

在这残酷的岁月中，苏轼和他的门生、故友迎来了短暂的安静时光。宋英宗的驸马王诜在汴京有一处园林，叫西园。苏轼、苏辙、黄庭坚、秦观、张耒、晁补之、李之仪等人经常在此诗词酬唱，故称为“西园雅集”。

在苏轼身边，聚集了当时最有名的才子。他们被称为苏门四学士、六君子等。他们均擅长词章，官虽做得不大，在文化上却颇有建树。宋词在他们手上，百花齐放，发扬光大。

随着宋哲宗开始亲政、新党重新得势，这段悠闲时光戛然而止。

6

在元祐年间激烈的权力斗争中，所有人都忽视了一个人的存在——宋哲宗赵煦，他才是宋廷名义上的最高统治者。

高太后摄政九年，宋哲宗从一个十岁的小孩，成长为一个十九岁的青年。然而，军国大事仍然由高太后和几位大臣拍板，皇帝始终没有发言权。

朝中大臣无一例外，都忽视了宋哲宗的年龄增长。他们习惯于认为皇帝还小，告诫他凡事要听命于高太后。朝堂之上，皇帝御座与高太后座位左右相对，根据礼数，大臣应面对宋哲宗奏事；然而，大臣都反过来，面对高太后，背对宋哲宗。宋哲宗亲政后，曾提及当年高太后垂帘听政的场景，说自己个子小，只能看见朝臣的屁股和腰部。

有时候，高太后会问宋哲宗，你为什么一直沉默，不发表你的看法呢？宋哲宗回答：“娘娘已处分，还要我说什么？”

有一次，高太后命人将宋哲宗用了很久的一张旧桌子抬走换掉，但宋哲宗很快自己派人又把旧桌子搬回来。高太后大惑不解。

宋哲宗回答："这是先帝用过的。"高太后心中一惊，这才意识到，自己在年轻的皇帝心中种下了怨恨的种子。

元祐八年（1093）的秋天，六十二岁的高太后病逝，宋哲宗终于开始了反扑式的亲政。对于高太后摄政期间任用的人、制定的政策，他一概不认，通通反着来。他把章惇、蔡卞等变法派首领重新召回朝堂，而保守派官员则陆续被贬到岭南一带。朝廷党争，权势转移，一个新的轮回又启动了。

当年高太后倚重的已故老臣，一个个被追贬和剥夺恩封。宋哲宗还打算开掘司马光等人的坟墓，被朝臣苦谏之后才作罢。

绍圣元年（1094），五十八岁的苏轼被贬至惠州。几乎与此同时，秦观被外放为杭州通判，黄庭坚被贬谪黔州（今重庆彭水）。没多久，他们全部被贬到了岭南。

新党得势后，开始审查黄庭坚修撰的《神宗实录》内容，从里面挑出了一千多条他们认为有问题的记载，说黄庭坚诽谤了宋神宗一千多次。经过黄庭坚的抗辩，最终，史官们认定《神宗实录》有三十二处表述存在问题。

贬谪的诏书颁下来的时候，左右的人都哭起来，当事人黄庭坚却跟没事人一样，倒头便睡，鼾声大作。睡醒了，竟然还面有喜色。大家在想，这人莫不是被吓傻了？于是好心提醒他说："黔州（今重庆彭水）乃是蛮荒之地，少有人烟，凡遭贬此地者，皆水土不服，不病即亡。"

黄庭坚回答说，四海之内，皆为兄弟，浮生若梦，来去无迹。

过段时间，朝廷又把黄庭坚贬得更远，贬到了戎州（今四川宜宾）。在戎州，黄庭坚给住的破地方起名"任运堂"，意思是人生好比海上的波浪，有时起有时落，管它好运歹运，该来就来吧。他喝着小酒，写着诗词，继续他的风流洒落日月。

黄菊枝头生晓寒，人生莫放酒杯干。风前横笛斜吹雨，醉里簪花倒著冠。

身健在，且加餐。舞裙歌板尽清欢。黄花白发相牵挽，付与时人冷眼看。

——黄庭坚《鹧鸪天·座中有眉山隐客史应之和前韵，即席答之》

黄庭坚依然我歌我狂，吃吃喝喝，看破世情，像极了他的老师苏轼。在这些磊落的文字面前，时代的党争反而变成了毫无意义的背景，衬托着宋词的感染力。

元符三年（1100）正月，年仅二十四岁的宋哲宗病逝，没有留下子嗣。围绕皇位继承人问题，新党内部，章惇和曾布闹翻了。新皇帝宋徽宗上位后，旧党官僚被短暂放还。而悲观的一代词宗秦观，同年死于北返的归途中；豁达的豪放派宗师苏轼，次年死于常州。

唯有黄庭坚，还在继续承受世间疾苦。

7

作为宋神宗时代以来新旧党争的一个尾声，新党出身的蔡京在宋徽宗朝拜相后推出“元祐党人碑”，企图全面抹黑和消除旧党的影响。无论是死去的司马光、苏轼、秦观，还是在世的黄庭坚、晁补之、张耒等，都被列为“奸党”。于是，黄庭坚迎来了人生的最后一次贬谪。

他被贬到宜州（今广西河池）。在宜州，看到梅花开得很盛，他写下了一生最好的词作之一：

天涯也有江南信，梅破知春近。夜阑风细得香迟，不道晓来开遍向南枝。

玉台弄粉花应妒，飘到眉心住。平生个里愿杯深，去国十年老尽少年心。

——黄庭坚《虞美人·宜州见梅作》

人生没有几个十年，但即便在命运的颠沛流离中，他仍能把最深的感慨，献给最美好的事物。

在宜州最后的日子，他被迫搬到一处废弃的戍楼（军事瞭望楼）居住，冬冷夏热，隔壁就是屠宰场，市声喧嚣。但他读书作文，自得其乐，还给这个地方起了个雅致的名字——喧寂斋。

最后岁月一直陪伴黄庭坚的范寥，后来回忆说，有个大热天，太阳烤了很长时间，忽然倾盆大雨，黄庭坚兴奋得不得了，像个小孩一样，坐在椅子上，将双脚伸出去淋雨，还回头对范寥说：“吾平生无此快也！”

崇宁四年（1105），黄庭坚病逝于宜州，享年六十一岁。

临死前，他已有预感。一天，从潮湿的床榻上爬起来，他要为朋友写他最喜爱的《后汉书·范滂传》。范滂是东汉名士，为人清厉正直，但陷入党锢之祸而遭逮捕。地方官不忍抓他，想和他一起逃跑，范滂却拒绝说，如果杀了我能够结束残酷的党锢之祸，何尝不是利国利民的好事呢？临刑前，范滂的母亲领着范滂的儿子来看他。范滂眼含热泪，对儿子说："让你以后做坏事吗？我一生没有做过。让你以后做好事吗？我做了又落下如此下场。"范滂这么一说，围观群众都哭成一片。

写到这里，黄庭坚仿佛听到范滂的义愤与叹息，手中的毛笔嚯然折断。友人赶紧取来另一支毛笔，递到黄庭坚手上，让他把自己想说的话，全都写到了《范滂传》里。写完没多久，黄庭坚就命绝了。

春归何处？寂寞无行路。若有人知春去处，唤取归来同住。
春无踪迹谁知？除非问取黄鹂。百啭无人能解，因风飞过蔷薇。

——黄庭坚《清平乐》

薛砺若《宋词通论》评价黄庭坚这阕词说："在两宋一切作家中，亦找不着此等隽美的作品"。在北宋大变革时代，多少的政治斗争和缠斗，终究抵不过一阕绝妙好词穿越时光的力量。

或许，这也是对那个消耗人心的政治时代最后的质问：春归何处？寂寞无行路。

苏轼：千年一遇的妙人

苏轼的一生，就是一段“神怒即怒，吾行不止”的旅程。他并非没有经历过黑暗，只是永远不被黑暗所吞噬。在他生前死后，他所散发出的独特人格魅力，获得了历史的包容和偏爱。可以说，这样的妙人，千年只出一个。

1

苏轼家族世居眉州（今四川眉山）。1037年的春天，眉州境内的彭老山百花不开，草木枯萎，一座秀丽之山突然就成了荒瘠之地。多年后，眉州的乡亲们才恍然大悟，原来这一年，一个天纵奇才在当地降生，山河的灵秀之气独钟于他一人身上，所以花之精华、草之精华都被吸走了。这是关于苏轼降生的民间传说。历史上，除了帝王的降生有铺陈不尽的祥瑞之兆，一个文人政治家也获得此等待遇，实在是十分罕见的事。

苏家是当地一个颇为殷实的耕读人家。

苏轼的祖父苏序种植粟米，收成后并不去壳，盖一个大仓库直接储存起来。几年下来，存了有三四千石。没有人知道他的用意到底是什么。直到有一年，眉州闹饥荒，苏序开仓取粟，先救济本家族及亲戚，再赈济佃户和贫民。有人问他，救荒为什么一定要用粟？他说，粟米性坚，经得起久储，缺粮时用它，不会霉烂。

苏轼有个伯父叫苏涣，是整个家族气运转变的关键人。苏涣在天圣二年（1024）考中进士，打破了苏家"三代皆不显"的局面，成为这个平民家族上升为官宦家族的第一人。苏轼后来在给苏涣写的祭文中说，伯父为官清廉，四海奔走，把家都忘在一旁，而今亡故，家中却一贫如洗。这就是眉州苏家的家风。

苏轼的父亲苏洵，年轻时被认为是浪荡子。苏轼兄弟很小的时候，父亲常年在外面闯世界，不见人影。兄弟二人的读书启蒙，是由他们的母亲程夫人来完成的。

程夫人出生于眉州青神县一个名门世家，其父程文应是进士出身，官至大理寺丞。在优渥家境长大的程夫人生活富足，自幼喜读诗书，养成了知书达理、端庄贤淑的性格。

程夫人曾亲自担任苏轼兄弟的老师，教他们读书。一天，她教儿子读东汉史，读到《范滂传》时，感慨不已。范滂是东汉名士，学问和道德均受时人敬重，党锢之祸发生时，他被牵连其中。与母亲诀别时，范滂说，生死存亡各得其所，希望母亲不要悲伤。范母回答说，一个人既想要品德名声，又想要富贵长寿，怎么可能两全呢？我愿意你舍弃生命，实现自己的理想。

读到此，程夫人母子均为这段历史深深打动。良久，十岁的苏轼对程夫人说："我如果成为范滂，母亲会同意吗？"程夫人听此言后，从容地说："你如果能成为范滂这样的忠臣义士，我难道不能成为范滂的母亲吗？"从那时起，苏轼就发奋进取，博阅群书，心怀天下。

后来，苏洵送两个儿子到州学读书。州学教授刘巨是眉州当地的名士，教了苏轼兄弟俩声律、作对子等本领。有一次，刘巨在课上赋诗咏鹭鸶，念到最后两句"渔人忽惊起，雪片逐风斜"，苏轼当即说，老师的诗好是好，但最后一句改成"雪片落蒹葭"如何呢？刘巨听后，汗颜说，我当不了你的老师了。

苏洵一生三次参加科举，均落第，遂不再执着于自己的功名，而是把希望寄托在两个儿子身上。他给两个儿子编了数千卷书当作教材，并对儿子们说："读是，内以治身，外以治人，足矣。"就是说，读完这些，修身齐家治国平天下，绰绰有余。他也不照科举大纲来教儿子们，而是以孟子、韩愈、欧阳修的文章为范文，让他们学写古文。

眉州偏居一隅，但是历史悠久，人文荟萃。苏轼和弟弟进京参加科举那一年，眉州就考中了十三个进士，举国瞩目。在这座后来被陆游称为"郁然千载诗书城"的西南小城，苏轼从小感受到了日常的历史文化熏陶。

七岁那年，苏轼和小伙伴一起，听到一位九十岁的老尼姑在讲后蜀宫中的旧事。老尼姑年轻时曾跟随师傅到后蜀宫中做法事，在一个夏夜，亲眼看到后蜀皇帝孟昶和他的宠妃花蕊夫人在摩诃池边乘凉，吟诗作词。几十年过去，老尼姑还能背诵那晚听到的词句。

老尼姑在讲述这些旧事的时候，深深感染了童年的苏轼。老尼姑背出来的词句，印在了他的脑海。四十年后，他还能记得开头的两句：“冰肌玉骨，自清凉无汗。水殿风来暗香满。”这时的苏轼已是一个文学全才，断定这首早已失传的蜀宫词词牌应为《洞仙歌》，遂以这两句词起笔，续写出一阕完整的词章：

冰肌玉骨，自清凉无汗。水殿风来暗香满。绣帘开，一点明月窥人，人未寝，欹枕钗横鬓乱。

起来携素手，庭户无声，时见疏星渡河汉。试问夜如何？夜已三更，金波淡，玉绳低转。但屈指西风几时来，又不道流年暗中偷换。

少年时，苏轼有一次和弟弟出去游玩，经过一个小院子，看见墙上写着两句诗：“夜凉疑有雨，院静似无僧。”兄弟俩琢磨半天，觉得写的有意思，却不知道是什么人写的。多年后，苏轼被贬黄州，借宿黄州禅智寺，寺里的僧人都不在，半夜忽然下起了雨，打在竹子上沥沥作响。面对此情此景，苏轼油然想起年少时读过的这两句诗，感慨不已：

佛灯渐暗饥鼠出，山雨忽来修竹鸣。
知是何人旧诗句，已应知我此时情。

那个时候，故乡眉州早已回不去了，但他时常想起儿时的事情。冥冥之中，很多际遇，在当年那个闲游的小城少年身上就埋下了预设的结局。

2

1057年春天的那场科举，人才辈出，光耀千古。二十一岁的苏轼与十九岁的弟弟苏辙双双中第，脱颖而出。

苏轼的当场作文《刑赏忠厚之至论》，差点使他成为当年的科举状元。当时实行糊名制，主考官欧阳修怀疑这篇好文章是自己的学生曾巩写的，为了避嫌，将此文降了一个名次。等到揭榜，才发现原来是苏轼的大作。

不过，苏轼兄弟上榜后，舆论争议很大。跟同时上榜的曾巩不同，苏轼兄弟此前并无名气，很多读书人表示不服，开始抗议。关键时候，还是文坛盟主欧阳修出马了。

欧阳修在各种场合对苏轼一顿猛夸，说后浪凶猛，老夫当避此人（苏轼）。还说，三十年后不再有人记得他欧阳修，文坛将是苏轼的天下。

当苏轼去拜见并答谢欧阳修时，欧阳修问，你文章中说，远古尧帝时，皋陶为司法官，有个人犯罪，皋陶三次提出要杀他，尧帝三次赦免他，这个典故出自哪里？

苏轼答，在《三国志·孔融传》注中。

苏轼走后，欧阳修赶紧找来《三国志·孔融传》重读，却未发现这个典故，很是郁闷。下次见面，又问苏轼。

苏轼答，曹操灭袁绍后，将袁绍的儿媳赏给自己的儿子曹丕，孔融对此很不满，说："当年武王伐纣中，将商纣王的宠妃妲己赏赐给了周公。"曹操忙问此事出自何书。孔融说："并无所据，只不过以今天的事情来推测古代的情况，想当然罢了。"学生也是以尧帝的仁厚和皋陶执法的严格来推测，想当然罢了。

原本是苏轼杜撰的一个典故，却被他解释得如此清新脱俗，欧阳修听完十分钦佩，事后多次跟人赞赏苏轼善读书、善用书，他日文章一定独步天下。

三年后，为了准备由宋仁宗亲自主持的制科考试，苏轼兄弟二人一起搬到一个驿站中复习。一天晚上，下起大雨，两人正好读到唐代诗人韦应物的诗句："宁知风雨夜，复此对床眠。"彼此十分感慨，他们知道，眼下兄弟俩形影不离，但一旦踏上仕途，就将各自宦游，面临长别。当晚，兄弟两人约定，日后功成名就，一定及早归隐，一起回故乡眉山。

在以后的岁月里，他们都对这个风雨之夜的约定念念不忘，可是，人在仕途，身不由己，他们终归无法实现这个简单的梦想。

兄弟二人的考试算比较顺利。宋仁宗主持完考试后回宫，掩不住内心的喜悦，颇为得意地对曹皇后说："朕今日为子孙得两宰相矣！"

苏轼兄弟由此开始进入仕途。苏轼的第一个官职是大理评事，到凤翔府任签判，苏辙则申请在汴京侍奉父亲。1061年，一个寒冷的冬日，苏轼带着妻子王弗和尚在襁褓中的长子出发了。苏辙骑马一路跟随相送，直到数十里外才返回。二十多年来，他们第一次分别，两人都很伤感。

路人行歌居人乐，僮仆怪我苦凄恻。
亦知人生要有别，但恐岁月去飘忽。
寒灯相对记畴昔，夜雨何时听萧瑟。

君知此意不可忘，慎勿苦爱高官职。

苏轼看着弟弟返回的背影，想起他们一年多前的风雨之约，提笔写诗，希望两人都不要为了追求官位而忘记初心。

苏轼当官的第一任上司，是凤翔知府宋选。宋选为政勤勉，大事小事都亲自抓，这给了苏轼最早的官员能力示范。苏轼当年进京赶考曾路过凤翔，要在官府驿站投宿，谁知道里面破旧不堪，根本不能住人。如今他到凤翔当官，发现驿站已在新任知府宋选的主导下修葺一新。苏轼从这件小事上颇受启发，专门写了文章说，只想做大事而不屑于做小事，这是世人的通病。只有去除不屑之心，从小事做起，天下才有可能大治。

苏轼从宋选身上学到了为官务实的精神，此后担任多个地方的长官，他都能造福一方百姓。

不过，对于初入官场的苏轼来说，他已经感到深深的无力感。他始终怀着一颗悲悯民众之心去履行公务，却感到很多事情根本不是他的职权范围内可以解决的。面对整个国家的制度困境，他常常为自己身为官员感到羞愧。

1063年，嘉祐八年，三月，宋仁宗驾崩，为了修筑陵寝，凤翔府要负责提供大批木料。光这件事，就耗费了苏轼整整五个多月的时间。当时大旱，河水干涸，木料根本运不出去，苏轼内心极其痛苦。他在诗里说，陵寝工期迫近，府里县里都在逼迫百姓，帝王的身后事谁也不敢反对，可是“民劳吏宜羞”。当官不能为民造福，反而使民众不堪重负，那就应该感到羞耻——他是在警告其他的官员，也是在责备自己。

他为此感到气馁，觉得做官没什么意思。一天，他登上宝鸡县斯飞阁，极目远眺，开始思念故乡。他在心中问自己：“谁使爱官轻去国，此身无计老渔樵。”意思是谁让我留恋官位，而轻易抛弃故土呢？这辈子，我是不可能像渔夫樵夫一样悠然度日了！

宋选离任后，接任凤翔知府的是陈希亮。陈希亮是眉州人，按理说，他既是苏轼的老乡、长辈，也是其顶头上司，二人应该有一段融洽的共事经历才对。而实际上，两人却颇不对付。这让苏轼吃了不少苦头。

史载，陈希亮是一名雷厉风行、刚毅干练的能吏，“平生不假人以色，自王公贵人，皆严惮之”。到任后，他听到凤翔府中的差役都尊称苏轼为“苏贤良”，就很生气地说：“府判官就是府判官，什么贤良不贤良的。”虽然板子打在差役们身上，但难堪的却是苏轼。

由于苏轼才气过人，他写的公文，以前宋选在任时几乎一字不改。但陈希亮不一样，总是毫不客气地删改，来来回回都表示不满意，这又让以文章自负的苏轼颇为难受。

二人的摩擦多了之后，苏轼不愿意和陈希亮出现在同一个场合，以至于官府宴请、衙门开会都会缺席。陈希亮一怒之下，向朝廷弹劾苏轼，导致苏轼被罚了八斤铜。

到了年底，陈希亮建了一座凌虚台，落成后请苏轼写一篇文章纪念此事。

年轻气盛的苏轼认为“报复”这名“恶上司”的机会来了，于是洋洋洒洒写了《凌虚台记》。《凌虚台记》跟常规纪念盛事的歌颂文章完全不一样，此文的中心思想只有一个——想要通过建筑一座高台来夸耀于世，这是不靠谱的。苏轼在文中说，不要说高台起、高台塌，本身就是速朽的，更何况你真有自己可以依仗的本领，也不会依仗一座高台来青史留名吧。

如此语带讥讽地说凌虚台的建造者，陈希亮读完后，这次却一字不改，还命人刻写在石头上。

多年后，苏轼才明白，陈希亮为什么以往老是要为难他。陈希亮私下曾对人说，我挫苏轼的锐气，是怕他年少得志，将来要吃大亏。苏轼知道这一点后，一辈子感念这名前辈的大恩。

陈希亮的儿子陈季常，后来成了苏轼最好的朋友之一。我们熟知的成语“河东狮吼”，就是苏轼调侃陈季常惧内而来的。苏轼曾应陈季常所请，为陈希亮写传记，其中一段写道：“轼官于凤翔，实从公（陈希亮）二年。方是时年少气盛，愚不更事，屡与公争议，形于言色，已而悔之。”因为体会不到陈希亮故意刁难自己的深意，苏轼早已后悔了。

正是有宋选、陈希亮这样的人，从正面鼓励，也从反面打击，才有了一个逐渐成熟和超脱的苏轼。

苏轼在凤翔任职三年多。宋英宗想破格将他召入翰林院，让他担任皇帝的秘书，负责起草皇帝诏书或修起居注——历史上很多宰相都是从这个职位升上去的。但宰相韩琦反对宋英宗的决定，他说苏轼还年轻，缺少历练，骤然提升不能服众。

最终，苏轼参加馆阁考试，以优异成绩成为一名直史官，专门编修国史。

就在这时候，苏轼的妻子王弗病逝，年仅二十七岁，留下不满七岁的儿子苏迈。王弗十六岁过门，跟苏轼过了十年美满的婚姻生活，可惜这段姻缘就此戛然而止，两人生死殊途。

苏轼想起王弗刚过门时，自己读书，她只是坐在一旁做针线活，没有人知道她其实知书识字。直到有一次，苏轼背书，背着背着卡壳了，在一旁的王弗悄悄提示了一句。这让苏轼大吃一惊，拿起书逐一考问王弗，结果她都能答出来。

苏轼做官后，王弗陪同到了凤翔。每次有客人来找苏轼，她都躲在屏风后听双方谈话，客人离去后，她会帮丈夫判断此人值不值得深交。她知道丈夫心直口快，吃了不少苦头，所以希望自己能够帮助丈夫在复杂的人性面前少栽跟头。苏轼回忆说，她的这些观察和判断，事后大多得到了证实。

王弗死后，苏轼很长时间都感觉失去了依靠，颇为失落。在王弗去世十年后，他还做梦梦到了她，醒来悲痛欲绝。他披衣下床，写下了流传千古、感人至深的悼亡词：

十年生死两茫茫，不思量，自难忘。千里孤坟，无处话凄凉。纵使相逢应不识，尘满面，鬓如霜。

夜来幽梦忽还乡，小轩窗，正梳妆。相顾无言，惟有泪千行。料得年年肠断处：明月夜，短松冈。

——苏轼《江城子·乙卯正月二十日夜记梦》

王弗去世第二年，1066年，苏轼的父亲苏洵病逝。朝廷派了官船，护送苏洵的灵柩回眉山老家，苏轼兄弟扶柩返乡守制。这也是兄弟二人最后一次还乡。

3

当苏轼从家乡返回朝廷时，朝廷上的事情已经起了变化。

1069年，熙宁二年，年轻的宋神宗起用王安石主持变法，揭开影响北宋历史的新政序幕。但变法从一开始，朝廷上的士大夫就没有达成过共识。这导致此后的朝廷政治走向撕裂、攻讦与党争。

1070年的科举考试，吕惠卿是主考官，苏轼是考官之一。当时的举子知道皇帝热衷变法，所以都在考卷里面鼓吹变法伟大。一个叫叶祖洽的考生，在试卷中答道：祖宗法度，苟且因循，皇帝应该和豪杰之臣一起，“合谋而鼎新之”。这种言论本身并没有错，但考官之间由于立场的不同，导致对这种言论的评价差异甚大。

苏轼认为，叶祖洽这种考生谄媚君王，应该黜落。而主考官吕惠卿，直接将叶祖洽的考卷列为第一名。

苏轼对这个结果十分气愤，话不多说就给宋神宗写了折子，说古代的名医都是有什么本领就治什么病，没那个本领就不敢乱来，而现在的医生则是“未能察脉而欲试华佗之方”，这跟操刀杀人有什么区别呢？

宋神宗看完后，非但没有反感苏轼的直谏，反而颇为欣赏。他把苏轼的折子拿给王安石看，王安石说，苏轼确实很有才，可惜路子不正。

宋神宗还是决定召见苏轼，想跟他见面聊聊。

1071年，熙宁四年，正月，宋神宗见到了传说中的苏轼。面对宋神宗关于变法意见的询问，苏轼直言皇帝“求治太急，听言太广，进人太锐”。实际上是批评皇帝对于变法操之过急了。宋神宗略作沉思后说，这三句话，朕一定仔细想想。

退朝后，苏轼很兴奋地将这次召见说给同事和朋友听。这件事也传到王安石的耳朵里，他担心苏轼的书生之见会影响皇帝的决策。

不久，针对中书政事堂办事效率低下的问题，朝廷成立编修中书条例所，希望改革吏治。宋神宗想到苏轼，意欲调任苏轼到这个新部门。当皇帝询问王安石的意见时，王安石却直言不讳："苏轼与臣所学及议论素有歧异，不宜担当此任。"

后来，宋神宗又想任用苏轼修起居注，这是一个最接近皇帝的侍从职位。王安石又一次坚决阻止："陛下不过是听了苏轼的言论而已，这些言论又没有可用之处，恐怕不宜轻率任用。"

最终，在这一轮人事任命中，苏轼被任命为开封府判官。王安石的用意，是要让烦杂的首都行政事务困住苏轼，使他没时间对朝廷上的事发表意见。

后人回顾这场变法，已经很难用对错来评判各方的选择与作为。简单来说，王安石眼光向上，主张变法是对皇权和国力负责。经过这场变法，北宋确实强盛了一些，尤其是国库收入有了大幅提升，但他看不到背后的代价。而苏轼看到的，恰恰是变法的代价。

与王安石相反，苏轼眼光向下，看到了变法的具体执行和落地过程中，一步步演变成对老百姓的盘剥。这种认识跟苏轼的情怀、出身和地域都有关系。苏轼来自四川，四川在北宋开国后的半个世纪内，是全国最乱的地区，先后爆发了王小波、李顺、王均等多次起义。原因正在于朝廷征服四川后采取了深度盘剥的模式，逼得当地底层民众没有活路。这段历史，离苏轼生活的年代不过三四十年时间，他对此肯定感触颇深。所以当他目睹底层民众在王安石新法的搜刮之下痛苦呻吟时，就本能地站在了弱者的一边。

李一冰在《苏东坡新传》中说，四川特殊的地理环境，使得蜀人有一种独立天地的思想根源——擅言辞而好论理，不认同世上有所谓的权威存在。苏轼从政，每次都站到当权派的反对立场上，奋不顾身，争论事理，就是源于此。

苏轼曾对好友说："我性不忍事，心里有话，如食中有蝇，非吐不可。"于是，政治斗争的黑暗很快扑向了他。

御史谢景温弹劾苏轼，说苏轼在五年前父亲病逝时乘官船归蜀丁忧，趁机满载货物，贩卖私盐和瓷器等。针对这一莫须有的罪名，朝廷竟然煞有介事地派出六路兵马，追查此事。闹得沸沸扬扬，结果却不了了之。这起诬告风波，使苏轼的名声严重受损，天下人不问是非，只知道苏轼涉嫌"贩私"罪。苏轼只能请求外放，到杭州担任通判。

至此，那些对变法持有异议的人，包括欧阳修、司马光、范镇等，退休的退休，归隐的归隐，离京的离京。变法派取得了人事上的全面胜利。

去往杭州任职的路上，苏轼过陈州（今属河南周口）与弟弟苏辙一家相聚，住了两个多月。随后，苏辙送哥哥到颍州（今安徽阜阳），在那里，他们一起拜见了退休定居于此的恩师欧阳修。欧阳修年过六旬，须发皆白，步履蹒跚。他一生历经宦海波澜，受到无数次攻击和造谣，人家把许多不可启齿的污蔑之辞扣在他头上。苏轼经历了这两三年的政坛风波，深刻体会到恩师的不容易。

苏轼兄弟与欧阳修饮酒赋诗，畅谈终日。这是他们的最后一次相见，第二年，欧阳修就病逝了。

在杭州，新法的执行依然让苏轼不吐不快。他在诗里讽刺新法不顾底层死活，而这为他后来遭遇文字狱积累了“证据”。

新法实行后，官府收税要钱不要米，造成米贱钱荒。以救济农民青黄不接为名，由官府放贷的青苗法，这时顺理成章地给下层民众设了一道“陷阱”。虽然其本意也不算坏，但执行过程中却变成了强制。地方官为了多赚取利息，邀功请赏，在规定的利息外又附加各种名目的勒索。本利相加，遇上天灾人祸，农民根本无法偿清国家贷款，在官府催逼之下，只得付出加倍的利息向豪强富户借钱偿还官债，最后弄得倾家荡产。

苏轼在一首诗里讽刺青苗法说：

杖藜裹饭去匆匆，过眼青钱转手空。
赢得儿童语音好，一年强半在城中。

农民跟国家贷了款，到头来却两手空空，破了产。而让人啼笑皆非的是，青苗法手续烦杂，农民为了办理这些贷款手续，一年中有大半年的时间耗在城里，耽误了生产劳动。唯一的“好处”是让孩子学会了城里人的口音。

这些破产的农民，最终铤而走险，做起了私盐生意，导致杭州官府的监狱里，人满为患。即便到了除夕，苏轼还在忙碌，将狱中囚犯一个个点名过目。他知道这些囚犯都是被逼无奈，很想将他们释放。但他终归没有这样的胆魄，只能在内心骂自己太怂：

小人营糇粮，堕网不知羞。

我亦恋薄禄，因循失归休。

不须论贤愚，均是为食谋。

承认自己太怂的苏轼，这段时间开始了他的填词生涯。从此，一个伟大的词人上路了。

中举前，他忙着读书，而且太年轻，没有机会参加宴饮酒会，也就没什么机会接触词这一俗称“艳科”的体裁。开始为官的前十年，他是一个积极的儒家入世主义者，也没什么精力和欲望去留意词的创作。直到出任杭州通判后，他结识了前辈词人张先。

张先是宋初最重要的词人之一，以“云破月来花弄影”等带“影”字的词句闻名，被称为“张三影”。苏轼与张先年龄相差近半个世纪，但两人相处颇为自得。张先成为苏轼步入词坛的引路人。民间至今还传说，张先八十五岁时纳妾，苏轼写了“一树梨花压海棠”进行调侃。张先八十九岁去世的时候，苏轼写了《祭张子野文》寄托哀思，回忆两人在杭州结下的忘年之交。

步入词坛的苏轼，仅用了四五年时间就写出千古流传的《水调歌头·明月几时有》。那是1076年的中秋节，四十岁的苏轼面对一轮明月，怀念自己的弟弟苏辙，趁酒兴正酣，挥笔而就：

明月几时有？把酒问青天。不知天上宫阙，今夕是何年。我欲乘风归去，又恐琼楼玉宇，高处不胜寒。起舞弄清影，何似在人间！

转朱阁，低绮户，照无眠。不应有恨，何事长向别时圆？人有悲欢离合，月有阴晴圆缺，此事古难全。但愿人长久，千里共婵娟。

当时，苏轼已调离杭州，在密州（今山东诸城）任知州有两年了。写完这阕词的第二年，他又被调到徐州，然后调到湖州，直到一场差点要了脑袋的牢狱之灾降临他的身上。

4

1079年，元丰二年。命中大劫，苏轼差点扛不过去。

有人拿他的诗和给朝廷的上表，搞文字狱，说他讥讽朝政。朝廷下令，抓人！

当时苏轼在湖州任知州。从开封到湖州颇费时间，新党骨干、御史台中书丞李定，为寻找执行逮捕任务的人选而发愁，考虑许久，选中皇甫僎作为抓人领队。

皇甫僎带着他的儿子与两名台卒，日夜兼程，奔赴湖州。这时，驸马都尉王诜给苏轼的弟弟苏辙通风报信。苏辙立即派人赶往湖州，希望赶超皇甫僎，好让哥哥提早得知消息，做好心理准备。

皇甫僎的儿子不巧途中生病，耽搁了行程。这样，苏轼提前知道了即将到来的命运。

然而，当皇甫僎一行人出现在湖州地方官署时，苏轼还是相当惊恐。根据他事后的回忆，两名抓人的士兵拘捕他一个地方官，就跟抓一个盗贼一样。

苏轼预料自己必死无疑，首先想到的是跟妻子告别，给弟弟苏辙留封遗书，托付后事。船行到太湖，他欲投水自尽，但想到一死可能连累弟弟，他忍住了。

苏轼下狱的日子里，一些人必欲置其死地而后已，另一些人则替这名当世第一大才子求情。连他的政治对手、已经退隐金陵的王安石，也替他求情：“岂有圣世而杀才士者乎？”

在狱中待了四个多月后，朝廷的判决下来了，苏轼被贬官黄州（今湖北黄冈）。

出狱当天，苏轼又写起了诗：

平生文字为吾累，此去声名不厌低。
塞上纵归他日马，城东不斗少年鸡。

末句用了一个典故，说的是唐代长安城里以斗鸡闻名的贾昌，年纪轻轻就受到了喜爱斗鸡游戏的唐玄宗的宠信。苏轼的言外之意，是说如今朝廷上都是投皇帝所好的谄媚之人，我可不与这些人为伍。

写完，他知道自己又犯忌讳了，无奈掷笔大笑：“我真是不可救药。”

谪居黄州，苏轼名义上是团练副使，一个并无实权的小官，实际上属于朝廷的监管人员，并不能随意离开。黄州因为苏轼的到来，而成为文学史上的精神坐标。在那里，宋词史上豪放派的经典之作《念奴娇·赤壁怀古》，正在等待他来书写。在那里，他度过了一生最痛苦的时期，也完成了自己的精神炼狱。

在那之前，他的人生基本上顺风顺水，是被当作“太平宰相”来预期的。但如果没有这些挫折和磨砺，也就不会有如今世人熟悉的超脱豁达的苏轼。

初到黄州的苏轼还无法接受人生的骤然坠落。他几乎断绝了与友人的来往，慢慢调适自己的状态。寓居黄州定慧院，他写过一阕词，词中透露了他孤寂而又独立的心态：

> 缺月挂疏桐，漏断人初静。时见幽人独往来，缥缈孤鸿影。
> 惊起却回头，有恨无人省。拣尽寒枝不肯栖，寂寞沙洲冷。
>
> ——苏轼《卜算子·黄州定慧院寓居作》

安定下来后，苏轼说自己“扁舟草履，放浪山水间。客至，多辞以不在，往来书疏如山，不复答也。此味甚佳，生来未曾有此适”。任性，疏散，当被抛离了官场升迁的正常轨道之后，苏轼终于发现了人生的新天地。

他成为一个农民，跑到田间、集市、江畔，跟各种人聊天。如果人家说不出什么有价值的东西，他就请求人家给他讲个鬼故事。人家推辞说没有鬼故事。他却说，瞎编一个也行。他很享受这种没人知道他的身份和经历的状态，“自喜渐不为人知”。

也正是从黄州之后，苏轼成了历史上潇洒的苏东坡——尽管“东坡”这个号，实际上源于窘迫的现实。

在黄州，苏轼一家的日常开支十分节俭，但由于没有收入，他带到黄州的钱顶多也只够撑一年。一年后，苏轼一家陷入了窘境。这时，追随苏轼到黄州的好友马梦得发现了黄州城东一片荒芜的坡地，遂向官府申领了那块地。

马梦得跟苏轼同年同月生，用苏轼的话说，这个年月出生的“无富贵人”，所以他和马梦得都是穷鬼，但如果一定要分出谁是穷鬼的冠军，则马梦得一定当仁不让。这个比苏轼还倒霉的穷鬼，却帮苏轼要到了一块可以维持生计的荒地。苏轼将这片无名高地称为“东坡”，从此自称为“东坡居士”。

他沉浸在做农民的日子里。选好了一个日子，他在东坡上放了一把火，烧掉了上面的杂草。如有神助，大火过后，他发现了一口暗井——从此在这里耕种，灌溉不成问题。他买了一头牛，添置了锄头、镰刀等农具，在地里种麦子。收成后，他让妻子王闰之用小麦和小米掺杂在一起做饭。孩子们觉得难以下咽，他却吃得很香。

王闰之是王弗的堂妹。王弗病逝后，她成为苏轼的继室。她知道苏轼好酒，却又酒量差，但从不阻止苏轼喝酒。如果苏轼心情烦闷，她就会说，我给你弄一些酒吧。

苏轼似乎很满足于耕种的日子，清晨带着农具和一只酒壶出门，累了就喝口酒，困了就倒在土地上睡去。在给友人的信里，他介绍了自己的“产业”：五间屋子，十余畦果树和蔬菜，一百余棵桑树。

夜里，他会在灯下一遍遍抄写陶渊明的《归去来兮辞》。在词里，他认为自己的前生就是陶渊明：“梦中了了醉中醒，只渊明，是前生。”

有一次，他和朋友们在深夜里喝酒，醉了又醒，醒了又醉，回家已是三更时分。他站在门外，敲门无人应答，只听到家童熟睡的鼾声。他只好蜷着身子，坐在门前，依稀听到暗夜里传来江水拍岸的声音：

夜饮东坡醒复醉，归来仿佛三更。家童鼻息已雷鸣。敲门都不应，倚杖听江声。

长恨此身非我有，何时忘却营营？夜阑风静縠纹平。小舟从此逝，江海寄馀生。

——苏轼《临江仙》

这首词在黄州城传开后，人们说，苏东坡唱罢此歌，把衣冠挂在江边，乘舟远去了。黄州知州徐君猷听到这个消息，紧张得要命——他对苏轼负有监管责任，于是赶紧跑到苏轼家。到门口，却听到了苏轼的鼾声。这才放下心来。

对于苏轼而言，他要考虑的是如何在黄州安居下来。东坡毕竟是一块官地，难保哪天就被收回去，所以苏轼想自己买一块地。

春天，他跟着朋友到黄州东南的沙湖去看地，走到半路，突然下起了大雨。同行的朋友都觉得很狼狈，只有他淋雨淋出了一首好词：

莫听穿林打叶声，何妨吟啸且徐行。竹杖芒鞋轻胜马，谁怕？一蓑烟雨任平生。

料峭春风吹酒醒，微冷，山头斜照却相迎。回首向来萧瑟处，归去，也无风雨也无晴。

——苏轼《定风波》

当他和友人再次游览黄州城外的赤壁矶，他早已不再执着于个人的境遇。历史的交叠与风景的陶冶，铸造了一颗旷达之心。他写下了被誉为“古今绝唱”的经典词作：

大江东去，浪淘尽、千古风流人物。故垒西边，人道是、三国周郎赤壁。乱石穿空，惊涛拍岸，卷起千堆雪。江山如画，一时多少豪杰。

遥想公瑾当年，小乔初嫁了，雄姿英发。羽扇纶巾，谈笑间，樯橹灰飞烟灭。故国神游，多情应笑我，早生华发。人生如梦，一尊还酹江月。

——苏轼《念奴娇·赤壁怀古》

一个涅槃后的苏轼，归来了。再也没有什么东西可以击垮他。

5

在苏轼被贬黄州的四年时间里，皇帝未曾把他遗忘。

1084年，元丰七年，苏轼被移贬汝州。汝州离北宋的政治中心不太远，这意味着苏轼政治境遇的改善。苏轼原本想上谢表，说明自己愿意终老于黄州，但想想这毕竟是宋神宗的一番好意，只好作罢。

他要离开自己用心经营的田宅，以及好不容易安顿下来的环境和内心，还是颇有些不舍。在不久之前，他刚跟友人要了一批柑橘树苗种下，想来再也看不到它们长大结果了。

苏轼从黄州北上，途中专程到金陵拜见隐居了八九年的王安石。

那天，王安石骑着一头驴去码头迎接苏轼。苏轼连帽子都没戴，就上岸对王安石说："轼今日敢以野服见大丞相！"王安石大笑："礼岂为我辈设哉！"这句话出自《世说新语》，是竹林七贤之一的阮籍说的。被罢相彻底离开政坛后，王安石的思想变得颇为开通。苏轼这时倒不忘怼王安石："轼亦自知，相公门下用轼不着。”意思是，他们在政治上不是一路人。

虽然在政治见解上存在分歧，但不妨碍同时代的两颗巨星保持私人友谊。在金陵期间，两人放下变法之争，相约同游山水，多次作诗唱和。

骑驴渺渺入荒陂，想见先生未病时。
劝我试求三亩宅，从公已觉十年迟。

这时的苏轼，还打算“买田金陵”，跟王安石一起归隐钟山。尽管后来未能如愿，但此时此地，苏轼的心境是真的想隐居的。他意识到自己应该像王安石一样，尽早抽身隐退。

所以，苏轼并不着急到汝州去。他给宋神宗上了一个表，说明因“资用罄竭，去汝（州）尚远，二十余口，不知所归，饥寒之忧，近在朝夕”，请求暂时不去汝州，先到常州居住。后来得到批准。

没多久，宋神宗驾崩，宋哲宗即位，高太后以哲宗年幼为名，临朝听政。退隐洛阳著书多年的司马光，重新获起用为相，新党势力被全面压制。朝局风云突变。

苏轼很快被召还朝，升翰林学士、知制诰，知礼部贡举。

在这场名为“元祐更化”的政治变动中，大权在握的司马光在病中坚持尽废新法，甚至最后几天上朝都为此忙得不可开交。而苏轼遇事不吐不快的个性再次展现出来，他建议朝廷权衡利弊，保留变法中有益的部分。他本人支持保留免役法，废除青苗法。司马光却不听劝告。

王安石原本对朝中的变化默默无语，直到免役法被司马光所废，才老泪纵横地哀叹道："就连免役法也要废除吗？我跟先帝可是研究了整整两年才推行，方方面面都考虑周全了。"1086年，元祐元年，王安石与司马光先后病逝，而变法引发的内耗与纷争远未休止。

朝廷上慢慢衍生出洛党、朔党、蜀党三党之争。北宋政坛对蜀人一直怀有偏见。苏轼在世时名声已经很盛，但他从来没有机会真正操持权柄。每当他被列为宰辅的人选时，朝廷言官就会以"蜀人太盛"进行阻止。苏轼虽然被当成"蜀党"领袖，但高太后很了解苏轼、苏辙兄弟，说："我知道，你兄弟二人在朝自来孤立。"

回汴京四年，不堪政争的苏轼屡次请退，终于在1089年获准外调杭州知州，离开了是非之地。

苏轼虽以文学大家扬名，但他是个实干型的官员，受不了朝廷上冗长而没意义的政治纷争。做一方父母官，为百姓干实事，反而是他最舒服的去处。从政以来，他去过密州、徐州、湖州、杭州等多个地方做官，每到一地，革新除弊，因法便民，兴修水利，应对灾害，都留下了相当好的口碑。

宋人笔记记载，苏轼在杭州为官期间，经常在西湖边上办公，早晨从涌金门泛舟而来，中午到普安院吃饭，于冷泉亭据案断决，处理公文时"落笔如风雨"，傍晚则乘马以归。

他关心民瘼，勤政为民，对百姓怀有深深的同情心和同理心。这样的地方官，即便没有那些经典诗词的加持，也一定会留名史册。

出任杭州知州后，当地大旱歉收，并暴发瘟疫，《宋史》记载"饥疫并作"。苏轼上书朝廷，请求减免"本路上供米三（分）之一"，又组织赈济灾民。面对疫情，他拿出了一个名叫"圣散子"

的药方。那是他从蜀中故人巢谷那里拿到的秘方。这一秘方对于救急，疗效奇佳，巢谷一直秘不示人，连亲生儿子都不肯传授。后来，他实在拗不过苏轼的纠缠，把苏轼带到江边，要他对着江水发毒誓，绝不传给他人。然后，才把秘方交给苏轼。但面对百姓生死，苏轼已经顾不得他的誓言，他公开了这个秘方，并在街头支起大锅，煎熬汤剂，救人无数。

在这场疫病中，苏轼还从公款里拨出两千缗钱，并带头捐出五十两黄金，设立了“安乐坊”，作为救济贫病之人的公办医疗机构。安乐坊后来成为北宋安济坊的原型。

史载，苏轼在杭州做了许多实事，杭州人感激他的恩德，家家挂有其画像，“饮食必祝”。

高太后去世后，宋哲宗亲政，新党再度得势。1094年，绍圣元年，五十八岁的苏轼被贬至惠州。

在惠州，苏轼继续往美食家的方向进修。当年在黄州时，他就因为穷而独创了猪肉的做法，成为后世流传的“东坡肉”的创始人。如今，他又成了所谓的“羊蝎子之父”。

因为是被贬斥的罪官，苏轼在惠州没有资格与当地权贵争抢好的羊肉。他私下嘱咐杀羊的人，给他留下没人要的羊脊骨，在这些骨头之间也有一点羊肉。取回家后，他先将羊脊骨彻底煮透，再用酒浇在骨头上，点盐少许，用火烘烤，等待骨肉微焦，再吃。他终日在羊脊骨间摘剔碎肉，自称就像吃海鲜一样美味。

他在给弟弟苏辙的信中调侃对方，老弟啊，你生活优渥，饱食好羊肉，把牙齿都陷进去了也碰不到羊骨头，怎么能明白这种美味呢？在信末，他又说，这种吃法是不错，只是每次自己把骨头上的肉剔光了，围在身边的几只狗都很不开心。

苏轼在惠州还爱上了岭南佳果——荔枝。他跟儿子开玩笑说，千万别让自己的政敌知道岭南有荔枝，不然他们都会跑过来跟他抢着吃。

1097年，绍圣四年，苏轼被贬到了极远极荒凉的海南岛儋州。

长子苏迈来送别，苏轼把后事交代得一清二楚，如同永别。他决定到海南后，为自己做一口棺材。到了海南，才知道当地人根本不用棺材，他们在长木上凿出臼穴，人活着用来存米，人死了就放尸体。

一次，他在田垄上放歌而行，一个老妇人迎面走来，对他说：“先生从前一定富贵，不过，都是一场梦罢了。”他听后，大惊。

他常常站在海边，看海天苍茫，料定自己应该不可能活着离开这座孤岛了。不过，他后来转念一想，这个世界上的人，不都身处在大海的包围之中吗？而自己像一只蚂蚁，跌入一个小水洼，就以为落入了大海，于是慌慌张张爬上一片草叶，不知自己会漂向何方。可是，用不了多久，阳光照射，水洼干涸，小蚂蚁就生还了，见到同类，还哭着说：“我差点就再也见不到你了。”这只蚂蚁很可笑，但个人在天地间的悲哀，何尝不是如此？

在孤岛上活通透了的苏轼，还是得到了命运的最后一丝眷顾——1100年，随着宋哲宗的病逝，朝局再起变化，苏轼获准北归，活着离开了海南。

第二年正月，苏轼一家北归途中，在大庾岭上一间小店休憩，有个老翁问跟随的仆人：“官是谁？”

“苏尚书。”

“是苏子瞻吗？”

“是的。”

老翁上前向苏轼作揖说：“我听说有人千方百计陷害您，而今北归了，真是天佑善人。”

苏轼笑而谢之，随即题诗店壁：

鹤骨霜髯心已灰，青松合抱手亲栽。

问翁大庾岭头住，曾见南迁几个回。

李一冰在《苏东坡新传》中说，苏轼历劫归来，最大的庆幸，是他平生一片刚直的孤忠，而今大白于世。一切污蔑和猜忌的浮云已经吹散，则天上一轮孤月，也当为人所共见了。“浮云世事改，孤月此心明。”

越过南岭，经赣江入长江。苏轼想着等儿子们举家到齐，就搬往河南许昌，去跟弟弟苏辙同住，实现他们年轻时许下的夜雨对床的约定。但北方政局突然大变，新党曾布开始专权。苏轼担心到那里又起是非，故无奈写信托人转告苏辙：“颇闻北方事，有决不可往颍昌近地居者……恨不得老境兄弟相聚，此天也，吾其如天乎！亦不知天果于兄弟终不相聚乎？”

船到仪真（今江苏仪征）时，苏轼跟米芾见了一面。米芾把他珍藏的两幅书法交给苏轼，请他写跋语。但仅仅两天后，苏轼就瘴毒大作，猛泻不止。过了数日，病情一点也没有减轻，这时的苏轼隐约有不好的预感，他在信里嘱托弟弟说，我死后，把我葬在嵩山下，请你来为我写墓志铭。苏辙接到这封信，痛哭不已。

到了常州，苏轼停下了他的旅程。他病了50多天，已经进入弥留之际。他对三个儿子说："吾生无恶，死必不坠。"我一生没做亏心事，不会下地狱的。又说，我死时，千万不要哭泣，让我坦然化去。

长子苏迈询问后事，苏轼没有回应，溘然而逝。这一天是北宋建中靖国元年七月二十八日，1101年8月24日。宋人笔记记载，苏轼死后，他眉山老家的彭老山，草木恢复了繁茂。天地灵秀之气重归于天地。

在最后生病之前，苏轼刚刚给自己写了四行诗，作为一生的总结：

心似已灰之木，身如不系之舟。
问汝平生功业，黄州惠州儋州。

苏轼不是无神论者，但他在每一段"见鬼"的人生阶段，慢慢修炼得通透而无所畏惧。黄州、惠州、儋州，是他的三段贬谪经历，是他的政敌与常人眼中的黑暗阶段，但苏轼不这么认为。不是熬过这些黑暗的时光，就会过上好的人生；而是，与这些黑暗的时光共处，这就是他的人生。

人生到处知何似？应似飞鸿踏雪泥。
泥上偶然留指爪，鸿飞那复计东西？

尽管苏轼已经去世九百多年，但这只飞鸿，并未如他所担忧的那样消失无痕：他和它依然活在漫长的历史时空里。

秦观：一代情种死后，人间寂寞五百年

长沙有个妓女，接客时只唱秦观的词。

北宋绍圣三年（1096）的某一天，这名妓女接待了一个落魄的客人。弹唱了数曲秦观的词后，姑娘才知道眼前的客人就是她多年来追着词儿唱的秦观本尊。

姑娘有些慌了。但秦观表面却很淡定，这是他一生中最为坎坷的时段，两年内遭遇“三连贬”，取道长沙准备到郴州接受“编管”。

为了自证身份，秦观为姑娘写了一首词：

秋容老尽芙蓉院，草上霜花匀似翦。西楼促坐酒杯深，风压绣帘香不卷。

玉纤慵整银筝雁，红袖时笼金鸭暖。岁华一任委西风，独有春红留醉脸。

——秦观《木兰花》

我们不知道这位痴迷于秦观词的姑娘芳龄几何，但秦观的词告

诉我们，“岁华一任委西风，独有春红留醉脸”，这个姑娘或许已经青春不再，美人迟暮。我们也可以从中读懂词人的自况，时年四十八岁的他在写眼前风华不再的姑娘，又何尝不是在感慨自己的老去与落魄呢？

姑娘热情款待了秦观，到临别时，二人都很悲伤。秦观又写了一阕词，寄托伤别之情：

潇湘门外水平铺，月寒征棹孤。红妆饮罢少踟蹰，有人偷向隅。
挥玉箸，洒真珠，梨花春雨余。人人尽道断肠初，那堪肠已无。

——秦观《阮郎归》

这阕词，字面是伤别之情，内里还是流露出自己被无端贬黜、被迫害的愤懑和伤心。“人人尽道断肠初，那堪肠已无”，词境伤痛至极。大半生被远贬云南的明代才子杨慎，后来读到此词颇有同感：“此等情绪，煞甚伤心。秦七太深刻矣！”

据宋人笔记记载，秦观走后，这位姑娘从此闭门谢客，说要等秦观回来。四年后，却等来了秦观的死讯。她穿上丧服，动身要去见秦观最后一面，经过长途跋涉，终于遇到秦观的灵柩。姑娘“拊棺绕之三周，举声一恸而绝。左右惊救，已死矣”。

这是一段凄美的爱情故事，它发生在最懂写爱情词、被称为“情种”的秦观身上，既是偶然，也是必然。他的词，自诞生以来就俘获了无数男女的心，但也在一声声悲怆的吟唱中预埋了人生不幸的大结局。

1

秦观（1049—1100）是北宋版的杜牧。他的整个人生，简直就是杜牧悲剧命运的翻版：明明是治国英才，却活成了青楼常客。

最可怕的是，秦观本人很早就意识到自己与杜牧的相似性。

他早年过着豪放慷慨的生活，自己说“少时如杜牧之强志盛气，好大而见奇”。很早开始习赋作文，但并不热心科举，自称“江海人”，“耻为升斗谋”。

他喜读兵书，曾撰写50篇策论，从国家治理到边疆政策，都提出了自己的一套主张。在他眼中，“功誉可力致，而天下无难事”，意气风发，感觉出门就要走上人生巅峰一样。但就像很少人知道杜牧的策论让司马光十分欣赏一样，也很少人知道秦观曾在策论中有过多么激愤的爱国主张。

三十岁以前，他一度优游于湖州、杭州、扬州一带，宴饮酬唱，登临游览，过着浩歌剧饮、放浪形骸的浪漫生活。在他早期的词里，时时流露出豪放的调子：

狂客鉴湖头。有百年台沼，终日夷犹。最好金龟换酒，相与醉沧洲。

——秦观《望海潮》

时时横短笛，清风皓月，相与忘形。任人笑生涯，泛梗飘萍。饮罢不妨醉卧，尘劳事、有耳谁听？江风静，日高未起，枕上酒微醒。

——秦观《满庭芳》

这是他一生中最自由潇洒的时光。或许也是每一个人年少时该有的样子：未曾经受生活的暴击，所以活出了最好的状态。

凭借着天生的聪明、才气与敏锐，他在三十岁左右就写出了奠定个人声誉的代表作：

山抹微云，天连衰草，画角声断谯门。暂停征棹，聊共引离尊。多少蓬莱旧事，空回首，烟霭纷纷。斜阳外，寒鸦万点，流水绕孤村。

销魂。当此际，香囊暗解，罗带轻分。谩赢得青楼薄幸名存。此去何时见也，襟袖上、空惹啼痕。伤情处，高城望断，灯火已黄昏。

——秦观《满庭芳》

而这首作品，正是与一个歌妓悄然产生情愫的产物。

由于这首词太经典了，当时人都不喊秦观的名字，而叫他“山抹微云君”。他的词有很多女性受众，历代都不缺“女粉丝”。陆游的母亲就是其中一个。陆游，字务观。据说，陆游的母亲梦到秦观后，生了陆游，遂取秦观的字“少游”作儿子的名，而以秦观的名作儿子的字。

但有个人对秦观这阕成名作却有些“微词”。

宋人笔记有载，秦观和老师苏轼久别重逢，苏轼向秦观道贺说，你现在填词更厉害了，京城都在传唱你的“山抹微云”那阕词。秦观客气一番，说恩师谬奖。苏轼却接着说，但想不到我们分别后，你却开始学柳永作词了。

秦观不承认，赶紧辩解说："某虽无识，亦不至是。先生之言，无乃过乎？"先生不要空口无凭，毁我清誉呀！苏轼则当场举例质问道："'销魂当此际'，非柳词句法乎？"秦观惭愧不已。

这件事发生时，"大宋第一流行词人"柳永已经故去多年，但他在词坛的影响力丝毫未减。苏轼标举豪放词，故对柳永的风格带有深深的偏见。秦观呢，表面上对老师说惭愧，骨子里对于词的理解，却近于柳永而远于苏轼。这也是他身为"苏门四学士"之一，而没有顺从苏轼的路数，反而成长为婉约派一代词宗的原因。

说起来，秦观确实很有才华。

他早年寂寂无名，经人推荐认识名满天下的苏轼。但他们的相识过程是这样的：秦观先模仿苏轼的笔迹和笔意，在他们约定见面的寺庙的照壁上题词。苏轼到了之后，恍惚半天：这地方我来过吗，还题过词？我怎么一点印象都没有了？经人点破，才大惊叫绝，原来是秦观这小子冒老夫之名呀！

如果有"粉丝"跟秦观见面，一定对不上号：眼前这个长相粗犷的男人，真是写得一手唯美婉约词？确定不是代笔？

一般人想象中的婉约词作者都是白面书生，但秦观的样貌，最大的特征是"多髯"，胡须茂盛。他的师友们一旦聚在一起，就会拿他的长须开玩笑。有一次忍不住了，秦观"反击"说："君子多乎哉？"这是《论语》里的话，秦观巧妙借用，强调君子不嫌胡须多。没想到，苏轼笑着接了一句："小人樊须也！"这也是《论语》里的话，樊须是孔子的弟子，苏轼在这里玩了个"谐音梗"，"樊须"即"繁须"，调侃秦观胡须多是小人。

这样欢乐的时刻，是苏轼生命中的常态，但对秦观来说，却颇为难得。如他所言，“不称人心，十事常居八九；得开口笑，一月亦无二三”。

毕竟他的一生，逆境远多于顺境，而他偏偏学不来苏轼的豁达。

2

高邮秦氏是宋代社会中一个典型的耕读家族。秦观的祖父虽是进士出身，父辈也入仕，但家族经济条件并不宽裕，还需要致力于农业生产。

秦观曾自述，其家有“敝庐数间”，“薄田百亩”，但由于“聚族四十口”，日常开销所费不赀，“田园之人，殆不足奉裘褐，供饘粥（稀饭）”，所以他时常感叹：“家贫素无书。”

他的妻子徐氏，家境好得多，出身高邮大族，“金钱邸第甲于一乡”。不过，从秦观后来的生活状况来看，岳父一家对其的扶持应该十分有限。

秦观十多岁的时候，父亲就去世了。那时候，他还年少轻狂，豪放度日，不太懂得父亲之死对他意味着什么。等到年岁渐长，家族生活日益陷入拮据，他才深刻感受到，父亲之死意味着家族责任已经转移到他身上了。

按秦观自己的话说，他不得不“强出应书，侥幸万一之遇”。他必须走上士人上升的唯一通道——科举之路了，尽管内心是抗拒的，但家族的责任压倒了个人的自由。

古代传统社会的结构，只看得到家族，而看不到个人。家国一体，在家族中，尤其是在处于逆境的家族中，做一根顶梁柱是整个社会赋予人的使命。而家族中的个人，往往没有自主选择的空间。比如唐代大诗人王维，人称“诗佛”，但在父亲很早过世后，作为家中长子，他必须担起照顾弟、妹的责任，大半辈子都“佛”不起来，只能很现实地谋科举，谨小慎微地做个小官员。很多我们熟知的历史人物，都曾负重前行——只是经过时间的淘洗，我们只看到他们成功的一面，而忽视了他们困苦的另一面。

三十岁以后，那个豪放的秦观“死”了。取而代之，他的内心进入了痛苦困厄的状态。

他经历过不止一次科举失意，也经历过全家族的饥荒。最低谷的时候，他说自己“气血未衰心已衰”。

元丰八年（1085），三十七岁的秦观终于考中进士。但也是在这一年，他将自己的字“太虚”，改为了“少游”。太虚是指宇宙，也指道家的道，如秦观所说，自己早年“好大见奇”，认为天地间的事都很容易。如今，他读了东汉伏波将军马援的从弟马少游绝意事功、淡泊求安的故事，若有所悟。“愿还四方之事，归老邑里，如马少游”，遂改字为“少游”。

考中进士，向来被认为是光宗耀祖、人生得意的盛事，但奇怪的是，秦观只是兴奋了一下子，然后怅然若失。早年那种豪放奋厉的精神，在这重要的时刻却蜕变为退避的生活态度。是否在冥冥之中，他已预见了自己将在官场上遭遇的悲剧？不得而知。

但秦观的确是一个内心极其柔软和敏感之人。

北宋党争的激烈程度，超乎我们的想象。进入仕途后的秦观，身处其中，命运浮沉，内心实际是恐惧的。他给友人的诗中，含蓄地说了一句：“蚁斗蛾飞愁杀人。”

他想过逃离，舍弃功名，归隐乡邑。但家族的重任，世俗的牵累，终归让他无法听从内心的召唤。在送弟弟秦觌赴任地方为官的诗中，他在说弟弟，实际也是说自己：“道山虽云佳，久寓有饥色。功名已绝意，政苦婚嫁迫。”

人生有太多无可奈何。他只能强忍着，在夜深人静的时候才允许自己崩溃：“夜参半不寝，披衣涕纵横。”

按照一般人的理解，秦观进入仕途的前八年，正是宋神宗死后，高太后掌权、新党遭到清算的元祐时期，被归为苏轼门生、旧党成员的他，仕途理应顺风顺水才对，哪有这么多的愁苦和眼泪？但实际上，旧党内部的倾轧，不亚于新、旧党之间的权斗。而倒霉的秦观，常常沦为旧党内部倾轧的靶子。

元祐三年（1088），秦观被召进京，准备担任馆职。正遇上程颐的洛党与苏轼的蜀党斗争得厉害，结果秦观遭殃，未能如愿，直到一年多后，经由范仲淹次子范纯仁的推荐，才任秘书省正字，大约相当于校对典籍的清职。仅仅一年后，他又受到洛党成员的攻击，朝廷随之取消对他的任命。仕途反反复复，对于政治与人心，秦观早已心累不堪。

究其原因，北宋政治斗争中，生活作风问题是搞倒对手的切入口。秦观因为早年流连青楼的经历，被认为行为不检点，洛党的人由此突破，攻击他“素号猥薄”，“刻薄无行，不可污辱文馆”……在秦观受到洛党弹劾的过程中，每次都牵连进苏轼兄弟，导致事情越闹越大。这是洛党的人希望看到的结果，却是秦观最不愿看到的，他被裹挟在其中，痛苦可想而知。

宋代程朱理学对青楼女子的偏见，连带着对写婉约词的文人也产生了极大的偏见。南宋的朱熹就认为，跟着苏轼的人都是轻薄文人，行为失检，这其中秦观又最糟糕，要是这些人聚在朝廷上，天下何能致太平？

但实际上，被认为行为失检的秦观绝非“渣男”。他对女性，甚至沦落青楼的女子都有一种同情的理解。他有个妾叫边朝华。当他后来被贬出京后，生怕连累边朝华受苦，遂送她回到其父身边。但边朝华不离不弃，又跟过来，“玉人前去却重来”，秦观只好再次遣她回家，并对她说明“此度分携更不回”。尽管他自己内心十分不舍，肠断伤心，但为边朝华考虑，还是做出了这个决绝的决定。

他的爱情观，即便放在今天，也是十分健康和正确的。他最著名的词作之一，是借七夕节写的爱情词：

纤云弄巧，飞星传恨，银汉迢迢暗度。金风玉露一相逢，便胜却人间无数。

柔情似水，佳期如梦，忍顾鹊桥归路。两情若是久长时，又岂在朝朝暮暮。

——秦观《鹊桥仙·纤云弄巧》

可以说，此词一出，其余爱情词尽占旁边。“两情若是久长时，又岂在朝朝暮暮”，或许正是他在仕途受挫之后遣走边朝华的原因。

初入仕途，秦观除了与恩师苏轼及“苏门四学士”其他人有过坐而论道的短暂欢乐，这成为他后来追忆往事难得的快乐，但绝大多数时间，他整个人变得越来越忧郁。

我们还记得，他是扛着家族责任被迫应举进入官场的。但即便在他做官之后，因为都是清官薄禄，他的家庭经济还是处于窘迫的状况，没有太大的改善。元祐八年（1093）春，他曾写诗给户部尚书钱勰，谈到自己的生活处境："三年京国鬓如丝，又见新花发故枝。日典春衣非为酒，家贫食粥已多时。"钱尚书因此接济了他两石米。

元祐八个年头，已经熬得这么辛苦，接下来的艰辛，秦观能顶得住吗?

3

我们对这段历史已经很熟悉，高太后死后，一直受到朝廷官员冷落的宋哲宗也长大成人，亲政了。宋哲宗公开表示要继承其父宋神宗的遗志，于是，一个新的轮回开始了——新党的人纷纷得志回朝，而旧党的人一个个被贬出朝。

苏轼被越贬越远，直到天涯海角，其轨迹基本上就是苏轼门人遭受朝廷黜落的共同轨迹。黄庭坚如此，秦观也如此，而这两大才子最后都死在了广西。

起初，秦观被外放为杭州通判。离开汴京前夕，他已有不祥的预感，写词怀念苏门师友聚会欢谈的日子，而现在，大家都要开始凄苦的贬谪之旅，想来"都是泪"：

西城杨柳弄春柔，动离忧，泪难收。犹记多情曾为系归舟。碧野朱桥当日事，人不见，水空流。

韶华不为少年留，恨悠悠，几时休？飞絮落花时候一登楼。便做春江都是泪，流不尽，许多愁。

——秦观《江城子》

赴杭州途中，秦观接到了朝廷追贬的命令，再贬处州（今浙江丽水），任酒税——大概就是到市场上收取酒税、鱼税的地方小吏吧。原因是有御史弹劾，秦观与黄庭坚等人参与编修的《神宗实录》“污毁先烈”，二人遂遭到更严重的贬谪。

在处州两年，秦观处处受人监视，心情郁闷。期间，他写的一首词反映了他的心态：

水边沙外，城郭春寒退。花影乱，莺声碎。飘零疏酒盏，离别宽衣带。人不见，碧云暮合空相对。

忆昔西池会。鹓鹭同飞盖。携手处，今谁在。日边清梦断，镜里朱颜改。春去也，飞红万点愁如海。

——秦观《千秋岁》

这首词悲哀过甚，传出去后，读到的人都认为秦观的精神状态很差，恐怕不久于人世。秦观的朋友孔毅甫读到“镜里朱颜改”，大惊道：“少游盛年，何为言语悲怆如此？”后来见了秦观，回去后跟家人说：“秦少游气貌大不类平时，殆不久于世矣。”

但是，朝廷中人对秦观的打击并未到此为止。新党的人看不惯秦观在处州抄读佛经度日，继续弹劾他“读佛书，败坏场务”，于是秦观被遣送到更加偏僻的郴州接受编管。

遥夜沉沉如水，风紧驿亭深闭。梦破鼠窥灯，霜送晓寒侵被。无寐，无寐，门外马嘶人起。

——秦观《如梦令》

在赶往郴州的途中，当时已是冬天，秦观住在破败的驿亭中，夜不能寐。老鼠出没，寒意袭人，各种嘈杂声，传达出词人极度的精神痛苦。也是在去郴州的途中，秦观于长沙邂逅了后来为他的去世悲恸而绝的妓女，写出“人人尽道断肠初，那堪肠已无”的伤痛离别词。

宋人笔记还记载，某天，秦观行在郴州道上，突遇大雨，身边负责搬运行李的老仆人冲着秦观发牢骚，说学士呀，苏轼兄弟做到很大的官，如今被贬谪遭罪也够本了，可你跟着他们起起落落，最高也只做了个清水衙门的闲官，现在又有什么好下场呢！秦观只得苦笑说：“没奈何！”老仆人则呛了他一句：“你也晓得没奈何！”

“没奈何”，听起来苦涩，但它却标示着秦观的道德底线。在剧烈的党争中，亲人相互举报，朋友反目成仇，背后捅刀子的事屡见不鲜，人性的弱点彻底暴露。就算一生达观的苏轼，在乌台诗案中也感受到人情冷酷。而秦观自从认苏轼为师后，就知道自己的前途将在更大的政治波浪中起落，但他从未背叛恩师——哪怕有人暗示他，检举揭发或与苏轼切割，就能保住自己的政治前途，他也从未动摇过。

顺境见胸襟，困境见担当。“没奈何”，是他无法掌控个人命运的感叹，但也是他誓死坚守人品道德的呼声。这就是秦观，越是忍受巨大的精神压力，就越是让人敬佩。

绍圣四年（1097），秦观又被贬至横州（今广西横县）。在四年内，他被连贬四次，而且几乎是作为囚徒被押赴横州的。

雾失楼台，月迷津渡，桃源望断无寻处。可堪孤馆闭春寒，杜鹃声里斜阳暮。

驿寄梅花，鱼传尺素，砌成此恨无重数。郴江幸自绕郴山，为谁流下潇湘去。

——秦观《踏莎行·郴州旅舍》

这也是秦观的名作。王国维在《人间词话》中点出，“少游词境，最为凄婉，至‘可堪孤馆闭春寒，杜鹃声里斜阳暮’则变而凄厉也”。凄厉，说明秦观的精神几乎崩溃。但古往今来，很少人体会到词人写作此词时的心境。清初大学者王士祯说，“郴江幸自绕郴山，为谁流下潇湘去”是“千古绝唱”，但他也没意识到，在这两句话背后，秦观的“千古绝望”。

在横州，秦观寄居在一户祝姓人家，终日饮酒买醉，“醉乡广大人间小”。

秦观被贬的最后一站，是雷州（今广东湛江）。在那里，他为自己写好了挽词，死亡对他来说，只是时间问题了。

婴衅徙穷荒，茹哀与世辞。

官来录我橐，吏来验我尸。
藤束木皮棺，藁葬路傍陂。
家乡在万里，妻子天一涯。
孤魂不敢归，惴惴犹在兹。
昔忝柱下史，通籍黄金闺。
奇祸一朝作，飘零至于斯。
弱孤未堪事，返骨定何时。
修途缭山海，岂免从阇维。
荼毒复荼毒，彼苍那得知。
岁晚瘴江急，鸟兽鸣声悲。
空蒙寒雨零，惨淡阴风吹。
殡宫生苍藓，纸钱挂空枝。
无人设薄奠，谁与饭黄缁。
亦无挽歌者，空有挽歌辞。

——秦观《自作挽词》

凄厉、恐惧、黑暗，这是一首对于生前死后都绝望透顶的挽歌，令人不忍卒读。

但是，他的恩师苏轼却不能理解秦观的抑郁。

元符三年（1100），宋哲宗驾崩，政局起了变化，被贬谪的人陆续被召回。六月，苏轼从海南过雷州，与秦观见面。秦观向苏轼出示了他自作的挽词，苏轼读后哈哈大笑，认为秦观学老庄已经炉火纯青了，“齐生死，了物我，戏出此语”，不必当真。他把秦观的痛语当成了游戏文字，并未往心里去。可见人与人的悲欢并不相通，尤其是天性达观之人与悲观之人，更是难以看到事情的同一面。

这次重逢，秦观还作了一首词：

南来飞燕北归鸿，偶相逢，惨愁容。绿鬓朱颜，重见两衰翁。别后悠悠君莫问，无限事，不言中。

小槽春酒滴珠红，莫匆匆，满金钟。饮散落花流水、各西东。后会不知何处是，烟浪远，暮云重。

——秦观《江城子》

六十四岁的苏轼，五十二岁的自己，在秦观眼里只是两个“衰翁”，没有欢喜，反而有莫名的悲哀。漂泊多年，一言不发，这是秦观一生所写的最后一阕词。

一个月后，秦观从雷州北返。又一个月后，在归途中病逝。

当时，他走到藤州（今广西藤县），困了，在光华亭下休息，梦见自己填过的一阕词。醒来，讲给别人听。讲得有些口渴了，说要喝水。人家把水取来，他却看着那水笑了。

就在笑声中，一代词宗溘然长逝。

此时，苏轼也在归途中，听到自己最爱的弟子病逝的噩耗，两天吃不下饭，“少游已矣，虽万人何赎”。经过多日的心情平复后，苏轼为秦观写下了最后的文字：“当今文人第一流，岂可复得。此人在，必大用于世，不用，必有所论著以晓后人。前此所著，已足不朽，然未尽也，哀哉哀哉！”

秦观病逝仅一年后，苏轼也仙逝了。一个时代结束了。

4

情深不寿。这或许是很多文人的宿命，秦观亦不例外。

南宋初年，随着国事变迁，当年的党争之人多已作古，宋高宗下诏追赠秦观为直龙图阁大学士。至此，秦观才得以彻底平反。这是他死后整整三十年的事了。

他或许生在一个最好的时代，用他的婉约词在历史上取得永恒的一席之地；或许生在一个最坏的时代，遭遇残酷的党争而无法调适，以致过早结束了他的一生。

他的命运随同苏轼、黄庭坚等师友而浮沉，却无法像他们一样乐天知命，缺乏旷达不羁的胸怀，因而常常流露出一种备受压抑的悲哀。

得知自己被贬后，他写出了“春去也，飞红万点愁如海”的悲怆之句。而同等遭遇的黄庭坚，却跟没事人一样，倒头便睡，鼾声大作。

在尝遍了现实的残酷后，他的内心越来越灰暗，以至于写出来的词句十分凄厉。而苏轼却以佛道思想看穿忧患，以随缘自适的人生态度，吟出了“归去，也无风雨也无晴”的心声。

北宋僧人惠洪《冷斋夜话》记载，秦观被贬雷州后内心凄怆，作诗曰：“南土四时都热，愁人日夜俱长。安得此身如石，一时忘了家乡？”黄庭坚被贬宜州（今广西河池），则内心坦然，摘抄白居易诗曰：“轻纱一幅巾，短簟六尺床。无客白日静，有风终夕凉。”而苏轼被贬海南儋州，写诗说“平生万事足，所欠惟一死”，则有一股英特迈往之气，不受梦幻折困，可畏而仰哉！

遭遇同样的挫折，苏轼以旷达、洞穿生死的心态排解，黄庭坚以随遇而安的心态调适，只有秦观，带有“钟情”的特质，虽然也抄佛书、学老庄，却始终未能超脱，背负着沉重的枷锁，直至人生绝望。

我们读苏轼，读黄庭坚，都希望自己是苏轼，是黄庭坚，能够活得洒脱。但现实往往是，我们很难是苏轼，很难是黄庭坚，我们中的大多数人是秦观——懂得了很多豁达的道理，却依然纠结于人生的苦痛。

超脱，说起来容易做起来难。

或许也正是这种敏感脆弱的心理特质，才能使秦观写出独步千古的婉约词。

据说，苏轼经常写完词后就拿给“苏门四学士”的晁补之和张耒看，迫不及待地追问：“何如少游？”跟秦观比，怎么样？可见，在苏轼的心目中，秦观虽是自己的弟子，但其写词的水平已经达到了自己要拼命追赶的程度。晁补之评论说：“近世以来作者，皆不及秦少游。”

历代对秦观的词评价都相当高，认为他写的词才叫正宗。将士大夫生命的悲歌倾注词作中，语句虽婉约，却少了柳永“语词尘下”的毛病，同时在被苏轼诟病的“以诗为词”之外另辟新径，使得秦观一人雄霸元祐、绍圣、崇宁三代词坛，并成为词史上上承柳永、下启周邦彦的关键性人物。

晚清人冯煦对秦观有一个经典评价：“后主（李煜）而后，一人而已。”并说，秦观和晏几道是“古之伤心人也”。别人写词，是词才，秦观写词，是“词心”。

秦观去世，词心凋零。

五百多年后，清初才子王士祯经过高邮，想起了多愁善感的一代词宗，写下了著名的诗：

风流不见秦淮海，寂寞人间五百年。

贺铸：侠骨与柔情并存

他的妻子，死在了苏州。多年以后，他重返苏州，孑然一身，像是鸳鸯失了伴。独自卧听夜半雨声，他身边再也没有那个挑灯缝补衣服的熟悉身影了。

他的妻子赵氏出身皇族，但毫无大小姐脾气，一辈子勤劳贤惠。过门后，跟着丈夫潦倒半生，几乎没什么好日子，但她不离不弃，无怨无悔。

人世间最痛苦的事莫过于，相濡以沫的两个人，却无法白头偕老。

重过阊门万事非。同来何事不同归。梧桐半死清霜后，头白鸳鸯失伴飞。

原上草，露初晞。旧栖新垅两依依。空床卧听南窗雨，谁复挑灯夜补衣。

——贺铸《半死桐》

当北宋词人贺铸（1052—1125）写下这阕《鹧鸪天》的时候，他的妻子赵氏已经离世七八年。但贺铸对亡妻的怀念，以及内心巨大的孤独，仍然无法排解。

史书说贺铸长相奇丑。

如今，贺铸这阕很哀伤的《鹧鸪天》，与苏轼悼念夫人王氏的《江城子・乙卯正月二十日夜记梦》一起，被公认为两宋悼亡词的双璧。

1

北宋皇祐四年（1052），贺铸出生在一个世代担任武职的军人家庭。从他往上数六代人，都是武官。毫无疑问，自他呱呱坠地的那一刻起，他将注定要担任朝廷的侍卫武官。

同一年，名将狄青在讨伐广西侬智高叛乱中，夜袭昆仑关，一战而胜，由此升任枢密使，成为朝廷的最高武官。但朝廷和文官对他的猜忌随之而来，仅仅四年后，狄青就被罢官，不久郁郁而死，年仅四十九岁。

狄青的结局是宋代武官命运的缩影。宋代开国后，吸取了唐末五代武将作乱的教训，确立了以文治天下的基本国策，武官的地位日渐边缘化。

成年后的贺铸，走上父祖辈的道路。据记载，他从十七岁起任朝廷武职，一直到四十岁，总共二十三年间在武官系统里磨勘流转，做过右班殿直、监临城酒税、徐州宝丰监钱官、和州管界巡检、江夏宝泉监钱官等武职。大半辈子颇为苦涩。用他自己的话说，叫“三年官局冷如冰，炙手权门我未能”，他不喜欢官场，也不愿意攀援权贵作为靠山，所以始终沉沦下僚，看不到什么希望。

妻子赵氏是皇族出身，其父可能是赵匡胤、赵光义的弟弟赵廷美的曾孙。赵光义通过“斧声烛影”夺位后，赵廷美的日子也不好过，后来被流放到房州，幽悸而死。因为这层关系，赵廷美的子孙主要在文学艺术上有追求，在官场上没什么机会和作为。

赵氏跟了贺铸后，不得不亲自干粗活，“壮妻兼织舂”，织布、舂米样样在行。根据贺铸的自述，由于俸禄太低，他们一家子的生活，时常到了需要借贷度日的地步：“日俸才百钱，盐齑犹不供……出门欲贷乞，羞汗难为容。”

也许是现实的窘迫，一点点磨平了贺铸的真性情。

贺铸的好友程俱说，贺铸年轻时，“侠气盖一座，弛马走狗，饮酒如长鲸”，不愧是武人家庭出身。他“貌奇丑，色青黑而有英气”，人送外号“贺鬼头”。为人侠义，放荡不羁，即便是权倾一时的贵要人物，只要他看着不爽，就直接开骂。

有个贵族子弟曾跟贺铸是同事，那个人骄纵傲慢，目中无人。贺铸默默记下他偷盗公物的时间和次数，然后拿着棍子跟他摊牌：“如果让我处罚你，我就不揭发了。”贵族子弟站起来，脱去衣服。贺铸用棍子打了几下，那个人开始求饶，贺铸便笑着将他释放了。此后，那些蛮横的贵族子弟，见了贺铸都要绕着走。

但贺铸是个很矛盾的人。

他是武人，任侠豪迈，却又嗜好读书，“泛观古今，老于文学，词章议论，迥出流辈”，“诗文皆高，尤工长短句”。本质上，他是个内向的文人，在一些应酬的饭局上，他拘谨得像一个未见过世面的女子。而这种敏感和细腻，在他创作的词中给人留下了深刻的印象。

元祐七年（1092），在李清臣、苏轼等人的推荐下，四十一岁的贺铸由武职改任文官。

不过，他的文官之路也不顺利。此后十多年南迁北调，仍然十分憋屈，五十八岁时选择了辞官归隐。

当年笔漫投，说剑气横秋。
自负虎头相，谁封龙额侯？

——贺铸《易官后呈交旧》

一个年轻的豪侠之士，经过官场和生活的双重折磨，到最后已经“垂头塞耳，气息奄奄，崛然自奋之心，日以微矣”。现实就是这么残酷。

2

贺铸的剑气和侠气，最终都倾泻到了诗词里。

北宋文人士大夫有一种普遍的观念，认为各种文体之中，词处于鄙视链的最底端。他们只有在表达娱乐宴饮、情情爱爱的时候，才会考虑词的创作；在正式的写作，尤其是在家国情怀的抒发层面，首选仍然是诗。自“大众词人”柳永发展出一套婉约慢词的写法后，文人士大夫一边捂着脸骂这是“淫词”，一边偷偷地学。所以柳永对整个时代的影响相当大。

比贺铸大十五岁的苏轼，在柳永的道路之外另辟蹊径，以诗入词，写出了被后人称为“豪放词”的作品。在当时，苏轼的尝试是饱受非议的，讥讽他的人不少。比如李清照直接说，苏轼写的词“皆句读不葺之诗”，压根儿不是词；陈师道说得委婉一些，说苏轼的东西不是词的“本色”。

当时词坛的名家，包括晏几道、秦观以及稍后的周邦彦，都十分坚定地以婉约词为宗。可见苏轼在词的创作上是很孤独的。

只有贺铸，最早接受并继承了苏轼的豪放词风。

学者考证，在贺铸现存的280多首词作中，大约有十分之一属于豪放词。这个比例在婉约成风的北宋，已不算低，说明贺铸是有意识地开拓词的新境界。

少年侠气，交结五都雄。肝胆洞，毛发耸。立谈中，死生同。一诺千金重。推翘勇，矜豪纵。轻盖拥，联飞鞚，斗城东。轰饮酒垆，春色浮寒瓮，吸海垂虹。闲呼鹰嗾犬，白羽摘雕弓，狡穴俄空，乐匆匆。

似黄粱梦。辞丹凤。明月共，漾孤篷。官冗从，怀倥偬。落尘笼，簿书丛。鹖弁如云众，供粗用，忽奇功。笳鼓动，渔阳弄，思悲翁。不请长缨，系取天骄种，剑吼西风。恨登山临水，手寄七弦桐，目送归鸿。

——贺铸《六州歌头》

这是贺铸的豪放词名作，通篇气势磅礴，在苏轼词的豪纵之外，又有了侠士独有的狂放气质，让人读下来酣畅淋漓。

贺铸年轻时的任侠生活，在这阕词里有详尽的交代——肝胆相照，轻生死重然诺，饮酒，打猎，颇有先秦汉初的游侠之风。

但贺铸写了这么多振奋的回忆，目的还是要跟他眼下真实的生活形成对比。“乐匆匆”，那些豪纵狂放的日子都过去了，而今他被困在官场，位卑言轻，苟且度日，一点点被消磨了壮年意气：你看，国家边疆烽烟又起，但我已无法请缨出战。剑在匣中鸣，人非自由人，空有一番报国热情，也只能在无言的琴声中埋葬了一腔遗恨。

贺铸的悲叹，实际上也是整个时代的悲叹。

北宋中后期，除了王安石变法时期在对辽、对夏的问题上有过主动的姿态，宋神宗死后，朝廷又恢复了妥协纳贡甚至割地的政策。这显然是武人出身的贺铸所不愿看到的。

党争是北宋政治的“特色”，几乎所有知名的文人士大夫都曾卷入其中。而位卑言轻的贺铸，是得以远离党争的难得的一个。但即便处在党争之外，他也保持了自己磊落的人格。王安石在世时，他未参加变法的任何活动；而王安石逝世后，他却写诗写词追念这名伟大的变法者。政治风向和利弊衡量，从来不在他的计算范畴。我们说一个人活得真不真，从这些细节就可以看出来。

尽管写起词来仍有豪气，但贺铸心中的热火已逐渐冷却，仅余悲凉。

缚虎手，悬河口，车如鸡栖马如狗。白纶巾，扑黄尘，不知我辈可是蓬蒿人？衰兰送客咸阳道，天若有情天亦老。作雷颠，不论钱，谁问旗亭美酒斗十千？

酌大斗，更为寿，青鬓长青古无有。笑嫣然，舞翩然，当垆秦女十五语如弦。遗音能记秋风曲，事去千年犹恨促。揽流光，系扶桑，争奈愁来一日却为长。

——贺铸《行路难·缚虎手》

当他不满现实而又无力改变现实的时候，他决定归隐了，“退居吴下，浮沉俗间，稍务引远世故”，自号“庆湖遗老”，“杜门将遂老”。这一年，是1110年左右，宋徽宗在位大约十年了。又十多年后，这名文艺皇帝遭遇了靖康之变，北宋亡国。而贺铸在北宋亡国的前两年去世，“幸运”地免遭家国沦丧的内心苦痛。

毕竟在他归隐的日子里，他仍然有“长安不见令人老”的满怀忠贞，注视着国运的起落，只是没什么人知晓罢了。

排办张灯春事早，十二都门，物色宜新晓。金犊车轻玉骢小，拂头杨柳穿驰道。

莼羹鲈鲙非吾好，去国讴吟，半落江南调。满眼青山恨西照，长安不见令人老。

——贺铸《望长安》

如果穿越到千年之前的北宋，我们将看到北宋官场的一个边缘人，握笔如持剑，在纸面上挥洒下萧萧霜气。他可能没有意识到，自己郁结于胸的词句在历史上将有怎样的地位，但是，历史终将承认，他是上接苏轼、下启辛弃疾的豪放词健将。

可惜，如今世人皆知“苏辛”，却不知“苏辛”中间有一个重要的贺铸——是他扛起了苏轼那面独孤的旗帜，并深刻影响了后继而起的辛弃疾。没有贺铸，大宋豪放词将失去几许光彩。

3

贺铸回到了苏州，那是他妻子赵氏故去的地方。

十年前，1098年，他辗转为官，带着妻子到苏州，三年后离开时，他的妻子已经病故。这对他是很重的打击。

他一生潦倒。赵氏的理解和支持，是他难得的精神慰藉。

除了本文开头引用的《鹧鸪天》，贺铸还写过其他的词追念赵氏。每一阕，都直击人心最柔软的部分。也是在这些情真意切的词作中，我们看到了一个曾经侠气冲天的词人有着柔情似水的另一面。

松门石路秋风扫，似不许、飞尘到。双携纤手别烟萝，红粉清泉相照。几声歌管，正须陶写，翻作伤心调。

岩阴暝色归云悄，恨易失、千金笑。更逢何物可忘忧，为谢江南芳草。断桥孤驿，冷云黄叶，相见长安道。

——贺铸《御街行·别东山》

这是贺铸到妻子墓地祭扫后所作。据记载，赵氏死后葬在了宜兴一个叫东襟岭的地方。经过多年的追忆和哀叹，在贺铸病逝后，他终于和赵氏葬在了一起，再未分离。

退隐后，贺铸卜居苏州和常州，买下田宅，筑室横塘，过起著书校勘生活。他最著名的那阕词，便写于这一时期：

凌波不过横塘路，但目送、芳尘去。锦瑟华年谁与度？月桥花院，琐窗朱户，只有春知处。

飞云冉冉蘅皋暮，彩笔新题断肠句。试问闲愁都几许？一川烟草，满城风絮，梅子黄时雨！

——贺铸《青玉案》

这阕词写出来后很受世人推崇，贺铸因此被人雅称为“贺三愁”“贺梅子”。黄庭坚读到后，写诗表达了极高的赞赏：“少游醉卧古藤下，谁与愁眉唱一杯？解作江南断肠句，只今唯有贺方回。”意思是，秦观去世后，能把婉约词写得这么细腻动人，世上也就只有贺铸了。

由此可见，贺铸的词跟他的人一样都有两面性——侠骨与柔情并存。他写词，豪放起来直追苏轼，婉约起来不输秦观。与黄庭坚、秦观同为“苏门四学士”之一的张耒说，贺铸的词风具有盛丽、妖冶、幽索、悲壮四种特色，不愧是兼收并蓄的大家。

关于这阕《青玉案》，贺铸表面是写一个美人离开词人渐渐远去乃至完全消失的过程，而深层次是要表达词人追求理想而不可得的幻灭的痛苦。我们从贺铸过往的经历，也能读出他在这阕词中所表达的失落与不甘。

不过，有些学者在解读这阕词时，强调词中的“凌波美人”是真实存在的，是一个“吴女”，贺铸与其一见钟情而不敢表达，最终陷入了单相思。

但这种解读可能是被词的表层意思迷惑了。实际上，自屈原《离骚》之后，文人士大夫提到“香草美人”基本都有特殊的寓意，而不会只是字面的意思那么简单。晚清词家陈廷焯就明确指出，贺铸的词受到了《离骚》的影响：“方回（贺铸字方回）词，胸中眼中别有一种伤心说不出处，全得力于楚《骚》，而允以变化，允推神品。”

屈原在现实中头破血流之后，以“香草美人”来寄寓他的政治理想。一千多年后的贺铸，同样郁郁不得志，而在屈原的作品中找到了共鸣。

宣和七年（1125），七十四岁的贺铸在常州的一家寺庙中病逝。临死前，他告诉好友程俱：“平生果于退，惧危辱耳，今知免矣。”

原来，他一生越活越“怂”，战战兢兢，如今终于解脱了。

谁爱松陵水似天。画船听雨奈无眠。清风明月休论价，卖与愁人直几钱。

挥醉笔，扫吟笺。一时朋辈饮中仙。白头□□江湖上，袖手低回避少年。

——贺铸《游少年》

当贺铸老了后，他已不敢直面年轻的自己。那个“少年侠气，交结五都雄”的年轻人早已死了，也许是被老去的贺铸亲手杀死的，也许是被日渐沉沦的时代杀死的……

但愿我们永远记得他的名字，他的挣扎，他的深情。我们每个人，都曾是那个少年。

亡国：家山回首三千里

家国远去三千里，

这种南归和北伐的慷慨愁绪，

在经历宋徽宗时代的清新靡丽之后，

开始变得字字带血。

宋徽宗时代：北宋亡国曲

小官欧阳珣，在金兵面前，发出生命中最后的呐喊。

这是北宋亡国前一年（1126），在经历第一次开封围城战后，已经被金人吓得魂飞魄散的宋徽宗、宋钦宗父子，决定割让河北绛州、磁州、深州三地议和。他们故意将力主抗战的欧阳珣派做监丞，让他作为使者，和金兵一起前往“交接”割让深州。

抵达深州城下，这位满腔义愤的小官吏在深州城下失声痛哭，大声呐喊着警告守城的深州军民说：“朝廷为奸臣所误至此，我以必死之心到来，你们务必要坚持守城，忠义报国！”

守城的深州居民也拒绝投降。金人大怒，将欧阳珣全身泼上燃油，活活烧死。

就在此前，这位在北宋词坛默默无闻的词人，写下了《踏莎行》，作为那个多灾多难时代的见证：

雁字成行，角声悲送。无端又作长安梦。青衫小帽这回来，安仁两鬓秋霜重。

孤馆灯残，小楼钟动。马蹄踏破前村冻。平生牵系为浮名，名垂万古知何用。

宋词，在靖康之变的烽火中，走到了生死存亡的一刻。

1

在靖康元年金兵兵临城下之前，宋词，曾经有过那么美好的小清新时刻。

北宋元符三年（1100），年仅二十四岁的宋哲宗病逝。宋哲宗膝下无子，皇位继承人只能在宋哲宗的兄弟中选择，主政的向太后力主扶持宋哲宗的十一弟、端王赵佶上位。但宰相章惇却看出了问题所在，他全力反对说："端王轻佻，不可以君临天下！"

历史爱开玩笑，这位"轻佻""诸事皆能，独不能为君"的端王赵佶，却在向太后的全力扶持下登基即位，是为宋徽宗。

擅长蹴鞠、绘画、书法的"艺术家"皇帝赵佶，在艺术领域的造诣属于一代宗师，但他行事昏庸、任用奸佞，亲手开启了北宋的亡国倒计时。

宋徽宗登基当年，写下"两情若是久长时，又岂在朝朝暮暮"的词坛情圣秦观去世。过了一年（1101），北宋词最后的巨擘苏轼在遇赦北返途中，病逝于江苏常州。1104年，黄庭坚则在被流放途中，在长沙遇到了护送秦观灵柩北归的秦观儿子秦湛和女婿范温，见到老友灵柩，黄庭坚大哭。北宋在变法与守旧的党争中，政治倾轧不断、国力江河日下，一众名家在被贬途中纷纷含恨辞别人间。

辞别秦观灵柩第二年（1105），黄庭坚也病逝于流放地宜州（广西宜山县）。

宋词的小清新走到了最后时刻。在喜欢粉饰太平，采办“花石纲”、修建“艮岳”、惹得四方民怨沸腾的宋徽宗治下，一批唱和升平的词人围绕在宋徽宗左右歌颂太平。宋徽宗大观四年（1110），曾经写下“落花人独立，微雨燕双飞”的词人、“小晏”晏几道离世。

晏几道死后五年（1115），完颜阿骨打建立金国，对于这个迅猛崛起的强敌，宋人毫无知觉，宋词也继续沉浸在最后的小清新中。1121年，写下“水面清圆，一一风荷举”的婉约派大家周邦彦也去世了。

但曾经写下“一川烟草，满城风絮，梅子黄时雨”的“贺鬼头”贺铸，却已嗅见了时代风雨欲来的气息。在《望长安》中，他叹息说：“莼羹鲈鲙非吾好，去国讴吟，半落江南调。满眼青山恨西照，长安不见令人老。”

1125年，贺铸幸运地在北宋亡国前两年去世，避免了颠沛流离的亡国之恨。但自己造孽的宋徽宗没有这么幸运。1126年，在女真人第一次兵临开封城下时，被吓破了胆儿的宋徽宗就不顾儿子赵桓“几次气绝，百般挣扎”，强行将皇位传给了赵桓，即宋钦宗。

推卸责任的太上皇宋徽宗赵佶，则带着一帮人马以到太清宫烧香的名义，一路狂奔到了亳州（今安徽亳州）。一直到1126年第一次开封之战金兵撤围后，宋徽宗才百般不情愿地回到开封。没想到女真人杀了个回马枪，靖康二年（1127）初，金兵攻破开封，当年4月，金兵在大肆掳掠后，将俘虏的宋徽宗、宋钦宗以及皇室宗亲、王公大臣、技艺工匠、百姓男女等共十万余人，分作七批先后押解北上。北宋灭亡，史称“靖康之变”。

2

懦弱畏缩的“艺术家”皇帝宋徽宗，此刻也备尝艰辛。

在被女真人押解北上抵达浚州（今河南浚县东）时，金兵拦着围观的百姓，只允许卖食物的人靠近。当听说被重兵押解的人是宋徽宗后，小商小贩们可怜这位亡国之君，纷纷送来了炊饼、藕菜等食物，来为这位大宋国的皇帝送行。

由于金兵故意克扣，路上的食物十分匮乏，宋徽宗等人不得不沿路采摘桑葚辅助充饥。十万余俘虏北上途中，不断有人横尸半路，到了庆源府都城店（今河北内丘县南）时，宋徽宗的弟弟、燕王赵俣因为乏食饿死。宋徽宗闻讯痛哭，请求将赵俣装殓后灵柩送归中原。没想到负责押解的金兵大将斡离不却说，军中并无棺材，强行下令将燕王赵俣火化。徽宗只得携带骨灰前行。而比起一路上被随意抛诸荒野的宋俘尸体来说，燕王赵俣已经算是幸运的了。

宋徽宗被一路押解北上，到了真定府（今河北正定）时，金人故意将他押解进城，并在前面竖立一杆旗帜写上“亡宋太上皇”导引前行，真定府内百姓见状纷纷痛哭。他们知道，北宋，是真的亡了。

但仍有城池的军民坚守不降。当宋徽宗一行被押解途经中山府（今河北定县）时，这座城市仍然在为北宋坚守着。金军大将于是故意令宋徽宗到中山府城下，让他向守城的军民喊话劝降。守城的军民痛哭流涕，但拒绝听命。

宋钦宗则更加落魄，被金人押解北上时，他被强令脱去冠袍改戴毡笠，身穿青布衣，骑着黑马前行。每天晚上睡觉时，金人还将宋钦宗和太子赵谌、祁王赵莘以及内眷等人捆绑在一起，防止他们半夜逃跑。

在第二次开封围城战中，唯一率军突入开封城中拱卫京师的宋军将领张叔夜，此时也跟随宋钦宗一起北上。自从离开开封后，张叔夜就绝食不语，想当初，他带着两个儿子、率领三万大军不顾危亡誓死勤王，最终结果却是宋钦宗自乱阵脚，以致开封城破。对于这一切，已经心死的张叔夜一直默默不语，并以绝食抗议，每天仅饮水为生。听车夫说车驾将经过原来宋辽的界河时，悲愤交加的张叔夜突然站立起来，仰天长啸，然后气绝而亡。

对于这位为北宋鞠躬尽瘁的将领来说，他明白，亡国已经不可避免了。

白天时一直被捆绑在马背上前行的宋钦宗，则在颠沛流离三个多月后的1127年农历七月，最终与父亲宋徽宗相会于燕京。这两个昏庸无能的亡国之君抱头痛哭，除此外并无他法。

宋钦宗的朱皇后，则在押解途中，被金兵在宴会上强迫填词助兴，在词句中朱皇后这样写道：

昔居天上兮，珠宫玉阙，今入草莽兮，青衫泪湿。
屈身辱志兮，恨难雪，归泉下兮，愁绝。

对于这些曾经享尽荣华富贵的皇室成员来说，眼下他们亡国被俘，南归漫漫无望，青衫早已泪湿。

3

北宋的其他军民还在不懈奋斗。就在宋徽宗、宋钦宗父子被押解北上不久，靖康二年（1127）五月，康王赵构在南京应天府（今河南商丘）登基即位建立南宋。随后，在宗泽、岳飞、韩世忠、刘光世、吴玠、吴璘等将领的全力反击下，南宋开始站稳根基，并多次击退了金兵的南侵。

随着宋徽宗、宋钦宗的被俘北上，自立为帝的宋高宗赵构，则在金兵的不断南下追击中四处逃亡。

当时，金兵放弃开封撤兵北上，宗泽受命担任东京留守和开封知府，并招募义军协助抗金，多次击败金兵。在担任东京留守期间，宗泽二十多次上书宋高宗赵构，力请宋高宗还都开封，并制定了收复中原的方略，均未被采纳。1128年，这位壮志未酬的老英雄病逝于开封。临终前，他大声吟诵杜甫的诗句“出师未捷身先死，长使英雄泪满襟”。一直到断气，他没有一句谈及家事。临死前，他连呼三声：“过河！过河！过河！”

老英雄最终气尽身亡。

宗泽死后，一度凝聚在宗泽周围的北方抗金大军逐渐瓦解。宗泽死后第二年，南宋建炎三年（1129）秋，完颜宗弼（金兀术）挥兵南下，试图一举攻灭南宋，南宋各路军队奋起反击。当时，金兵的中路军甚至在攻破江西后进入湖南，当此危亡之际，词人向子諲挺身而出。他募集军队出击勤王，在被任命为潭州（长沙）知州时，金兵围攻潭州八天八夜。向子諲在潭州城破后，仍然率众进行巷战，又坚持了两天两夜。一直到最后时刻，他才放弃潭州城突围而出。后来人铭记这段往事说，“当时郡人都追随他而去，以忠义自奋，无一投降者”。

后来，在《阮郎归》中，词人向子諲这样描写国恨家仇：

江南江北雪漫漫，遥知易水寒。同云深处望三关。断肠山又山。

天可老，海能翻。消除此恨难。频闻遣使问平安。几时鸾辂还？

对于那个时代的忠臣义士来说，光复故土、迎回二圣，是大家的集体心声。但宋高宗赵构却在击败南侵的金兵、南宋逐渐安定后，在临安城（杭州）的莺歌燕舞中，丧失了北上的雄心。

宋徽宗则在苦苦等待高宗的解救。

在被押解北上途中，有一天，宋徽宗竟然无意中在一张包茴香的黄纸上，看到了“建炎”（宋高宗赵构第一个年号）的赦书，这才知道儿子赵构已经即位。此前，宋徽宗派亲信曹勋潜逃回到南方，并给赵构带去了一件他穿着的背心，上面有宋徽宗亲笔手书的“便可即真，来救父母”八个字，意思是要赵构自立为帝后，找机会营救父母。

手捧着包茴香的黄纸，联想到“茴香”与“回乡”谐音，宋徽宗不由狂喜，以为南归指日可待。实际上，随着南宋军队的频频北伐反击，金人开始忌惮宋军会北上抢夺他们手中的王牌砝码——宋徽宗、宋钦宗父子。

于是，金人又将宋徽宗、宋钦宗父子从燕京（北京）继续北迁到了中京（今内蒙古宁城西大明城）。1128年八月，二人又被迁徙到了上京（今内蒙古巴林左旗南）。抵达上京后，金太宗先是强行将宋徽宗、宋钦宗身边的多位妃嫔霸为己有，然后又举行献俘仪式，命令宋徽宗、宋钦宗父子脱去袍服，其他人则无论男女全部脱去上衣、身披羊裘、腰系毡条，模仿中原皇帝曾经举行过的献俘仪式祭拜金太祖完颜阿骨打的宗庙。然后，宋徽宗、宋钦宗两人又被命令跪拜金太宗。不久，宋徽宗被封为昏德公，宋钦宗则被封为昏德侯。

但金人并不放心。上京献俘仪式后不久，1128年十月，宋徽宗父子以及诸王、驸马、内侍等1800多人又被继续北迁到了韩州（今辽宁昌图县北）。在那里，金人给了他们45顷农田，让宋徽宗等人自己种地养活自己。

在韩州住了一年多，宋徽宗父子以为将要在此安老，于是开始搭建草棚准备长期定居。1130年的某天，金人突然到来，宋徽宗赵佶匆忙从草房屋顶爬了下来，还援引《韩非子》的典故卖弄学问，向来使赔笑说："尧舜茅茨不剪。"

没想到，来使给他带来的噩耗是，金人要将他从韩州迁徙到更为偏远的五国城（今黑龙江依兰）。从1127年被俘虏北迁，颠沛流离三年多的宋徽宗原本以为可以安定下来，没想到却要继续北上。在这如丧家之犬的迁徙旅途中，他写下了《燕（宴）山亭·北行见杏花》，而这首词，也被后来的晚清词人朱祖谋编选为《宋词三百首》开篇第一词：

裁剪冰绡，轻叠数重，淡著胭脂匀注。新样靓妆，艳溢香融，羞杀蕊珠宫女。易得凋零，更多少无情风雨。愁苦。问院落凄凉，几番春暮。

凭寄离恨重重，这双燕，何曾会人言语。天遥地远，万水千山，知他故宫何处。怎不思量，除梦里有时曾去。无据。和梦也新来不做。

从辽宁北上黑龙江的颠沛流离中，只有沿途开放的杏花陪伴着他，但他早已看花是泪。在北国的冰天雪地中，他以曾经的九五之尊和如今的流囚身份，写下了《在北题壁》：

彻夜西风撼破扉，萧条孤馆一灯微。
家山回首三千里，目断天南无雁飞。

家国远去三千里，这种南归和北伐的慷慨愁绪，在经历宋徽宗时代的清新靡丽之后，开始变得字字带血。

宋徽宗被强令北迁五国城后四年，在靖康之变后一路颠沛南迁的词人李清照，也在经历丈夫赵明诚去世、在绍兴留存文物被盗、被张汝舟骗婚等坎坷曲折后，转而定居在了浙江金华。在《武陵春·春晚》中，她这样描写处处伤春的江南：

风住尘香花已尽，日晚倦梳头。物是人非事事休，欲语泪先流。

闻说双溪春尚好，也拟泛轻舟。只恐双溪舴艋舟，载不动许多愁。

而准备整兵北伐的岳飞，则写下了壮怀激烈的《满江红》：

怒发冲冠，凭栏处、潇潇雨歇。抬望眼，仰天长啸，壮怀激烈。三十功名尘与土，八千里路云和月。莫等闲、白了少年头，空悲切。

靖康耻，犹未雪。臣子恨，何时灭！驾长车，踏破贺兰山缺。壮志饥餐胡虏肉，笑谈渴饮匈奴血。待从头收拾旧山河，朝天阙。

人物皆非，在这种望穿秋水的期待中，1135年，宋徽宗最终病死于五国城。

宋徽宗的死讯一直到两年后的1137年，才传到了临安城。听闻消息后，宋高宗据说几天都吃不下饭。

但对宋高宗来说，针对朝野上下激烈呼吁的“光复故土，迎回二圣”的呼声，他并未放在心上。

到了1140年，金兵再次大举南侵，但在顺昌之战和郾城之战等各路战役中，先后被宋军名将刘锜和岳飞打败，岳飞甚至进军至距离北宋故都开封仅有四十五里的朱仙镇，准备光复故都。没想到，担心收复故土迎回二圣将影响到自己帝位的赵构，却以连续十二道金牌将岳飞等抗金大军强行召回，并在前线一片大好的形势下，主动与金人媾和。

作为媾和条件，金人要求宋高宗赵构必须处死岳飞，然后才能放回宋高宗的生母韦太后，以及归还宋高宗父亲宋徽宗的遗骨。

1142年初，名将岳飞最终被宋高宗赵构下令杀害于临安（杭州）。在宋高宗自毁长城后，金人放回了韦太后。韦太后临行前，宋钦宗赵桓仰面躺在地上，拦住韦太后的车驾痛哭流涕，哭着说：“幸语丞相归我，处我一郡足矣！”希望韦太后能让秦桧和宋高宗来营救自己，他南归后不想争夺帝位，只想找一个郡县养老即可。

宋钦宗在父亲宋徽宗死后，被金人从五国城南迁到了燕京（北京），并于1161年在燕京病逝。

1161年金主完颜亮举兵南侵，试图消灭南宋，结果在采石矶之战中先是被宋军所败，后来又死于金人内乱。

而厌倦了战乱和恐惧的宋高宗，则在金人退兵后，于1162年主动禅位给了养子赵昚（宋孝宗）。此后，宋高宗一直活到了1187年，享年八十一岁。

那时，北宋词，已死去多年了。

周邦彦：“结北开南”的集大成者

史载，宋徽宗在位期间，喜欢微服出行，出宫狎妓。而根据宋人笔记和野史的说法，当宋徽宗与一代名妓李师师共处一室之时，他不知道床底下还藏着另一个人。

偏偏这个躲在床底的人，不是一般的客人，而是李师师的“绯闻男友”、当时的婉约词大师、音乐天才周邦彦。周邦彦虽然只能憋屈地藏起来，但还是控制不住技痒，把他偷听到的内容填成了一首新词：

并刀如水，吴盐胜雪，纤手破新橙。锦幄初温，兽烟不断，相对坐调笙。

低声问：向谁行宿？城上已三更。马滑霜浓，不如休去，直是少人行。

——周邦彦《少年游》

不仅填成了词，问题是，他还把这阕词教给李师师去唱，而李师师竟然在宋徽宗再次光临的时候唱给他听。这两人也真够奇葩的。

宋徽宗一听不对劲，这情景咋这么熟悉，像是我干的，遂问李师师："谁作的词？"

李师师毫不隐瞒："周邦彦。"

宋徽宗当然很生气，你周邦彦偷听就罢了，还不识相，竟然整这么大动静，此词传唱开来，我大宋皇帝、"天下一人"是不要脸的吗！于是，他找了个借口将周邦彦贬出京城。

数日后，宋徽宗又去李师师处找乐子，却被告知李师师不在，送周邦彦去了。等到很晚，李师师才回来。

宋徽宗很生气，遂问，那个周邦彦临走可有词作留下？

李师师答，有一阕《兰陵王》。

宋徽宗：唱一遍看。

李师师：容臣妾奉一杯，歌此词为官家（皇帝）寿。

柳阴直，烟里丝丝弄碧。隋堤上、曾见几番，拂水飘绵送行色。登临望故国，谁识京华倦客？长亭路，年去岁来，应折柔条过千尺。

闲寻旧踪迹，又酒趁哀弦，灯照离席。梨花榆火催寒食。愁一箭风快，半篙波暖，回头迢递便数驿，望人在天北。

凄恻，恨堆积！渐别浦萦回，津堠岑寂，斜阳冉冉春无极。念月榭携手，露桥闻笛。沉思前事，似梦里，泪暗滴。

——周邦彦《兰陵王·柳》

听完，宋徽宗转怒为喜。在文艺上，他是个惜才之人，知道了周邦彦能写出如此经典的词作，遂决定让他官复原职，后又任命他为提举大晟府（担任皇家最高音乐机构负责人）。

1

话说回来，虽然南宋人张端义、周密等人对上述八卦的记载言之凿凿，颇为详尽，但现在的学者普遍认为，这样离奇的事情与史实不符。至于为什么这样，则与整个时代对婉约词的偏见有关。

从宋词第一代流行“天王”柳永开始，写婉约词的人，名声就都不太好，被贴上“为人淫佚”“行为失检”等标签。像柳永，更是一生仕途受此拖累。晏殊、欧阳修等朝中高官虽然也是婉约词的有力推动者，但他们都要站出来与柳永词风划清界限，自己回家再偷偷跟着写。

这种将婉约词人的创作与其人品画等号的批判风气，贯穿了整个宋代。到了周邦彦生活的北宋末期，依然如此。跟他同时代的著名婉约词人，如晏几道、秦观等人，同样难逃道德审判。

史书中关于周邦彦的履历，就有他年轻时“疏隽少检，不为州里推重”的记载，指向的正是他出入柳巷风月的“癖好”。而实际上，宋代文人墨客出入青楼很平常，周邦彦之所以成为“靶子”，主要在于他把这些经历甚至他的相好都写在了词中。

据考证，周邦彦一生与岳楚云、萧娘、桃叶、秋娘、惊鸿等数名歌妓有过较长的感情经历，并为她们写过不少词作。他曾在苏州的一场酒会上遇见一名歌妓，神情颇像他年轻时要好的岳楚云，细问之下，她竟然是岳楚云的妹妹，而岳楚云早已嫁人了。周邦彦又惊喜，又惆怅，当场填了一阕词，托她转交给姐姐岳楚云：

辽鹤归来，故乡多少伤心地。寸书不寄，鱼浪空千里。
凭仗桃根，说与凄凉意。愁无际。旧时衣袂，犹有东门泪。

——周邦彦《点绛唇·伤感》

这种处处留情的行径，确实很像柳永。但周邦彦比柳永“幸运”一点：他们遇到的皇帝不同。

在柳永的时代，无论是宋真宗还是宋仁宗，都曾出台禁令，痛斥浮艳之辞。所以当有人向皇帝推荐柳永时，皇帝只回了一句“且去填词”。

周邦彦人生后半段遇上的宋徽宗，却是个“文艺”君王——除了做皇帝，干啥啥一流。所以在南宋人的笔记中，一个皇帝才会和周邦彦同时出现在名妓李师师的房间里，而周邦彦还能凭借填词功夫因祸得福，受到重用。

在北宋亡国的大背景下，周邦彦并不清楚他比起柳永到底是幸还是不幸了。

2

周邦彦在宋徽宗当政时期，确实算是仕途平稳上升，但这绝对不是他走“李师师路线”得来的。更大的可能是他那时已经年纪大了，循资历升上去的。

实际上，他一生混迹官场，坎坷远远多于顺利。

虽然家乡人认定周邦彦出入烟柳巷中，“为人失检”，但周邦彦自己并未沉沦不振。二十四岁那年，宋神宗元丰二年（1079），他离开家乡钱塘（今杭州）到了汴京（今开封），以布衣身份顺利通过太学的入学考试，从而开始了自己在国家最高学府的游学生涯。太学人才济济，但周邦彦始终是锋芒毕露的那一个，史书说他“游太学，有俊声”。

这股才气最终化成了一篇七千余言的大赋——《汴都赋》，在元丰六年（1083）七月进献给宋神宗。

当时，宋神宗推行的新法遇到了各方的反对。血气方刚的周邦彦却认为，新法是“盛德大业”，于是慨然创作了赞颂新法的《汴都赋》。宋神宗拿到这篇讴歌改革的作品，很激动，让文才堪比苏轼的李清臣在殿上大声诵读。随后，宋神宗又专门召见了周邦彦，从诸生破格擢任太学正——也就是说，周邦彦凭借一篇赋，从一名太学生，变成了管理太学的官员，从此步入仕途。

更为重要的是，这篇被近代国学大师王国维誉为“壮采飞腾，奇文绮错”的《汴都赋》，在得到宋神宗的肯定后迅速传播开来，周邦彦由此获得了全国性的名声，“声名一日震耀海内”。

而这篇赋在以后仍持续影响着周邦彦的仕途命运。

受传统史书的影响，在围绕北宋变法的新旧党争中，我们普遍同情旧党成员，而忽略了新党成员的命运浮沉。所以在这场贯穿了北宋最后六十年的党争中，虽然双方都有小人投机上位或见风使舵，但司马光、王安石、苏轼、章惇等这些“党魁”的争斗，更像是“神仙打架”。双方都有意气用事，都有用“本党”人士、摒弃

“他党”人士的极端做法，然而，我们不能简单地对新旧两党及其拥趸进行道德评判。

具体到周邦彦，更是时代悲剧投射于个人的缩影。

他投献《汴都赋》时，正是一个热血的爱国青年，持续关注北宋与西夏的战事，并与同学一起写过文章，对北宋兵气不扬、战事受挫表达了深深的惋叹。他是从内心相信王安石变法能够使国家强大的——这种信念让他很自然地向新党靠拢。

但周邦彦这次“站队”的结果，却使自己处于两难的境地。

他虽然只是新党的边缘人物，但仅仅三四年后，随着宋神宗的去世以及旧党的重新掌权，他就如同历代政治斗争中的派系牵连一样，被贬出京，开始了长达数年的飘零辗转之旅。此种大起大落的人生仕途，以往我们关注旧党中的苏轼、秦观、黄庭坚等人，均有深深的共情，实际上，新党中的青年才俊也同样经历了一轮又一轮的政治大潮，如浪打的浮萍，难以自主。只是他们的命运刚好相反罢了，新党兴则旧党去，旧党起则新党落。

而周邦彦的痛苦不仅于此。从他认同新党的那一刻起，就陷入了“李商隐式”的困境。在一首词中，周邦彦写道：

桃蹊柳曲闲踪迹。俱曾是、大堤客。解春衣、贳酒城南陌。频醉卧、胡姬侧。

鬓点吴霜嗟早白。更谁念、玉溪消息。他日水云身，相望处，无南北。

——周邦彦《迎春乐》

著名学者罗忼烈在《清真集笺注》中认为，这阕词是周邦彦被贬至溧水县任上时的作品，大约写于元祐八年（1093）至绍圣二年（1095）之间。词中“玉溪消息”用李商隐事，“似有所托”。

李商隐，号玉溪生。在晚唐的两党政治斗争——牛李党争中，李商隐一方面受到牛党骨干令狐楚父子的提携，另一方面又受到李党骨干王茂元的欣赏，并成为后者的女婿。这种非牛非李、亦牛亦李的身份，使得李商隐饱受双方的指责，处境尴尬，始终在官阶底层徘徊。

元祐八年（1093）以后，随着高太后去世、宋哲宗亲政，北宋朝堂政治斗争进入新的轮回——这次是新党得势，一个个被召回朝。而周邦彦像是被遗忘了，还是在溧水县任上，无人顾念。所以他才在词里吐槽：“更谁念、玉溪消息。”

说起来，周邦彦的叔父周邠是苏门弟子，他的父亲周原的墓志铭也是请旧党人物吕陶撰写的。正常情况下，周邦彦也会被归入旧党的序列中。但自从进献《汴都赋》、“站队”新党后，他就触碰到了新、旧两党的神经。新党得势时，他并不能跻身新党核心，大概与他父辈的政治倾向有关。旧党得势时，人家也未顾念他，大概与他本人的政治立场有关。于是在新旧交替的党争中，周邦彦活成了北宋版的李商隐，从激愤的青年消磨成了前程无望的中年人。

被贬任溧水知县后，四十来岁的周邦彦似乎已经看透了人间欢乐。即便是他年轻时热衷的歌筵场合，他对此也是昏昏欲睡，无心欣赏：

风老莺雏，雨肥梅子，午阴嘉树清圆。地卑山近，衣润费炉烟。人静乌鸢自乐，小桥外、新绿溅溅。凭栏久，黄芦苦竹，疑泛九江船。

年年，如社燕，飘流瀚海，来寄修椽。且莫思身外，长近尊前。憔悴江南倦客，不堪听、急管繁弦。歌筵畔，先安簟枕，容我醉时眠。

——周邦彦《满庭芳·夏日溧水无想山作》

绍圣四年（1097），四十二岁的周邦彦终于获准还京。

第二年，宋哲宗读到了《汴都赋》，深受震撼，下诏召见周邦彦，“使诵前赋”。这是命运第二次眷顾周邦彦，但此时的他已经没了年轻时的冲劲，“坐视捷径，不一趋焉”——有了升官的捷径，他却毫不热衷。

在给宋哲宗重献《汴都赋》的奏文中，周邦彦留下了一番辛酸的告白：“臣命薄数奇，旋遭时变，不能俯仰取容，自触罢废，漂零不偶，积年于兹……退省荒芜，恨其少作，忧惧惶惑，不知所为。”

抱着萧瑟的心态，他得到了宋哲宗的召见。在召见之后，也没有获得超常的官位擢升。但他坦然了。

一个“憔悴江南倦客”，面对政治的无情，党争的残酷，人生的底色变得悲凉。

3

人生的最后二十余年，周邦彦对政治和党争没有兴趣。他把精力放在了音乐和词章的创作上，由此奠定了自己的词坛领袖地位。

从四十二岁还京，到六十岁提举大晟府（皇家最高音乐机构负责人），周邦彦除了期间两次短期外任，大多数时间都在汴京。他顺其自然，没有拼命往上爬，只是循着资历，凭借才华，熬资格一步步升迁。

他本来就是杰出的音乐家，又写得一手好词章。追求艺术甚于追求治国的宋徽宗，自然对他青眼有加。他于是有条件从容地创作，并在大晟府组织人马谈论古音、审定古调，总结一代词乐，实现了词律的严整与规范化。

正如宋词研究者所说，北宋初期的词风清绮纤丽，中期苏轼时出现过奔放之势，到了周邦彦时期又为另一种词风所代替，慢词已达成熟期间，用词造句、音节格律上都有突破。尤其是周邦彦在大晟府提举官任期中，吸取乐工曲师之经验，搜集审定当代八十四种的词调，亲自度曲，创作新的词牌。他继承柳永、秦观的精华，注重词的音节格律，开创格律词派的先河，使宋词向格律化方向发展，音乐性趋向成熟，把慢词推到新的阶段。

有一次，周邦彦创作了一首词，词牌是他自创的《六丑》：

正单衣试酒，恨客里光阴虚掷。愿春暂留，春归如过翼，一去无迹。为问花何在？夜来风雨，葬楚宫倾国。钗钿堕处遗香泽。乱点桃蹊，轻翻柳陌，多情为谁追惜？但蜂媒蝶使，时叩窗隔。

东园岑寂，渐蒙笼暗碧。静绕珍丛底，成叹息。长条故惹行客，似牵衣待话，别情无极。残英小，强簪巾帻；终不似、一朵钗头颤袅，向人欹侧。漂流处，莫趁潮汐。恐断红尚有相思字，何由见得。

——周邦彦《六丑·蔷薇谢后作》

宋徽宗在宫中听到后，疯狂点赞，但他对《六丑》这个词牌大惑不解。底下人告诉他，这是周邦彦自创的词牌，问他便知。

周邦彦被召入宫后，解释说，这首词一共犯了六种不同宫调（乐调变化称为“犯”），都是音乐中极美的调子，但是特别难唱。传说上古时期五帝之一的颛顼高阳氏有六个儿子，品行高尚而相貌丑陋，所以用之来比拟这个词牌。

宋徽宗听了，又为周邦彦的音乐天才所折服。

在音乐词章的领地里，周邦彦如鱼得水，而一旦离开了他所钟情的这片领地，他又变得很沮丧。在官场中，他一度随波逐流，没有很强的对抗性。据宋人笔记记载，权相蔡京七十岁生日时，周邦彦随大流，也写了祝寿诗。这件事成了今人斥骂周邦彦的一个理由。但仔细一想，这对周邦彦是否太过苛求了呢？一个当朝的在位权相恰逢古稀大寿，奉上几句漂亮的场面话，不是正常不过的吗？更何况，蔡京被定性为奸相，是他落马后的事了，周邦彦又如何能未卜先知呢？

总之，晚年的周邦彦在旁人看来，真的有些呆若木鸡。但，这就是他的处世准则。

尽管如此，他并非全无底线。在最后一次坚守他的底线后，周邦彦付出了最终的代价。

当时，宋徽宗热衷于制造盛世假象，底下的“人精”一个个秒懂。一时间，国土大地一会儿报告这里出现了白鹿，一会儿报告那里看见了苍鸟，都是祥瑞之兆。宋徽宗很开心呀，说要征集新词广为传唱，让天下万民都来感受盛世瑞兆才行。权相蔡京自然心领神会，遂找到主管大晟府的周邦彦，传达了皇帝的指示。

但周邦彦不但没有珍惜这次表现的机会，反而说自己老了，“颇悔少作”。也就是说，周邦彦委婉地拒绝加入这场制造盛世假象的行列。从周邦彦的词集《清真集》来看，确实也找不到一篇“颂圣贡谀之作”。

你可以说他怎么突然变得硬气，也可以说他不过是任性一把，甚至可以说他纯粹就是嫌麻烦所以不干……他的心境与真实想法，我们已经无法触达了，但事情的结局却是明确的：他由此以六十三岁高龄被调离大晟府，出知真定府（今河北正定），后改知顺昌府（今安徽阜阳）。

野史传说中的周邦彦，此时正躲在名妓李师师的床底下；但鲜为人知的是，真实的周邦彦，此时却踏上了晚景凄凉的流离之路。

4

生命的倒数第二年，六十五岁的周邦彦被调离顺昌府，安排到处州（今浙江丽水）。还没到任，又被罢官。朝廷任命他提举南京鸿庆宫（在今河南商丘）。

鸿庆宫是赵宋宗庙，负责人是一个闲职，但一般由德高望重的老臣或学识渊博之人担任。可见，朝廷还是认为周邦彦是本朝的一面文化旗帜。

接到任命时，周邦彦住在睦州（今浙江建德）。不久，方腊起义爆发，他赶紧回到老家杭州。才到杭州，起义军也到了，他只好北渡长江，暂居扬州，随后携家眷前往南京鸿庆宫。

途中，经过天长道，周邦彦想起年轻时经此道上汴京求学的情景，一晃四十多年就过去了。年迈的他百感交集，提笔写下了人生最后一阕词：

稚柳苏晴，故溪歇雨，川迥未觉春赊。驼褐寒侵，正怜初日，轻阴抵死须遮。叹事与孤鸿尽去，身与塘蒲共晚，争知向此，征途迢递，伫立尘沙。念朱颜翠发，曾到处，故地使人嗟。

道连三楚，天低四野，乔木依前，临路敧斜。重慕想、东陵晦迹，彭泽归来，左右琴书自乐，松菊相依，何况风流鬓未华。多谢故人，亲驰郑驿，时倒融尊，劝此淹留，共过芳时，翻令倦客思家。

——周邦彦《西平乐》

字里行间，难掩末世悲凉。

到达南京后，六十六岁的周邦彦一病不起，不久去世。这一年是宣和三年（1121），距离北宋覆灭还有短短六年。

一代词人死后，他的作品却依然保持着旺盛的生命力，不管朝代如何变迁。在南宋人的笔下，当时的歌妓都喜欢唱周邦彦的词，虽然她们并不知道周邦彦是谁。而南宋的词人，几乎都以学周邦彦为“词之正宗”。

迄今，在文学史上，周邦彦仍被公认为宋代词坛“结北开南”

的集大成者。“结北”指的是周邦彦作为北宋词坛殿军，总结了北宋各家之长，形成浑厚和雅、缜密典丽、沉郁顿挫的经典词风。他师法柳永，又能化俗为雅；他学习贺铸，让词风刚柔并济；他发展了秦观的风格，使得音律更加精细……“开南”是说周邦彦有开南宋词风之功，南宋影响颇大的“骚雅词派”的代表人物姜夔与史达祖，都是周邦彦忠实“粉丝”。还有吴文英，也是如此，“深得清真（周邦彦）之妙”。站在南北宋交替的时间节点上，周邦彦成为两宋词史永远绕不过去的关键性人物。

王国维说，周邦彦是“词中老杜”。如同杜甫之于唐诗的意义，周邦彦之于宋词，象征着一个朝代的文学样式所能达到的极限。

“今宵正对初弦月，傍水驿、深舣蒹葭。沉恨处，时时自剔灯花。”那个一生孤独的词人，把他最后的深情都酿到了文字里面，时光流逝，越陈越香。

千载之下，所幸人们记住的是文学上永恒的作品，而不是政治上一时的威名或权势。他不是一个成功的政治家，但他是一个光耀千古的大词人。他只是北宋政坛的一个边缘人，但潮水退去后，他成了整个舞台的焦点。

如同他的词中所写，“更深人去寂静，但照壁孤灯相映”。

他就是宋词史上，那盏不灭的孤灯。

李清照：一个前卫的女词人

她的横空出世，撑起了一个时代的风流往事。

如果没有她，两宋的词坛，尽管男性的扛把子们都在，但总少了半边文采风流，难免让人遗憾。

如果没有她，中国文人可能想象不出一个理想妻子的模样，他们写出来的才子佳人故事也失去了一个重要参照。

如果没有她，明清以来的六百年，多少才华横溢的女子将难以找到一个对标和模仿的对象。

当然，如果没有她，我们也不会看到，在她死后的九百年，关于她的历史可以写得多么荒诞，多么魔幻：为了骂她，人们可以把她黑得一无是处；为了捧她，人们又可以把她洗得不留痕迹……

历史总是这么势利。只有她，依然是那个才华与胆识兼具的千古才女——李清照。

1

李清照是单枪匹马闯入宋代文坛的。很多人知道她的叛逆，却不知道叛逆背后的孤独。

作为一个女性，她的写作从一开始就难以被接纳，没有“粉丝”，没有后援。大家只当她是一个异类。

事实也是如此。培养出李清照本身就是一件偶然性极大的事情：恰好她出生在一个富于藏书的士大夫家庭；恰好她的父亲李格非文名很盛，是苏门“后四学士”之一；恰好她的母亲王氏也是名门之后，擅长诗文；恰好她的父母都很开明，同意并鼓励一个女孩子从小研习诗词……

这几个“恰好”缺一不可，尤其是最后一条，非常重要。

我们可以假设一下。假如李清照出生在思想保守的司马光家，那她纵然再有文学天赋，也会被钳制得死死的。司马光明确反对家族中的女性学习或写作诗词，在历史上是出了名的。当时的士大夫家庭对女子写作诗词的态度，绝大多数都是司马光这种的，极少数是李格非这种的。

李清照一生无儿无女，到晚年想把衣钵传下去。一个孙姓朋友家的女儿，才十来岁就聪颖明慧，深得李清照的喜爱。她提出要把自己毕生的才学教授给这个女孩，谁知道小女孩自己回了李奶奶一句话：“才藻非女子事也。”

你看，连一个小女孩都被教育得对诗词文采抱有天然的反感，李清照生在开明之家是多么的幸运，而她坚持走诗词之路又得承受多大的非议啊。她得有多么的孤独。

很多人知道，李清照年轻时写过一篇文章《词论》，文章不长，大概就五六百字，但火力很大，几乎把北宋当红的词人都轰了一遍，从晏殊、欧阳修、苏轼，到张先、宋祁、柳永，不是批这个语句俗不可耐，就是骂那个“以诗为词”太别扭。

但很少人留意到，李清照开启“怼人”模式之前，在这篇《词论》的开头，专门讲了一个历史故事。

唐玄宗时期，李八郎是歌坛天王。某年，新晋进士在长安集会宴饮，李八郎应邀去表演，但他隐去姓名，穿得破破烂烂，一身寒碜样儿就去了。介绍李八郎出席的名士对众人说，这是我的表弟，众人睬都不睬。

席间陆续有歌者献唱，众人都高声叫好。名士突然对众人说，要不让我表弟歌一曲吧！众人嘘声一片，有人还动怒了，把我们这儿当街头卖艺呢，什么人都能唱？

但等到“表弟”一发声，众人都安静了。一曲唱完，大家被感动得稀里哗啦，纷纷顶礼膜拜：“原来他是天王李八郎啊！”

李清照写这个故事，意味深长。她是想借此告诉宋代文坛的士人们，她就是那个隐藏身份参加集会的李八郎。虽然她的身份和性别，与整个文坛都不搭，就像一身破烂的李八郎与高大上的进士集会也不搭一样。但希望男性士人们能够让她上场，给她发表词作的机会，如果写得好了，大家不要因为性别而看不起她，要给她一个客观公正的评价。

所以，李清照虽然叛逆，但她其实是带着谦卑与孤独进入宋代文坛的。她的成名，难度要比男性文人大得多。

没有像李八郎一样甩时人八条街的歌艺，没有十二分的文采，在一个对女性充满偏见的时代，她是不可能出人头地的。

2

李清照的第一个“粉丝”，应该是她的丈夫赵明诚。

赵明诚比李清照大三岁，还在汴京做太学生的时候，就娶了年仅十八岁的李清照。李清照有一首词写未嫁前初见赵明诚的情景，洋溢着大胆直率的少女情怀：

蹴罢秋千，起来慵整纤纤手。露浓花瘦，薄汗轻衣透。
见客入来，袜刬金钗溜。和羞走。倚门回首，却把青梅嗅。

——李清照《点绛唇·蹴罢秋千》

刚荡完秋千，玩野了的少女，身上的薄衣裳湿透了，突然看到有客人来访，赶紧躲入闺房，一阵忙乱。但李清照毕竟不同于一般的少女，临回房的一刹那，她回首假装嗅院子里的青梅，暗地里却在观察来客的模样。“青梅”也暗示着来人正是她“青梅竹马”的未来丈夫。

婚后，两人情趣相投，堪称神仙眷侣。

赵明诚有收藏癖，酷爱金石字画。李清照在他的带动下，两人都成为历史上有名的收藏家、鉴定家。他们的积蓄，几乎全部投入去购买金石器物和古董字画。

为了支持赵明诚的收藏事业，李清照甚至抛弃了女性应有的装饰品，用她自己的话来说，叫作“食去重肉，衣去重采，首无明珠翡翠之饰，室无涂金刺绣之具”，过着清贫、简单的日常生活。

一次，有人拿了一幅南唐画家徐熙的《牡丹图》求售，索钱二十万文。夫妻俩留在家中玩赏了两夜，爱不释手。但是，实在拿不出这么多钱，只好恋恋不舍地归还了人家。事后，“夫妇相向惋怅者数日”。

而赵明诚反过来，则支持李清照的诗词写作，并在不经意之下成为妻子诗词的“推销员”。

某年重阳节，赵明诚外出做官未归，李清照写了一首《醉花阴》寄给丈夫，表达自己的心情：

薄雾浓云愁永昼，瑞脑消金兽。佳节又重阳，玉枕纱厨，半夜凉初透。

东篱把酒黄昏后，有暗香盈袖。莫道不销魂，帘卷西风，人比黄花瘦。

赵明诚读后，为妻子的文采深深折服。但他好胜心很强，于是闭门谢客三天，废寝忘食作了五十首词，并把妻子的这阕词藏在自己的词作中间。然后找了几个好友来评鉴，友人陆德夫全部读完后说：“只三句绝佳。”

赵明诚赶紧问是哪三句。

陆德夫指出后，赵明诚不禁哑然，原来正是妻子的“莫道不销魂，帘卷西风，人比黄花瘦”。从此，赵明诚更加钦佩妻子的才华，而李清照的诗词由此开始了在士大夫中间的传播。

作为千古第一才女的丈夫，赵明诚确实压力很大。

南渡后，夫妻一度住在南京，一到下雪天，李清照就顶笠披蓑，登高北望作诗，写出好句子便请赵明诚唱和。不过，赵明诚在这方面确实才力不及，所以当时人记载说："明诚每苦之也。"

然而，难能可贵的是，夫妻俩不仅爱好相同，而且政治态度一致。这一点在北宋末年波诡云谲的政治背景下，显得尤为重要。

要知道，李清照的父亲李格非在宋徽宗时期被列入"元祐党籍"，政治上遭到迫害打击。而赵明诚的父亲赵挺之则依附蔡京一党，成为朝廷新贵。在这场风波中，由于两家家长政治对立，李清照和赵明诚差点被拆散。所幸夫妻俩政治倾向完全相同，一起站在"元祐党人"一边，赵明诚虽然因此"失好于父"，却坚定了与李清照共渡难关的决心。

这期间，李清照曾作诗讽刺公公赵挺之，说他"炙手可热心可寒"。这句诗化用了诗圣杜甫在《丽人行》中骂奸臣杨国忠的句子，相当于把自己的公公，比作当朝的杨国忠。这骂得真是大义灭亲，好不痛快！

没几年，政治灾难反过来降到赵家头上。赵挺之死后被蔡京诬陷，官位被褫夺，儿子赵明诚也受牵连被革了官职。李清照没有一丝怨言，跟着赵氏一家迁居到山东青州乡下，住了十三年。

无论政治如何残忍，岁月如何艰难，这对夫妻总是共患难，同进退。

难怪后世文人虽然习惯抹黑李清照，但他们仍时不时流露出内心的真实想法：如果能找到一个像李清照这样有才有德、志同道合的理想型妻子，那该多好呀！

3

李清照真正遭罪的日子，是在靖康之变后。前半生乐中有苦，后半生只能是苦中作乐。

赵明诚先南渡，随后金人战火烧到青州，他毕生心血收藏的文物，被烧了一大半。剩下的由李清照打包，辗转南下。

仅仅两年后，1129年，赵明诚在赴任湖州知州途中染疾去世。四十六岁的李清照永失所爱，带着一批稀世文物，孤独地流荡在兵荒马乱的年代。

由于她和赵明诚无儿无女，李清照此时唯一的亲人是她的弟弟李迒。除此，她在世上算是孤苦伶仃了。

而她受赵明诚生前嘱托，要保护好他们收藏的文物，必要的时候甚至要献出生命。赵明诚收藏的金石字画在当时颇负盛名，他刚一去世，朝廷上、江湖上一堆人就盯上了这批稀世古董，准备强买豪夺。

围绕着这批古董，各种传言满天飞。李清照大为惊恐，将这些文物分为两份，一份主要是书画，寄存到赵明诚的妹夫家；一份主要是铜器，她自己带着追赶朝廷的队伍，想献给宋高宗赵构，好让它们得到一个好归宿。但赵构太能逃跑了，李清照在浙江一带追了大半个圈子，每次都比皇帝慢一步。直到台州，她才追上朝廷的队伍。

这时，一个叫张汝舟的男人出现了。

张汝舟带来一份朝廷文书，大概是关于赵明诚“玉壶颁金”的事情。赵明诚死后，有谣言说他曾向金人献玉壶，私通敌国。李清照之前一直在追朝廷的队伍，也是想向皇帝献出文物，证明赵明诚的清白。

从后面的事情来看，张汝舟带来的朝廷文书其实是他伪造的，目的是要恫吓李清照。在李清照陷入惶恐的日子里，张汝舟则软硬兼施，“强以同归”。这是1132年，四十九岁的李清照嫁给了张汝舟。

这段婚姻仅维持了没多久，李清照就看透了张汝舟的为人。她后来在一封信中吐露当时的痛苦：“视听才分，实难共处，忍以桑榆之晚节，配兹驵侩之下才。身既怀臭之可嫌，惟求脱去；彼素抱璧之将往，决欲杀之。遂肆侵凌，日加殴击，可念刘伶之肋，难胜石勒之拳。”

张汝舟最初的用意只是骗取李清照手上的文物，对李清照并无感情。所以婚后暴露出本来面目，经常对李清照进行家暴。这给李清照的身心造成了巨大的伤害。

但张汝舟显然低估了这名文弱才女的刚烈。

受此虐待，李清照是不可能忍的。她状告张汝舟，告发他当年骗取科举功名。尽管按照当时的法律，妻子状告丈夫，不管是非，都要入狱两年。可李清照不在乎，她只想挣脱这段灾难二婚。

最终，张汝舟被判罪名成立，削籍为民，流放到广西柳州。李清照则被关押了九天后，在翰林学士綦崈礼的营救下出狱。

经过家国的双重巨变，晚年的李清照写的词，都有一种难以名状的孤独和痛：

风住尘香花已尽，日晚倦梳头。物是人非事事休，欲语泪先流。

闻说双溪春尚好，也拟泛轻舟。只恐双溪舴艋舟，载不动许多愁。

——李清照《武陵春·春晚》

她一直活到了七十余岁，大概在1155年离开人世。像很多人知道的那样，她的余生，喝酒，赌博，游戏度日，写悲伤沉痛的词，越老越个性，而名声也越来越响。

当时的文坛，尽管对她有无尽的排斥，但所有人都不能回避一个事实——这个李清照，就是宋代的“李八郎”啊！

她的风格，在当时被命名为“易安体”，在年龄上属于李清照孙子辈的豪放派词人辛弃疾，就曾仿“易安体”进行词的写作，可见“易安体”的影响有多大。

她的影响不止于文学。

在晚年，她痛恨南宋朝廷苟且偷安，不思北伐收复失地。基于满腔的爱国热情，她写了不少尖锐讽刺的诗，对南宋君臣进行无情的鞭挞：

“南渡衣冠欠王导，北来消息少刘琨”——讽刺南宋无人，连东晋都不如；

“南来尚怯吴江冷，北狩应悲易水寒”——讽刺南宋在南方都畏畏缩缩，更不要指望收复北方了；

“生当作人杰，死亦为鬼雄。至今思项羽，不肯过江东”——人们到现在还思念项羽，为什么？因为他不肯忍辱偷生回江东呀！这是讽刺当时南渡的人士；

“子孙南渡今几年，飘流遂与流人伍。欲将血泪寄山河，去洒东山一抔土”——虽为女子，但我都想上战场一洒血泪了，男同胞们要振作呀；

……

李清照敢写敢骂，让当时的男性文人羞愧不已。而这正是李清照最厉害的地方。

4

论骂人，李清照绝对是姑奶奶辈。但她绝对预料不到，自己死后会被人骂上五百年。

两宋之后，由于整个社会对女性越来越不友好，所以李清照再婚一事，被卫道士当成了攻击她的靶子。

女性在婚姻关系中地位的下降，有一个历时性的过程。

李清照生活的时代，不是最坏的时代。虽然当时的理学家已经开始鼓吹“存天理，灭人欲”“饿死事小，失节事大”，但社会对女性的婚姻钳制还不明显。南宋文人写到李清照晚年再婚一事，普遍只带同情和惋惜，而不像后世那样大肆批判，比如时人朱彧在他的笔记《萍洲可谈》中说，李清照“不终晚节，流落以死。天独厚其才而吝其遇，惜哉”。

时代越往后，女性的自由度越低。两宋只是开始在思想上对女性不友好，而元代则开始在法律上对女性不友好。

具体到寡妇的问题，元代以前，一个女人的嫁妆终其一生都是她个人的财产，如果她丧夫或离婚，不论是再婚还是回到娘家，都可以带走她当初的嫁妆。但从1303年起，元朝制定了新的条例，规定女性因为丧夫或离婚而离开夫家，必须放弃她所有的财物，连同她的嫁妆也变成了夫家的财产。一个寡妇如果要保持自己对婚后财产的所有权，那就只有一个办法——宣誓守节并继续留在前夫家里。

元代的法律从经济上逼迫寡妇终生守节，此后的明清两代继承了这些条文，并进一步在社会上形成要求寡妇守节乃至殉节的风气。

明朝中后期，全国掀起为殉节寡妇建祠堂和牌坊的风潮，变相地逼迫寡妇为了成全家族的荣耀而选择自杀做烈女。清代虽然不再赞成寡妇自杀，但对于终生守节的烈女贞妇，表彰规格大大提高。

总体而言，元代以前，寡妇再嫁是正常不过的事情，但元代之后，男权统治要求女性对丈夫从一而终，就算丈夫已死，也要守节到底，因此寡妇再嫁就成了没有道德、必须谴责的行为。

正是在这种风气的变迁影响之下，李清照再婚一事，虽然在生前受到的非议不多，但从元代起却被抹黑得很惨。人们习惯把历史人物放在当下的道德背景进行评判，而完全忽略了道德背景本身就是一个不断变迁的过程，所以总有苛求前人的事情发生。

随着时间的推移，人们已经无法否定李清照光彩夺目的才华，于是她的经历，尤其是她再婚—诉讼—离婚的遭遇，就成了男性文人非议她人品与道德的一个入口。

明朝中期藏书家叶盛，一提起李清照再嫁张汝舟的事就来气，厉声谴责李清照说：“文叔（李格非）不幸有此女，德夫（赵明诚）不幸有此妇，其语言文字，诚所谓不详之具，遗讥千古者矣。”一个千年一遇的才女，就这样被抹黑成了李家的不幸，赵家的不幸，贻笑千古的大不幸。

更可悲的是，后世那些学习和模仿李清照诗词的才女们，竟然也开始谴责李清照的道德瑕疵。

晚明一个叫张娴婧的女诗人，写了这样一首诗：

从来才女果谁俦，错玉编珠万斛舟。
自言人比黄花瘦，可似黄花奈晚秋。

张娴婧这首诗所要表达的意思是，尽管李清照自比瘦弱的菊花，但菊花还能够经受秋霜并绽放，而李清照却不能忍受自己人生的“秋天”，只好通过再婚来寻求安慰，这种做法损害了她的道德完整性。

这个受到男权社会洗脑而不自知的女诗人，竟然带着道德优越感来批判一生孤傲独立的李清照，这是多么讽刺的事情。

李清照就这样无端端被抹黑了五百年，直到清代，事情走向了另一个极端。

美国汉学家艾朗诺说，进入清代，一方面是李清照作为女词人先驱和文学天才的名声不断增长，人们对她的才华越来越敬仰；另一方面则是时代对寡妇再婚的否定态度越来越严厉，人们对她作为寡妇却未能守节的义愤和批评越来越多。这两方面同时存在于一个人身上，被认为是违背情理的。最终，清代一批顶级的考据学家出手，以否认李清照曾经再婚的形式，对矛盾的两方面进行了化解。

这些否认李清照曾经再婚的考据学家，包括卢见曾、俞正燮、陆心源、李慈铭等，从清初到晚清都有。他们的论点包括好几条：那些说李清照再婚的人，都属于造谣生事，目的是诽谤李清照；李清照给綦密礼的信提到自己再婚的事，但这封信是伪造的；信是真的，但被篡改过了……

尽管通过这些去否定宋代的材料，现在看来是可笑而不足信的，但在清代，由于这些考据学家的声名显赫和持续接力，以及人们更愿意接受一个在他们看来道德无瑕、才气逼人的才女，因此，整个社会普遍接受了李清照一生没有再婚的观点。

不仅如此，清代学者还把李清照塑造成道德模范，强调她不仅仅是一位天才女词人，还是一位经受了几百年再婚谣言的耻辱之后，终于在道德上获得平反的苦难女性。

在各类史书、方志中，李清照的类别一直属于“文苑传”，但李清照的故乡济南在晚清修撰的府志中，竟将她列入了“烈女传”，指出她对赵明诚从一而终，守寡终老。一直到民国时期，大部分中国文学史仍坚持李清照没有再嫁的观点，胡适、郑振铎等人都持此种观点。

也就是说，清代以后三百年间，李清照的人生经历被“洗白”了。那段给她的身心制造痛苦的再婚经历，因为不符合时代的道德要求，被史学家们剪辑掉了。它压根儿就不存在，真是太神奇了。

到中华人民共和国成立后，史学界才重新客观地审视李清照再婚的问题。既承认这段经历的存在，也不认为这段经历是李清照的道德污点。

一代才女，这才在历史中恢复了她的本来面目。

寻寻觅觅，冷冷清清，凄凄惨惨戚戚。乍暖还寒时候，最难将息。三杯两盏淡酒，怎敌他晚来风急！雁过也，正伤心，却是旧时相识。

满地黄花堆积，憔悴损，如今有谁堪摘？守着窗儿，独自怎生得黑！梧桐更兼细雨，到黄昏、点点滴滴。这次第，怎一个愁字了得！

——李清照《声声慢·寻寻觅觅》

李清照，号“易安居士”，其实她后半生并不“易安”，死后更是“难安”。唯一可以安慰的是，在她生前死后持续了九百年的纷纷扰扰，一定不会在她的内心泛起波澜。她若还活着，以她的个性，只会抬头回一句：“喝酒去！”

朱淑真：一生荒凉，一生断肠

千年前，好一句“赵宋词女，李朱名家”，如今，人人只闻李清照，再也不识朱淑真。

清朝道光年间，暮春时节的杭州青芝坞。水边青青杨柳遍植，雾气氤氲里，一男子踟蹰独行。

蓦地，四野传来几声杜鹃鸟哀鸣，一场疾雨不约而至。当朝太谷学派南宗领袖，刘鹗的师傅李光炘，匆匆躲进了不远处的露风亭。

一想到自己访墓不得，又想到那个生前没有知音，死后不能葬骨地下，连个安好的青冢都没有的女子，李光炘格外郁结难平，他捋须长叹：

斜日楼台空夕照，断肠诗句太伤神。
黄昏此日潇潇雨，想见当年泪眼人。

——李光炘《访朱淑真墓不得，湖上遇雨，怒然感怀，遂吊以诗，仍用人字韵》

李光炘口中的当年泪眼人，曾被明朝小说家冯梦龙大力夸赞“闺阁文章之伯，女流翰苑之才”，又为论词名嘴陈廷焯指为“规模唐五代，不失分寸，特为词中正声”，应是个风流天下闻的奇女子——其死后，诗文词却被父母一火焚之，百不一存。

1

靖康之难后，统治者们偏安一隅，定都临安（今杭州），是为南宋。经过几年的修整，满目疮痍的大地渐渐恢复了勃勃生机，而饱经丧乱的人们也渐渐在暗夜中舔舐伤口重建了家园。此时，距离黄山不远的地方，深门大户中一名女婴出生了。

女婴在人的臂弯中，虽哭得“桃花脸上泪汪汪”，却是个不折不扣的美人坯子。这是朱家第一个孩子，朱父高兴极了，为其取名“淑真”，小名秋娘。

朱家三代出仕，家境优裕，淑真父及兄嫂均解翰墨。根据文学史专家邓红梅考证，朱淑真的父亲是朱晞颜，隆兴元年（1163）进士，后官京西路转运判官及临安知府。朱家夫妇对此女倾注钟爱之情，自小教其诗文书画琴艺。后来，朱父专门携着爱女一同去了自古繁华的钱塘走马上任。

小淑真在天真烂漫的年纪里，如所有同龄少女一样伤春惜春，看“楼下垂杨千万缕，欲系青春，少住春还去”；又如烈女子那样孤高坚毅，爱梅慕竹，她称赞竹子“劲直忠臣节，孤高烈女心”；闲来赋诗抚琴，吃酒去，“拨闷喜陪尊有酒，供厨不虑食无钱”；冬日懒起嗔怪丫鬟，“侍儿全不知人意，犹把梅花插一枝”。

淑真性灵聪慧，聪明伶俐，小小年纪就显现出来了。十五岁时，赋诗言志，就有作万首诗的雄心，出言吐句，有奇男子难以企及之处。

淳熙九年（1182），朱淑真死后不久，范成大的好朋友魏仲恭收集编订了她的诗集《断肠诗集》，并为之作了一篇序。在文中，淑真的这位老“粉丝”直将淑真比作“蜀之花蕊夫人，近时李易安”，简直是恨不能提前出生参见偶像：“比往武陵，见旅邸中好事者，往往传诵朱淑真词。每窃听之，清新婉丽，蓄思含情，能道人意中事，岂泛泛者所能及，未尝不一唱而三叹也。”

稍后朱淑真的又一“粉丝”大学者孙寿斋更在《断肠诗集·后序》中直言：朱淑真禀嘲风咏月之才，负阳春白雪之句，凡触物而思，因时而感，形诸歌咏，见于词章，顷刻立就。

初合双鬟学画眉，未知心事属他谁。
待将满抱中秋月，分付萧郎万首诗。

——朱淑真《秋日偶成》

朱淑真不仅是个腹有诗书气自华的才女，还是个终生不改真性情，敢以反语大胆挑战指斥传统妇道及“女子不必有才”观念的奇女子，不啻为现代女权急先锋老祖宗！

女子弄文诚可罪，那堪咏月更吟风？
磨穿铁砚非吾事，绣折金针却有功！

闷无消遣只看诗，又见诗中话别离。

添得情怀转萧索，始知伶俐不如痴！

——朱淑真《自责》诗二首

然而，这顶“急先锋”的帽子，此后半生给朱淑真带来的重压与苦痛，远非她本人乃至后世人所能预料。

2

冬去春来，暑来寒往，当年那个“未知心事属他谁”的小淑真长大了，本该如她仰慕的前辈李清照一样，得配情投意合、可诗酒唱和的赵明诚，然而，淑真的愿望落空了。踏着七彩祥云来的确然可以是个白马王子，却不一定是那个可以看得懂淑真所写万首诗的“萧郎”。

同郡人汪纲，是个出色的实干家，在每一任上都是称职的地方父母官，极为关心民生。既为老百姓减税减刑，量民力而治，又为百姓疏浚河道，兴水利而解旱田，遇事立断而政清如水。故而，朱父非常看得起汪纲，认为他是个合格的女婿，临终之时，因为三子尚幼，甚至将后事托付给了这个女婿。病床前，奄奄一息的朱晞颜高声呼唤汪纲：“吾得瞑目，有仲举（汪纲字仲举）矣！”

旧时成文的规矩里头，还有一条“在家从父，出嫁从夫”。朱淑真出嫁以后，曾跟随汪纲多次宦游。出任浙东时，遇天时大旱，作物创收，农人损失惨重，父母官汪纲便设坛祈雨，后来果然暴雨骤至，当地人十分欢喜，淑真亦写诗歌颂道：“时来天地云雷举，起作人间救旱霖。”

随宦绍兴时，朱淑真随夫登上了其所倡建的月台，写下了《月台》诗；到了扬州、高邮时，又出门逛了斗野亭、四并楼，入乡随俗感受了一番淮南寒食节的氛围，作了《题斗野亭》《题四并楼》《新春二绝》《寒食咏怀》等诗。

淮南寒食更风流，丝管纷纷逐胜游。
春色眼前无限好，思亲怀土自多愁。

——朱淑真《寒食咏怀》

出门宦游的日子固然有新奇欢喜的时刻，可在重情深情的朱淑真心中，辞亲远游、不得承欢膝下，却也饱含着思乡念亲的断肠愁绪。她的《断肠诗集》中，断肠诗篇也近半出于此因：

从宦东西不自由，亲帏千里泪长流。

——朱淑真《春日书怀》

谁识此情肠断处，白云遥处有亲庐。

——朱淑真《舟行即事》（其二）

目断亲帏瞻不到，临风挥泪独悲歌。

——朱淑真《舟行即事》（其四）

如果说，不自由的宦游令淑真夜夜有泪长流，那么断肠诗的另一半“匹偶非伦”求而不得，便更加使其血泪纵横了。

少年时，还没有对象、“未知心事属他谁”的朱淑真，爱诗好词，才色兼具，也梦想着可以遇见读得懂诗万首的情郎，希望可以嫁给一位俊逸清高的才子。一日，天朗气清，她出门游玩，冥冥中似有注定，她果真遇见了一位俊逸清高的才子，一眼万年。她在《湖上小集》中写道：

门前春水碧于天，座上诗人逸似仙。
白璧一双无玷缺，吹箫归去又无缘。

只可惜，两人间的缘分竟比清晨的露水更易消散，但是，思慕的种子已经埋下。

明代纪传体史书《南宋书》说，汪纲长于论事，其不作无谓之诗可以想见，因此，敏感多情的淑真与注重实干、不善赋诗填词的汪纲之间，在情感上有不协调之处就并非难以理解了。

因为感到知音难遇，朱淑真常常唱起惆怅自怜的诗词：

山光水色随地改，共谁裁剪入新诗？

——朱淑真《舟行即事》其一

对景如何可遣怀，与谁江上共诗裁？

——朱淑真《舟行即事》其五

却嗟流水琴中意，难向人前取次弹。

——朱淑真《春昼偶成》

今天的天气多好呀！你看，山光明媚，水色潋滟，成双结对的燕子飞过。如此春色，可以与你一同携手快意吃酒去吗？可以与你一同诗文唱和相视而笑吗？但是，共谁？与谁？并没有这个合适的你！只我一人独坐抚琴，身边的侍儿也全然不明白我的愁绪。

朱淑真羡慕人家夫妇是“张姬淑德同冰玉，李白高吟泣鬼神”，而她自己的婚姻，正如魏仲恭所言“早岁不幸，父母失审，不能择伉俪”，“一生抑郁不得志，故诗中多有忧愁怨恨之语”。

鸥鹭鸳鸯作一池，须知羽翼不相宜。
东君不与花为主，何似休生连理枝。

——朱淑真《愁怀》

古代的妇女不可以在文字上明白地批评丈夫，说他不好，通常都会选择委婉含蓄，很蕴藉地暗示。朱淑真是个性情中人，对此她说得爽朗耿直，她说“鸥鹭鸳鸯作一池”，自比文彩斑丽的鸳鸯，鸳鸯本该就应当同鸳鸯相般配，然如今池子里混进了一只灰扑扑的野鸭子，从羽毛上一看就知道绝非同类了，哪里相宜呢。东君这个掌管春天的神仙都不替花儿主张，如果命运的神也不给淑真做主，不为她匹配一个才情相当的人，那还不如不结婚呢，“何似休生连理枝”。朱淑真很有几分现代女性的意识。

后来发生了“窦滔阳台”之事后，朱淑真恼其夫娶妾，又与此妾关系不佳，裂痕日深，难以忍受，愈发对其夫婿鄙薄厌恶，以致怨恨交集。

春已半，触目此情无限。十二阑干闲倚遍，愁来天不管。
好是风和日暖，输与莺莺燕燕。满院落花帘不卷，断肠芳草远。

——朱淑真《谒金门·春半》

黄昏院落雨潇潇，独对孤灯恨气高。
针线懒拈肠自断，梧桐叶叶剪风刀。

——朱淑真《闷怀》

在朱淑真《断肠诗集》《断肠词》中，“断肠”二字直接出现次数达十二次，用“恨”字近二十处，“愁”字近八十处，读之令人肝肠寸断，可见淑真心中悲苦。

倘若朱淑真如世间那许多寻常女性，也许余生就在深闺大院的窗前，守着一豆孤灯，看着雨帘外的天色一寸一寸灰暗下去，死后，墓穴上立着一块光洁的石碑，上书：汪纲正妻之墓。

可是，她是那个“宁可抱香枝上老，不随黄叶舞秋风”、至情至性的朱淑真啊！她选择了另一条路，注定了一步天堂，一步深渊。

3

朱淑真有个情人。欧阳修有一首词，叫《生查子·元夕》。

去年元夜时，花市灯如昼。月到柳梢头，人约黄昏后。
今年元夜时，月与灯依旧。不见去年人，泪湿春衫袖。

这是一首相思词，写去年与情人相会的甜蜜与今日不见情人的痛苦，明白如话，言有尽而意无穷，柔情蜜意溢于言表。曾经有不少青年因为这首词认为欧阳修有风流深情的一面。可是，这首词在没有经后世学者不厌其烦地考证之前，大家普遍认为是朱淑真写的。

词还是同一首词，只是换了个女作者，评价于是变了味。理学家们对她口诛笔伐，说她“淫佚”浪荡，其中也有人替她辩诬，急急忙说：“这淫词肯定不是她写的，虽然我暂时还没有证据。”

现在倒是有证据证明这词不是朱淑真写的了，但朱淑真有个情人这事，却没有办法掩盖，至于是婚前还是婚后，自有各家争执。毕竟，她写过更多更加直白“淫佚”的诗词，足以让一群理学究气得集体翘胡子。极有名的一首词是她的《清平乐·夏日游湖》：

恼烟撩露，留我须臾住。携手藕花湖上路，一霎黄梅细雨。
娇痴不怕人猜，和衣睡倒人怀。最是分携时候，归来懒傍妆台。

言为心声，大胆率直、不畏人言、不怕人猜的朱淑真不止写下了一首相思之作。他们的感情纯粹真切又鲜明。元夜相见时，在灯火阑珊里她说：“但愿暂成人缱绻，不妨常任月朦胧。赏灯那得工夫醉，未必明年此会同。”在这段难为世人所认可的感情中，朱淑真明知道会不得果报，却仍然飞蛾扑火。生命诚可贵，爱情价更高，从来就没有过婚姻自由的朱淑真无疑也是如此坚信。

她写诗赞赏勉励情人勇敢追梦，不要因为年少失意就灰心不前，要相信大器晚成，“贾生少达终何遇，马援才高老更坚”。

她反用李商隐《无题》诗中的“身无彩凤双飞翼，心有灵犀一点通”，告诉情人自归去分别后，“吟笺谩有千篇苦，心事全无一点通”。不仅懒了梳妆，全无打扮的心思，更是为伊消得人憔悴，“别后大拚憔悴损，思情未抵此情深”。

她直白执着地诉说着深闺的寂寞、独居的幽怨，写下《减字木兰花·春怨》：

独行独坐，独倡独酬还独卧。伫立伤神，无奈轻寒著摸人。
此情谁见，泪洗残妆无一半。愁病相仍，剔尽寒灯梦不成。

作为一个女子，在不能脱离父家、夫家创下一番自己事业的传统时代，朱淑真追求的从来都只能是两相情愿、白首偕老的爱情。不过，现实使她的理想幻灭，淑真的恋情，基于种种外来压力，尝尽了甜酸苦辣、若即若离的滋味，最后，更是被夫家窥破，以致她抱恨而终、愤然赴死。

4

朱淑真死了。

为她收集编订诗集的魏仲恭说：“其死也，不能葬骨于地下，如青冢之可吊，并其诗为父母一火焚之，今所传者，百不一存，是重不幸也。呜呼，冤哉！”

朱淑真死了。连尸身也没有找着，在注重入土为安的古代，她连个青冢都没有。

朱淑真死了。死前，她曾是那么爱惜自己的诗词，“孤窗镇日无聊赖，编辑诗词改抹看”；死后，或是耻于有个“不贞”女，写下过那么多“淫佚”词，又或是出于别的什么原因，总之，她的诗词被一把火烧了。

令人哑口失笑的是，倘若不是因为朱淑真这些风流事迹，为当时好事者道听途说，诗词亦为好事者四处搜罗以传诵，增加茶余饭后的谈资，那么，哪还有魏仲恭出场的什么事儿！

明朝人说，“宋妇人能诗词者不少，易安为冠，次则朱淑真”。近人研究宋代妇女文学时，大抵以李清照为首，淑真为次，在评价方面，亦认为淑真才力稍逊于易安。博学之士认为淑真的词，骨韵格调上不及易安，气质上也缺乏易安那种在绝境之中仍能一笔宕开的旷达胸襟，又只会写苦兮兮的恋情作品，题材狭窄、意旨委曲，甚至进行人身攻击，说她“密约黄昏试晚妆”，“身名不爱诗名爱”。

可是，朱淑真既没有个像李清照之父李格非一样开明的父亲，也没有遭逢时代巨变、家国祸乱，她只是个一直困守深闺、渴望自由追求爱情的女子啊，又怎能处处以李清照所达到的标准来衡量她呢，更毋庸谈以当时男性诗人的标准来指指点点了。

朱淑真自有她的真性情呀！只是这位真性情的朱淑真，无论是生前，还是死后，在文学千年长河的偌大舞台上，却迟迟得不到一束照向她的镁光灯。我们后来人是不是能咂摸出朱淑真所取之号

“幽栖居士”的几分谶意来？

一生荒凉、一生断肠的朱淑真，死后千载间大概应该还是有知音的吧。至少，那位冒着雨，在湖边悲叹久寻不到朱淑真墓的李光炘，是真心欣赏朱淑真的诗词吧！

楼外垂杨千万缕，欲系青春，少住春还去。犹自风前飘柳絮，随春且看归何处？

绿满山川闻杜宇，便做无情，莫也愁人苦。把酒送春春不语，黄昏却下潇潇雨。

——朱淑真《蝶恋花·送春》

黄昏的潇潇雨里，可以想见当年泪眼人。

北伐：王师北定中原日

爱国主义之精神，
实为南宋一代文化之命脉，
亦为南宋词之命脉。

北伐时代：南宋词人被辜负的青春

这个世界，似乎不该是这样的，却又总是如此。

二十二岁的姜夔，在冬至日来到了扬州。那天雪霁初晴，一眼望去，城外都是青青的野生麦苗。姜夔慕名造访这座淮左名都，可进城一看，满目疮痍，只有池水还是那么碧绿，却已物是人非。

当时，距离金主完颜亮发动战争，金兵铁蹄蹂躏扬州，已经过去十几年了。

南侵的金兵在采石之战中败给了宋军，却将怒气发泄在扬州，对这座商业繁荣的都会大肆掠夺，将城中财物席卷而去，只留下一片断壁残垣。

扬州长期无法恢复元气，南宋亦然。在完颜亮遇刺身亡后，南宋很快发动了隆兴北伐，却草草收场。一蹶不振、颓唐不堪的，何止是一个扬州城。

1

自靖康之变以来，不断东奔西跑躲避金兵追杀的宋高宗，即使在屈从金人意志杀害名将岳飞以求议和，又熬到秦桧病死以后，日子也并不好过。金人一直没有放弃消灭南宋的企图，完颜亮在金国内部篡位称帝后，一直整顿兵马酝酿南侵。不仅如此，他还时常派出使臣南下羞辱宋高宗，投降金国的宋朝旧臣王全甚至在临安城内，当着众位朝臣的面，以污言秽语，当面将宋高宗骂得痛哭流涕。

或许在宋高宗看来，他不惜杀害岳飞自毁长城以求与金人媾和，他为了打压主战派起用秦桧，以致秦桧结党营私威胁皇权，如此种种，金人还是不满足，他内心的恐惧与屈辱感日甚一日。但金人，还是撕毁绍兴和议，再次南下了。

完颜亮攻宋，有记载说，是因为一首描写东南胜景的词。

北宋柳永有一首词《望海潮》，描绘了钱塘江的旖旎风光，其中有“三秋桂子，十里荷花”。完颜亮一听说这美景，哈喇子都快流出来了。此君自称人生有三个“小目标”：第一，国家大事，都是他说了算；二，率军远征，将其他国君押回来问罪，三，娶天下绝色美女为妻。

为此，完颜亮发动宫廷政变夺取皇帝宝座后，大刀阔斧地进行改革，如迁都燕京、厘定官制、自铸铜钱等。

除此，他大兴土木，扩充兵马，投入全国财力人力，迫使百姓为了制造箭翎、甲革，宰杀大量牲畜家禽，就连乡野的乌鸦、猪狗都无不被害。

为了增加战马，完颜亮从民间征调了56万匹马。马匹所过之处无草料可供，完颜亮就下令在田里放牧，以至庄稼荡然无存。

宋金之间在边境本来设有榷场互通有无，完颜亮打贸易战，下令关闭凤翔府、唐、邓、颍、蔡等州榷场，只余泗州（今安徽泗县）一处。后来，这个榷场也关了。宋金边境贸易，金人获利甚巨，完颜亮的做法无疑是杀敌一千，自损八百。

对于完颜亮的疯狂举动，朝中宗室、大臣纷纷上疏谏止，却大多被贬谪、处死，连皇后、皇子也不能幸免。在完颜亮看来，没有人比他更懂大金。

自绍兴和议以来，宋金二十余年的和平，最终被完颜亮打破。

南宋绍兴三十一年（1161）夏，完颜亮统兵六十万，号称百万，分兵四路南下。他从诸军中挑选五千精兵作为自己的亲军，夸下海口："取江南，此五千人足矣。"

当宋高宗赵构得知金人南下后，又想逃跑，打算迁往福建或四川。

秦桧已死，且金人毁约在先，这一次，主张抗金的官员在舆论上战胜了主和派。

宋高宗只好下令备战，命抱病在身的名将刘锜为统帅，前往镇江指挥。但给予完颜亮当头棒喝的，却是一位书生。

南宋词人张孝祥当时在抚州（今江西抚州）当知州。一天，他得知一个不可思议的好消息，为之精神振奋，写下一首《水调歌头·闻采石战胜》：

雪洗虏尘静，风约楚云留。何人为写悲壮，吹角古城楼？湖海平生豪气，关塞如今风景，剪烛看吴钩。剩喜燃犀处，骇浪与天浮。

忆当年，周与谢，富春秋。小乔初嫁，香囊未解，勋业故优游。赤壁矶头落照，肥水桥边衰草，渺渺唤人愁。我欲乘风去，击楫誓中流。

张孝祥欢欣鼓舞：金人败退了，胡马掀起的风尘已被涤荡干净，这让我想到了前朝的两位名将，一位是东汉末年，在赤壁之战大破曹军的周瑜，另一位是淝水之战中，战胜前秦百万大军的谢玄。我也要像东晋的祖逖一样，立下中流击楫的誓言，一定要驱逐金人，恢复中原啊！

张孝祥之所以如此激动，还有一个原因，这场胜仗，是张孝祥的同年虞允文打的。他们二人与杨万里、范成大等，都是绍兴二十四年同榜进士。

虞允文是文臣，被任命为参赞军事，到前线慰问宋军。当时守卫淮河一带的王权贪生怕死，丢下军队跑了。金人一下子攻破淮南，打到长江边上的采石矶（在今安徽马鞍山），南宋朝廷另派了一名将领上前线，可他还在赴任途中。

虞允文抵达采石矶时，金兵已经在江北岸筑高台，连营三十余里，而南岸宋军才一万八千人，马数百匹，由于无人指挥，将士们军心涣散，三三五五地坐在路旁，不知所措。

此时，虞允文当机立断，决定越级行事，亲自指挥军队，迎击金人。一个随从对虞允文说："大人，您是奉命来慰问将士的，如何能号令军队？如果打败仗，可就罪上加罪了。"

虞允文反驳道："危及社稷，吾将安避？"

在这场以寡敌众的战役中，文人虞允文发挥宋军水师的优势，凭借两岸军民的协助，打了一场大胜仗，烧毁金军战船300余艘，阻挡了完颜亮南下的步伐，一举扭转了宋金战局。

年迈的宋军主帅刘锜卧病在床，采石矶之战大胜后，他用手拉着前来探望的虞允文，说："朝廷养兵三十年，我们这些老人没能打退金兵，今日大功出自一位书生，我实在是羞愧。"

二十多年前，刘锜与岳飞、韩世忠等名将在抗金战场上并肩作战，眼见着南宋朝廷放弃大好局势，与金人议和。

这口气，憋着难受啊！

采石矶之战不是完颜亮唯一的失败，他的军队不仅在采石矶受挫，西路军还被宋将吴璘阻挡在大散关，攻入四川的企图遭到粉碎；走海路的水军被岳飞的老部下李宝打到找不着北。

完颜亮的野心没有得逞，更惨的是，他连皇位和性命都丢了。

金朝权贵在完颜亮南侵后，迅速走向分裂。完颜亮还在前线打仗，留守金东京辽阳的完颜雍已经被拥立为帝，即金世宗。这下子金兵都不知该听谁的，更加滋生厌战情绪。

采石矶战败后，金人进退两难，完颜亮愈发焦虑不安，他不顾众人反对，要求三日之内一定要渡江，否则尽杀诸将。这引起了金兵的不满，一些将士趁着完颜亮将亲兵调走的时机，发动兵变，袭击了完颜亮的营帐，将他杀死。

完颜亮死后，金兵开始北撤，宋军收复了淮河一带的失地，但战争引发的剧变正发生在大江南北。

2

完颜亮大举攻宋，后方却乱成一锅粥，原北宋领土的沦陷区人民纷纷起义，其中力量最强大的是山东的耿京，聚众二十五万。

这恰恰证明，人心思归。

一介书生虞允文在采石矶之战立功后，山东的一位二十二岁书生从老家带着两千人马投靠了耿京，他的名字，叫辛弃疾。

辛弃疾投靠耿京不久后，起义军的同志僧人义端，却在背后捅了老大哥一刀，偷了耿京的帅印逃跑，准备投降金人。

作为典型的山东大汉，辛弃疾文武双全，他自告奋勇前去抓捕义端，飞身上马，三天之后就提着义端的人头归来。

义端临死前装神弄鬼地对辛弃疾说："我知道，您就是一只大青兕（一种类似犀牛的猛兽），力能杀人，请放过我吧。"义端的奸计没有得逞，"青兕"之威名却从此响彻天下。

山东起义军都是"草头王"，毕竟难成大业，耿京与辛弃疾商议率军回归南宋，让辛弃疾先行与南宋朝廷联系。绍兴三十二年（1162），辛弃疾到达建康（今江苏南京），受到了驻跸于此的宋高宗接见，并拿到朝廷授予的印信，前去召耿京南归。

可当辛弃疾回到山东时，起义军队伍人心散了，不好带了。叛徒张安国竟然杀了耿京，投靠金人，导致义军将士大部逃散。

若是一般人遇到这种情况，可能就放弃使命，自己回去交差了。

辛弃疾偏不认命，他带着仅剩的五十轻骑杀入金人军营。当时张安国正与金军将领喝酒庆贺，手下有五万人。辛弃疾就这样深入险境，当着众人的面将叛徒从酒桌上拽出来，抓到建康，斩于市曹，大快人心。

后来，辛弃疾的好朋友洪迈将此事记载下来，说辛弃疾这一次锄奸行动，让“懦士为之兴起，圣天子一见三叹息。”

辛弃疾归宋后，踌躇满志。在他南归后不久写的《汉宫春·立春日》中，可以读出一个青年才俊激昂奋发的情怀，和仕宦生涯中难得的闲愁：

春已归来，看美人头上，袅袅春幡。无端风雨，未肯收尽余寒。年时燕子，料今宵梦到西园。浑未办、黄柑荐酒，更传青韭堆盘？

却笑东风从此，便薰梅染柳，更没些闲。闲时又来镜里，转变朱颜。清愁不断，问何人、会解连环？生怕见、花开花落，朝来塞雁先还。

辛弃疾始终关注着恢复大业，而此时宋金形势并未因完颜亮之死而缓和，依然剑拔弩张。

采石矶之战次年，金朝派人指责宋朝，为何收复淮河一带的州郡。日后为辛弃疾写故事的那位朋友洪迈出使金朝。宋高宗想趁机与金朝重新谈判，于是将“绍兴和议”以来国书签名用的“臣赵构”改为“宋帝”，表示跟金帝平起平坐。

洪迈也就是个传话的，结果金人看国书格式改了，把洪迈扣了下来，三天三夜不给吃喝。后来有大臣说使者无罪，金朝才把这位大才子放回去。

洪迈回来后，宋金是战是和，没有定论。但有了采石矶之战等几场胜利，朝中大臣抗金舆论高涨。宋高宗则彻底累了、倦了。就在任命张浚全面负责江淮防务的第二个月，绍兴三十二年（1162）六月，五十六岁的宋高宗主动禅位给了养子赵昚（宋孝宗），自己则退位成为太上皇。此后，宋高宗又活了二十五年，一直到1187年才去世。

宋孝宗即位后，次年改年号为“隆兴”，他跟他爸最大的不同之处，就是一心想北伐。

作为南宋史上最有作为的皇帝，宋孝宗上位后，就顶着宋高宗仍然在世的巨大压力，以政治智慧为岳飞平反来感召忠义之士。在召见六十六岁的老将张浚时，当时年轻的宋孝宗当面说：“我家有不共戴天之仇，朕不及身图之，将谁任其责？”

在上位不到一年的宋孝宗的全力支持下，张浚开始整顿兵马，督军北伐。隆兴元年（1163）四月，南宋八万大军挥兵北上，史称隆兴北伐。

3

宋孝宗是一个能干大事的人。

宋高宗培养了两个候选接班人，请博学多才的史浩（宋理宗朝权相史弥远之父）当他们的老师。他们当中一个是当时还未改名的普安王赵瑗（宋孝宗），另一个是恩平王赵璩，都是宋太祖赵匡胤一脉的后代。宋高宗的亲生儿子早夭，自己又丧失了生育能力，只能将皇位传给养子。

在反复考察两人的品行之后，宋高宗愈发觉得赵瑗贤能，最终将他立为太子。

完颜亮南侵时，还是太子的宋孝宗多次向高宗提出，愿意带兵上前线。宋高宗疑心病重，可能是联想到唐代安史之乱，唐玄宗到成都避乱，太子李亨灵武即位的故事，表现得有些恼怒。

史浩知道学生惹祸了，赶紧上疏，表示“太子不可将兵”，打消了太子的危险念头。

如今，宋孝宗当上皇帝，终于可以施展抱负。

史书记载，宋孝宗即位那天下着大雨，已经退位为太上皇的宋高宗赵构起身回宫，宋孝宗坚持冒雨相送。宋高宗看到宋孝宗在瓢泼大雨中浑身湿透，大为感动，对身边人说：“付托得人，再无憾矣。”

相比宋高宗，宋孝宗更加雷厉风行，他一即位就为岳飞平反，追谥“武穆”。之后，宋孝宗在召见岳飞幸存的三子岳霖时，痛惜地说：“卿家冤枉，朕悉知之，天下共知其冤。”

朝廷的风向变了，朝野上下抗金热情高涨。

这一年，三十八岁的陆游，出任镇江通判。此时，宋金两军雄踞于淮河一线，镇江就是抗金前线。

陆游的仕途一向不顺，他本来应该是张孝祥、虞允文的同年，但那年实在不走运，他试卷答得太好，名次盖过了秦桧的孙子秦埙。秦桧看到自己孙子吃亏，勃然大怒，要降罪主考官。主考官不敢得罪权相，于是，陆游就落了榜。

那一年的状元，是张孝祥。秦埙靠走后门，得了个探花。

陆游仕途不畅，结婚后还情场失意，迫于家庭压力，与他心爱的原配夫人唐琬离婚。宋孝宗即位后，作为主战派的他，以为自己事业迎来了转机。

隆兴元年（1163）秋，陆游登上镇江北固山，登楼遥望江防前线，写下一曲《水调歌头》：

江左占形胜，最数古徐州。连山如画，佳处缥缈著危楼。鼓角临风悲壮，烽火连空明灭，往事忆孙刘。千里曜戈甲，万灶宿貔貅。

露沾草，风落木，岁方秋。使君宏放，谈笑洗尽古今愁。不见襄阳登览，磨灭游人无数，遗恨黯难收。叔子独千载，名与汉江流。

陆游词中最后几句的“襄阳登览”，说的是三国时羊祜（字叔子）镇守襄阳十余年，为晋灭吴做准备，却未能亲眼看到天下一统，他生前常登襄阳岘山，感慨壮志难酬。羊祜死后两年，三国归晋。

那一天，陆游以为，时代要变了，相信自己可以看到“王师北定中原日”。他哪里会想到，自己七老八十时，还在病榻上悲叹：“死去元知万事空，但悲不见九州同。”

4

宋孝宗铁了心要跟金人干一架。老臣张浚，成为主持北伐的第一人选。

宋孝宗的老师史浩反对主动进攻。他认为应该接受完颜亮南侵时的教训，加强对瓜洲、采石等沿江一线的防守，坚守两淮，等物力、军力条件充足时，再进行北伐。

在采石矶大捷立功的虞允文，也主张积极备战，以待良机。张浚却主张不顾一切立即北伐，不要怂，就是干。

毕竟张浚是老主战派了。当年秦桧得势时，疯狂打压主战派大臣。有一次，张浚被贬，秦桧一党诬告他与旧部策划谋反，随身箱子里都是私通亲信的书信。宋高宗不信，派人去拿来一看，发现是有一些书信，但写的都是忠君爱国的话。宋高宗很是感动，命人追上去，赐张浚三百金。秦桧一党接着捣鬼，对外宣称，宋高宗要赐死张浚。张浚的随从听到这些谣言，不禁大哭。张浚说："你们哭什么？如果真像传言中的那样，我死了向国家谢罪也无妨。"

宋孝宗即位后，主战派同仇敌忾，当初备受打压的张浚被任命为枢密使、江淮宣抚，担任伐金的主帅。张浚得到了他苦等多年的机会，但这个机会来得太尴尬。当时的南宋，正面临着无将可用的局面，张浚已然独木难支。

那些骁勇善战、足智多谋的抗金名将都已作古，或被秦桧一党陷害，或在失意的岁月中耗尽青春。像岳飞因"莫须有"的罪名，遭受冤案；韩世忠被迫退休，悠游林泉，得以善终；刘锜晚年抱病上阵，不久前刚病逝；……

另一边，太上皇赵构也对宋孝宗冷嘲热讽，认为张浚不行。听到宋孝宗提拔张孝祥为都督府参赞军事，又反讽道："这个张孝祥，一定很精通军事吧？"

隆兴北伐失败了，依旧是输在自己人手上。

隆兴元年（1163）五月，宋孝宗下令对金朝发动进攻。

张浚手下两员大将李显忠与邵宏渊，各自带兵渡过淮河北进。起初，李显忠好几次打败金兵，收复了一些州郡。而邵宏渊嫉恨李显忠的功劳，甚至发展到故意不援助的地步。金兵抓住机会，派兵十万攻打李显忠收复的宿州（今安徽宿州）。

金人兵临宿州城下，李显忠派人向邵宏渊求援。邵宏渊心中不服，按兵不动，竟然对部下说，这么热的天，摇着扇子还嫌不凉快，怎能披着战甲去打仗呢？

如此一来，宋军士气低落，李显忠的军队孤立无援，弃城逃走，一溃千里。退到符离后，李显忠与邵宏渊两军十三万人马陷入混乱，多年积存的物资几乎丧失殆尽，宋军士卒相互践踏，死者不计其数。两个主将逃窜，不知所踪。

这就是著名的符离之败。此战后，金兵士气大振，直抵两淮前线，逼迫南宋议和，隆兴北伐的形势急转直下。张浚不愿放弃，他多次上书请战，但在太上皇宋高宗等主和派的幕后策划下，宋金再次陷入议和的僵局。

之后，张浚被降职外调，死在离京途中，而主和派宰相汤思退上台后，开始拆除淮河一带的防线。

5

隆兴北伐失败后，宋金签订了“隆兴和议”，这是双方在外交上的相互妥协。

在“隆兴和议”中，金人相比之前的“绍兴和议”做了一定让步，减去十万岁币，南宋皇帝不再对金称臣，双方改为叔侄之国。从此以后，我叫你一声大侄子，你叫我一声叔叔。

但金人在土地上不肯退让，除了要南宋归还完颜亮南侵后收复的四州外，还要求南宋将商（今陕西商县）、秦（今甘肃天水）二州割让给金朝。

宋孝宗当然愤愤不平，有志于北伐的臣民也不服气。杨万里在诗里说，“人到淮河意不佳”，南宋的臣民到了淮河边，想起北伐功亏一篑，总是心有不甘。

更可悲的是，当初支持北伐的大臣，免不了被事后清算。

陆游因才华横溢，曾被张浚推荐给宋孝宗，当时对金占领区散发的“传单”，就是陆游起草的。隆兴北伐失败后，陆游又倒霉了。

主和派给陆游加上一个“交结台谏，鼓唱是非，为说张浚用兵”的罪名，将他免职归家，赶到乡下种了几年田。陆游太郁闷了，他在《诉衷情·青衫初入九重城》写道：

青衫初入九重城，结友尽豪英。蜡封夜半传檄，驰骑谕幽并。

时易失，志难城，鬓丝生。平章风月，弹压江山，别是功名。

陆游说，当年我穿着青衫第一次到首都时，结交的都是天下英豪，我们为抗金起草檄文，连夜向中原传送。现在北伐的时机丢了，我的鬓发也已花白，只有去品评风花雪月了。

当陆游为北伐干得热火朝天时，年轻的辛弃疾也在奋笔直书。

隆兴年间，辛弃疾开始写作他人生中“最重要的一篇政治军事论文”——《美芹十论》，通过从十个方面分析宋金形势，为南宋朝廷积极备战抗金提出了具体的作战方案。

但最后，辛弃疾的“万字平戎策”，也只是“换得东家种树书”，他的北伐理想，在此后数十年间被渐渐埋没。

辛弃疾年轻过，陆游也年轻过，包括岳飞、韩世忠、刘锜、张浚……他们所有人，都曾年轻过，可无情的现实，就是辜负了他们的青春。这个世界，似乎不该是这样的，却又总是如此，无可奈何。

张孝祥：状元、“刺头”与英雄

当秦桧的孙子秦埙的名字，被作为状元候选人呈送到宋高宗面前时，一生隐忍的宋高宗，犹豫了。

这是南宋绍兴二十四年（1154），此时，距离名将岳飞被害已经过去了十二年，势倾朝野的秦桧多次暗示当年科举的主考官——自己的亲信、御史中丞魏师逊，和礼部侍郎兼大学士汤思退，意思是要他们点名自己的孙子秦埙为新科状元。

魏师逊和汤思退很“懂事”，于是，他们很自然地将秦埙作为状元候选人名单，呈送到了宋高宗面前。

宋高宗明白，他的左右大臣、宦官乃至枕边人吴皇后，无一不是秦桧的眼线。为了提防秦桧的加害，他甚至常年都在靴子中暗藏着一把匕首以防不测。

所以，要不要给在朝中树大根深、尾大不掉的秦桧一点面子，点他的孙子秦埙做状元呢？

能够南渡成为南宋的开国之君，宋高宗自然并非等闲之辈。他很自然地将视线下移，一眼就看中了原本被魏师逊和汤思退定为第二名的张孝祥。

宋高宗大笔一挥，将在殿试中写下一万四千多字巨文、并且书法卓绝的张孝祥钦点为状元，而原本的第三名曹冠则提为第二名榜眼。

当然，宋高宗不忘给秦桧面子，原本作为状元人选的秦埙，被贬低两位，成了当年的科举第三名探花。

随后，面对秦桧有意无意的套问，宋高宗当面说，张孝祥殿试现场的策论、诗歌、书法，堪称诗书策三绝，你秦桧的孙子难以比拟。

悻悻不平的秦桧于是询问张孝祥，你诗歌学的哪一家，书法又学的哪一家？

状元张孝祥不卑不亢答道，诗歌学的杜甫，书法学的颜真卿。

有点意难平的秦桧只好苦笑说："天下好事，都让你占完了。"

1

绍兴二十四年（1154）的这位新科状元郎，可是个敢跟秦桧和宋高宗较劲儿的"刺头"。

在中国科举史上，北宋仁宗嘉祐二年（1057）的科举，号称千年科举第一榜，这一年考中进士的人包括苏轼苏辙兄弟，曾巩曾布兄弟，理学大家张载、程颢，以及后来王安石变法的核心干将吕惠卿、章惇等人。而南宋绍兴二十四年这一年的科举榜上，拥有张孝祥、范成大、杨万里、虞允文等千古词人将臣，也被誉为南宋科举第一榜。

早在第一眼看到张孝祥的书法时，慧眼识珠的宋高宗就说此人书法不凡，“必将名世”。对于张孝祥赋诗填词的精绝，当时人回忆说，张孝祥创作时从不打草稿，“笔酣兴健，顷刻即成，初若不经意，反复究观，未有一字无来处”。对于这位宋高宗评为“诗书策三绝”的状元，当时人无法不服。

但他真的是个“刺头”。宋代以文治国，举国上下对于状元郎迷之若狂，当科举放榜时，榜下捉婿，将那些未婚的新科进士揽为女婿，是宋代达官贵人最为倾心的选择。因此，当状元名字公布后，抢得先机的秦桧姻亲曹泳，立刻围住了张孝祥，急不可耐地表态要认张孝祥做女婿。攀上了曹泳，也就等于拜入了只手遮天的秦桧门下，荣华富贵似乎指日可待，但张孝祥“默然”不应，搞得曹泳好不尴尬。

实际上，这位拒绝秦桧一党招亲的状元郎，不仅不给秦桧一党面子，甚至连宋高宗的面子都不给。

当选新科状元不久，张孝祥就冒天下之大不韪上书宋高宗说：“岳飞忠勇天下共闻。一朝被人诽谤，旬日间即死亡。结果敌国庆幸，而将士解体，非国家之福也。”

对于这桩明显由宋高宗和秦桧亲自操纵的冤狱，这位新科状元不惜赌上一生的光明前程乃至身家性命，为岳飞申冤呐喊：“如今朝廷以为岳飞冤枉，天下以为岳飞冤枉，只有陛下不知道他冤枉。应当尽快恢复岳飞的爵位，优厚抚恤岳飞的家人，表彰他的忠义，播告中外，以使忠魂瞑目于九泉，公道昭然于天下。”

与宋高宗联手炮制岳飞冤狱的秦桧，对这位新科状元恨得咬牙切齿。很快，在秦桧党羽的运作下，张孝祥的父亲张祁被诬陷为杀嫂、谋反，打入大牢。紧接着，斗争矛头又转向新科状元张孝祥。

张孝祥还来不及展翅翱翔，前程仕途似乎就已经走到了尽头。

2

所幸，在张孝祥高中状元、旋即被诬陷迫害的第二年，绍兴二十五年（1155），一代奸贼秦桧一命呜呼了。

需要依赖秦桧又忌惮秦桧的宋高宗，终于在秦桧临死前决定翻脸。当时，秦桧病入膏肓，为了探清虚实，宋高宗假意上门探望病情。当看到秦桧已经无法开口说话，只是一直流眼泪时，宋高宗这才放下了心。

秦桧一直心心念念，想让养子秦熺接替自己的宰相位置。秦熺也以为相位非自己莫属，便猴急猴急地假意向宋高宗打听谁来接任宰相。没想到宋高宗却冷冷回了一句：“这不是你该参与的事！”说完，宋高宗拂袖离去。

紧接着，隐忍多年的宋高宗以迅雷不及掩耳之势发起进攻。第二天，他下令强迫秦桧、秦熺父子双双致仕退休，并一起罢免了秦桧的孙子秦埙、秦堪的官职。

苦心经营几十年，祖孙四人却同日被皇帝免职，听闻消息后，忧愤交加的秦桧当晚便一命呜呼。

在贬黜秦桧祖孙的同时，宋高宗接着将秦桧的党羽或免官、或罢职、或外放，并起用一些曾经被秦桧打击的人来协助统治，树立权威。

对于宋高宗而言，尽管他需要秦桧等投降派来协助自己巩固政权，但当秦桧已经尾大不掉，他自己甚至需要在靴筒里暗藏匕首防身时，这早已超出了他的把控。所以，当初杀岳飞、用秦桧是他自己私心所然，如今贬黜秦桧党羽也是巩固皇权所然。一切的一切，都只是为他宋高宗弄权才是核心。

在秦桧已死，逐渐掌控朝中局势后，宋高宗有一次才对自己的亲信杨存中说："秦桧已死，朕终于不用在靴子里藏刀了。"

在政治形势剧变的情况下，因父亲被诬陷而牵连免职的张孝祥，被恢复征召为中书舍人，为宋高宗起草文书。但是这种日子并没有持续太久，少年得意的张孝祥很快就为人所嫉妒去职。随后，他回到芜湖赋闲了两年半。

芜湖，并非张孝祥的真正故乡。

张孝祥的先祖本是历阳乌江人（今安徽和县乌江镇），1127年靖康之变后，张孝祥的父亲张祁带着全家南迁到了明州鄞县（今浙江宁波鄞州区）。就这样，宋高宗绍兴二年（1132），张孝祥出生在鄞县方广寺一所僧房中，并在那里生活到了十三岁。

到了绍兴十四年（1144），张祁带着儿子张孝祥等全家返乡，但他们没法回到故乡历阳，而是选择居住在长江以南的芜湖（今安徽芜湖）以躲避金人追杀。小官出身的张祁在颠沛流离中生活窘迫，后来，有人回忆张孝祥的出身，说他是"故宋中书舍人奋起荒凉寂寞之乡"。

对于靖康之变后不断南渡的当时人来说，渡江北归，是刻在灵魂里的呐喊，张孝祥也不例外。他不像陆游等达官子弟生活优渥，而是从小就跟随着父母颠沛流离。但他天赋异禀，据说"读书一过目不忘"，"幼敏悟，书再阅成诵，文章俊逸，顷刻千言，出人意表”。这位出身底层的南渡北人，在艰苦卓绝中“奋起荒凉寂寞之乡”，完全凭借着自己的聪明才智，一步步走到金銮殿上成为状元魁首。这不禁让当时人感慨非常，以致后来有人评价他是“天上张公子，少年观国光”。

他一直怀抱一颗北归的灵魂。刚刚高中状元，就不顾前程和性命安全，在宋高宗和秦桧面前为岳飞大声喊冤。

3

绍兴三十二年（1162）五月，作为主战派老将的张浚被起用为措置两淮事务兼两淮及沿江军马，全面负责江淮地区防务。

张孝祥主动求见张浚。识才爱才的张浚任命他为建康（南京）留守，将其安排在了北伐前线。在一次两人同处的宴会上，渴望北伐的张孝祥写下了《六州歌头·长淮望断》：

长淮望断，关塞莽然平。征尘暗，霜风劲，悄边声。黯销凝。追想当年事，殆天数，非人力；洙泗上，弦歌地，亦膻腥。隔水毡乡，落日牛羊下，区脱纵横。看名王宵猎，骑火一川明。笳鼓悲鸣，遣人惊。

念腰间箭，匣中剑，空埃蠹，竟何成！时易失，心徒壮，岁将零。渺神京。干羽方怀远，静烽燧，且休兵。冠盖使，纷驰骛，若为情！闻道中原遗老，常南望、翠葆霓旌。使行人到此，忠愤气填膺，有泪如倾。

慷慨激昂的张孝祥在宴席上当场朗诵词作，这或许使张浚联想起当初自己在川陕战场与吴玠兄弟一起力抗金兵的往事。而如今吴玠病死，岳飞蒙冤未伸，韩世忠被迫归隐老死，一众名将枯萎凋零，北伐大业却遥遥无望，张浚忍不住热泪盈眶，不得不起身提前离席。

“忠愤气填膺，有泪如倾”，这种呐喊，几乎是南宋所有有志之士的共同心声。

隆兴北伐初期，宋军进展顺利，相继攻取了海州、泗州、唐州、邓州、商州、秦州等六州之地。没想到由于宋军内部将帅不和，加上金军开始稳住阵脚，形势很快急转直下，宋军出兵一个月后，就被反扑的金兵所败。当时，刚刚平定金国内乱的金世宗完颜雍督军南下，迅速攻陷了长江以北、淮河以南的一半州县。无奈下，隆兴二年（1164）十二月，南宋最终与金国再次达成和议，史称“隆兴和议”。

隆兴北伐的迅速失败，使得南宋朝内的主和派再次抬头，张浚则被罢黜南下。在南下途中，六十八岁的他悲愤成疾，病逝于途中。临死前他遗嘱子孙说：“我曾任宰相，不能恢复中原、雪祖宗之耻，死后不配葬在祖宗墓侧。”

张浚被贬，意味着主战派的失势。力主抗战北伐的张孝祥先是被贬为建康知府，不久被罢官。然后，又被先后委任为静江知府、潭州知府、荆南知府、荆湖北路安抚使。这位少年得意、二十三岁就高中状元的才子在仕途宦路上颠沛流离。与之相映照的，正是南宋初年主战派失意、北伐无望的坎坷旅途。

张孝祥逝世三十多年后，与张孝祥曾经有过交游的陆游已是70

多岁的老人，他感慨回忆说，张孝祥为人豪爽耿直，那种聪慧豪迈的气质，远超同时代人，以致连陆游都为之折服。

张孝祥曾经担任抚州知府，当时他“年未三十”，却“莅事精确”。有一次乱兵哄抢兵库，他竟然一人一马前往平乱，以气势喝住乱兵。

担任平江（今苏州）知府时，他又平抑豪强，将为祸当地的豪强抓捕治罪，没收谷粟数万石。当第二年苏州地区遭遇饥荒时，他又将这些粮食全部用于赈灾救荒，并且两次上疏，请求朝廷“不催两浙积欠”以救苍生，使苏州百姓得以度过荒年。

在潭州知府任上时，他又关注农事，善待民众，离任时湖南百姓“哭送登舟，绘像于湘中驿”。

即使在担任荆湖北路安抚使的短短八个月期间，他还主持修筑了寸金堤，“自是荆州无水患，置万盈仓以储诸漕之运”。由此可见这位状元英豪并非只是书生意气，而是有真本领的实干型人才。

但东风不与周郎便，在南宋北伐无望的苦闷岁月中，这位上承苏轼、下启辛弃疾的豪放词人，在宦海沉浮的悲愤中，一点点耗干了自己的心力。宋孝宗乾道二年（1166），在隆兴北伐失败后再次被贬黜的张孝祥，刚好在中秋前夕泛舟经过洞庭湖，他一腔热血，写下了《念奴娇·过洞庭》：

洞庭青草，近中秋、更无一点风色。玉鉴琼田三万顷，着我扁舟一叶。素月分辉，明河共影，表里俱澄澈。悠然心会，妙处难与君说。

应念岭表经年，孤光自照，肝胆皆冰雪。短发萧骚襟袖冷，稳泛沧溟空阔。尽挹西江，细斟北斗，万象为宾客。扣舷独啸，不知今夕何夕。

尽管胸中气象万千，想要“尽挹西江，细斟北斗”，无奈“扣舷独啸，不知今夕何夕”。我们在词人的独啸中，看到的是伟大而又孤独的灵魂，在时代的搏动中有心难施、有力难使的一腔悲愤。

在出任荆湖北路安抚使时，张孝祥多次登临荆州城楼。想当初这里本是宋朝的荆湖内地，如今在战乱中变成了边防前线，词人无限感慨，写下了《浣溪沙·荆州约马举先登城楼观塞》：

霜日明霄水蘸空，鸣鞘声里绣旗红，澹烟衰草有无中。

万里中原烽火北，一尊浊酒戍楼东，酒阑挥泪向悲风。

昔日祥和的名城古州，如今变成狼烟警惕之地，但北望“万里中原烽火北”，却只能无奈“酒阑挥泪向悲风”。

任职荆州时，张孝祥年仅三十七岁，但北伐无望与宦海沉浮，让这位词人已有悲秋之感。转年（1169）三月，三十八岁的张孝祥决定辞官退隐，绝意仕途。

早在宋高宗绍兴三十二年（1162）春时，当时年仅三十一岁的张孝祥，就预感到了自己与时代共浮沉的艰难，当时从建康还宣城途经溧阳（今江苏溧阳）时，他写下了《西江月·问讯湖边春色》：

问讯湖边春色，重来又是三年。东风吹我过湖船，杨柳丝丝拂面。

世路如今已惯，此心到处悠然。寒光亭下水连天，飞起沙鸥一片。

尽管选择了归隐江湖，但他仍然关注前线。当曾经主持采石矶之战、力退金兵的虞允文途经芜湖时，与虞允文有同榜进士之谊的张孝祥非常高兴，邀请虞允文一起同饮芜湖舟中。没想到过后张孝祥却因为中暑，猝然暴逝。

没有人知道他生前与虞允文聊了什么，但从他北望中原、浊酒成楼的经历，人们可以猜测他即使到临终前，也仍然是一位热切关注国家命运和北伐前程的爱国词人。他三十九岁英年早逝，但人间词坛，却从不曾遗忘这位翘首北望的状元才子。

这何尝不是一个时代的失落，在与张孝祥永别两年后，宋孝宗乾道八年（1172），虞允文自请外放到四川整军备战、筹划北伐。临行前宋孝宗与虞允文相约，待兵马训练完成后，一起从东西两面出军北伐。临行前，宋孝宗殷殷叮嘱虞允文说：“如果西师（指四川宋军）出兵而朕还在犹豫，那就是朕辜负你；如果朕已经行动而你仍在犹豫，那就是你负了朕。”

此前，宋孝宗还对出任宰相的虞允文相约许诺说：“丙午（靖康）之耻，当与丞相共雪之！”

但虞允文没有等来这一天。宋孝宗淳熙元年（1174）六月，一直在四川整军备战的虞允文因为积劳成疾，不幸病逝。

怨恨虞允文不能趁早北伐的宋孝宗，则一直到虞允文死后三年（1177），在看到虞允文生前训练有素的大军后，才感慨万分地说，自己生前冤枉了虞允文。

但自从1164年的“隆兴和议”过后，宋金双方一直保持均势，谁也无法打破僵局。无论是宋孝宗，还是虞允文、张孝祥，出生在一个英雄无力的时代，这注定只能成为失落的悲剧。

置身一个孱弱的时代，那时，英雄皆不自由。

辛弃疾：酒、剑、白发

剑在匣中生锈，人在江湖放逐。

1

南方的冬天，无比湿冷。

两个年近半百的准老年人，内心却都烧着一团火。

温酒，举杯，对饮。

大醉之时，天已黑。朦胧中盯着案上尘封的宝剑，两人聊起往事，军营中大口吃肉、大口喝酒，号角响起，沙场点兵。

如此激扬慷慨的场景，整个国家已经多年未见到了。

醉了，战马飞奔，弓箭离弦，一场恶战，打响了。

你一句，我一句。说到激动处，连拍大腿叫绝。

冷风吹醒醉酒人。彼此头上白发清晰可见，才知道，一切不过是酒精在起作用。

这一幕，发生在南宋淳熙十五年（1188）的冬天。

四十九岁的辛弃疾，和四十六岁的陈亮（字同甫），时隔十年后再见面。两个国家的边缘人，聚在一起，却都在操心国家怎么收复中原失地。

此前一年，南宋投降派总代表、太上皇赵构死了。

一直痛骂投降派、主张对金国强硬的布衣狂儒陈亮，认为抗金事业将迎来好时机。于是早早就张罗着去面见赋闲在江西上饶乡下的另一名主战派代表人物——辛弃疾。

到辛弃疾居住的地方，要经过一条河。

据说，因为水太冷，陈亮骑的马不敢过河，他催了三次，马儿仍不下水。陈亮直接跳下马，拔刀，手起刀落，把马头砍了下来。

辛弃疾正在楼上等待陈亮，远远望见这一幕。这位曾经出入金兵大营如入无人之地的硬汉，竟然也被陈亮的豪气镇住了，直呼："此乃大丈夫也！"

陈亮和辛弃疾本来还邀请了朱熹。但朱熹此时对北伐抗金，态度已经相当消极，说他一个年近六十的闲汉，只想留在山里咬菜根。

放眼整个国家，主战派就没几人。

辛弃疾和陈亮，愈加惺惺相惜。

两人同吃同睡，同游鹅湖，一起探讨抗金大业。借着酒兴，时而热血澎湃，时而清醒并痛苦着。

陈亮一共住了十天，然后分别，骑马离去。

陈亮离去后，辛弃疾怅然若失。实在舍不得，自己又策马去追赶陈亮。因为天寒地冻，最终没追上，心中留下了无尽的遗憾。

回去后，两人唱和往来，把友情和激情，都写到了词里。

醉里挑灯看剑，梦回吹角连营。八百里分麾下炙，五十弦翻塞外声，沙场秋点兵。

马作的卢飞快，弓如霹雳弦惊。了却君王天下事，赢得生前身后名。可怜白发生。

——辛弃疾《破阵子·为陈同甫赋壮词以寄之》

现实太残酷，一句“可怜白发生”，让功名事业都成了迫不及待的想象。

英雄老矣。

2

英雄老矣，辛弃疾一生最辉煌的事迹，在二十三岁时已经完成了。

不是因为成名早，此生，他就可以躺在功劳簿上炫耀。而是因为，余生，他始终得不到走上抗金前线的机会。

惆怅，郁闷，锥心之痛。他只能一次次回想年轻时候的壮举。

辛弃疾出生那年，1140年，宋金激战正酣。但南宋名将岳飞接连收到朝廷班师回朝的诏令，只能忍痛放弃北伐收复的河南诸地，一路南撤。

辛弃疾生在金人占领的山东，但自幼时起，祖父辛赞就一直跟他强调：故乡现在是沦陷区，南宋才是我们的祖国。

靖康之变发生时，辛赞因为家累未能脱身南奔，被迫接受金朝的伪职，为此心中常常自责，始终在寻求机会为故国出力。因此他把毕生夙愿，都寄托在孙子身上。

辛弃疾两岁时，岳飞被冤杀。没有人会想到，他日后极有可能成为岳飞式的战场英雄，可惜最终被政治蹉跎了岁月。

辛弃疾从小文武兼习，不仅诵读经典，还熟读兵书。他的成长环境和训练，决定了他长大后不是传统意义上的文人，而是健硕有力、目光犀利的壮士。

据辛弃疾后来回忆，在金国，汉人就是二等公民："民有不平，讼之于官，则胡人胜，而华民则饮气以茹屈；田畴相邻，胡人则强而夺之；孳畜相杂，胡人则盗而有之。"

想要公平？没有。横征暴敛，倒是年年有，天天有。

抗金起义，风起云涌。

二十二岁时，辛弃疾已经在山东拉起了一支两千人的抗金队伍。随后，率众投奔济南义军规模最大的领袖耿京。耿京对辛弃疾很是青睐，直接任命为掌书记。

当时，一个叫义端的僧人，也拉起了千余人的队伍抗金。辛弃疾力劝义端投靠了耿京。

没想到，义端是个投机分子，没多久就窃取了辛弃疾掌管的军印潜逃。

根据《宋史》记载，耿京知道后，大怒，威胁要杀辛弃疾。辛弃疾却不慌，当场立下军令状，说给我三天时间，抓不到义端，再来受死不迟。

辛弃疾断定义端是想叛逃到金兵军营，以机密和军印邀赏。于是一路顺着金营方向紧追，果然追上了义端。

义端十分诧异，只得求饶说，我知道你前世是青兕（犀牛），力大能杀人，希望你别杀我。辛弃疾二话不说，手起刀落，斩下义端的首级，拿回了军印。

随着金世宗上位，对义军采取“在山者为盗贼，下山者为良民”的攻心瓦解策略，各地抗金义军人心涣散，纷纷解甲归田。

辛弃疾随即向耿京献策，与其坐以待毙，不如率部投奔南宋。耿京欣然接受，遂委派辛弃疾等十一人作为代表，到南宋与朝廷接洽。

辛弃疾等人到了建康（今南京），受到宋高宗赵构的接见，并接受了朝廷的任命。当他们往回赶路，想把好消息带给耿京时，半路却传来了噩耗：他们的主帅耿京，被裨将张安国杀害了！张安国害主求荣，投降了金人。

二十三岁的辛弃疾惊闻事变，迅速制定应对措施。史载，他与众人说，我受主帅耿京之托归附南宋朝廷，谁知发生事变，这下如何复命？于是，约统制王世隆及忠义人马全福等“径趋金营”，去捉拿张安国。

如今，辛弃疾的成名壮举，仅剩下零星的历史记载，我们很难还原当时的具体部署。仅知道，辛弃疾以五十人的规模，潜入有五万之众的金兵大营。当时张安国正与金兵将领畅饮，辛弃突然出现在酒席前，将张安国绑起来，像拎着一只兔子，拎上马背，然后飞奔出营。同行的骑兵，在外接应，一同绝尘而去。

辛弃疾束马衔枚，昼夜不停，直到渡过淮河，把张安国送至建康，交给南宋朝廷正法。

这次有胆有谋的壮举，让二十三岁的辛弃疾一夜天下知。

3

英雄的命运，总是被历史的进程裹挟。

岳飞死于宋金和议，辛弃疾同样埋没于宋金和议。

平心而论，辛弃疾南归之时，是受到朝廷重视的。

宋孝宗刚继位，血气方刚，起用老将张浚发动北伐，志在收复中原。

作为一介毫无功名的“归正人”，辛弃疾因为生擒张安国的爆炸性新闻，获得了宋孝宗的亲自接见。皇帝听他纵论南北形势。

但是召见之后，宋高宗给了他一个司农寺主簿的职位，主管粮食。这跟辛弃疾意欲带兵抗金的期待，相去甚远。

史书给出的理由是，辛弃疾“持论劲直，不为迎合”。大概是说话太直，不善迎合上意，宋孝宗觉得没意思吧。

此时，张浚北伐失利，朝廷中“北伐误国”论盛行。宋孝宗彻底被裹挟了，不仅下了《罪己诏》，罢黜张浚，还起用妥协派，遣使与金朝议和。这就是历史上著名的“隆兴和议”。

“隆兴和议”，维系了宋金两国四十年的和平，换来了南宋高度的物质与文化繁荣。但这背后，是辛弃疾、陆游、陈亮等主战人士热血煮沸，又渐渐变冷，苦苦煎熬，处处颠簸的四十年。

有理想的人是痛苦的。理想与现实格格不入的人，苦上加苦。理想与现实格格不入，而又不改初衷的人，或许只有辛弃疾明白个中滋味了。

在宋孝宗召见之后不久的元宵夜，郁闷的辛弃疾写下了一阕词：

东风夜放花千树。更吹落，星如雨。宝马雕车香满路。凤箫声动，玉壶光转，一夜鱼龙舞。

蛾儿雪柳黄金缕，笑语盈盈暗香去。众里寻他千百度。蓦然回首，那人却在，灯火阑珊处。

——辛弃疾《青玉案·元夕》

这么热闹、美好的场景，佳人独自躲在灯火阑珊的地方。美人不见知，如同英雄无用武之地。

老实说，只有在深入了解辛弃疾的人生经历之后，才能读懂这阕词：一片明丽的色彩背后，藏着一个怎样孤独的灵魂！

在辛弃疾的大好年华里，整个南宋，主和是主流，主战是非主流。难怪他只能在词里感慨，“知我者，二三子”，难怪他要骑马去追陈亮，实在是知音太少啊。

最难得的是，辛弃疾不是一般的口头家，他实实在在是公认的帅才，行动家。

同时代人，要么说他“青史英豪可雄跨”（陆游语），要么说他是“卓荦奇才”（朱熹语），连皇帝都说他是“文武备足之材”。

在后辈刘宰心中，辛弃疾更是“卷怀盖世之气，如圯下子房；剂量济时之策，若隆中诸葛”。意思是，辛弃疾之才，堪比张良和诸葛亮。

友人洪迈也曾无比惋惜地感慨，如果有机会，辛弃疾完全可以成就三国周瑜、东晋谢安那样的勋业。

可惜，一代英雄，终其一生，等不到被重用的机会。

辛弃疾曾越级向皇帝上呈《美芹十论》，数年后，又向宰相虞允文上呈《九议》。在这两篇雄才大略的主战政论中，他提出了许多远见卓识的战略，以及具体可行的战术。

比如，他主张南宋应虚张声势，大力宣扬重夺关中、洛阳和汴京的重要性，诱导金人重兵防守，实际上则将主攻方向定在兵力薄弱的山东。这些建议，让人眼前一亮，说明辛弃疾是深谙谋略的军事家。

但他的奏议，石沉大海。

和平是那个时代的主旋律，主战就是破坏社会安定。辛弃疾纵有大才，也只是被派去镇压内乱，几回小试牛刀，仅此而已。

作为“北归人”，他在南宋生活了四十多年。期间，有二十余年的为官经历，都在各地方之间频繁流转，调动达三十多次；另外的近二十年时间，则被闲置，在江西上饶铅山乡下赋闲隐居。

国家有难时，任用几天，朝廷有谤言，随即弃置。这就是辛弃疾的人生常态。

岳飞是悲剧英雄，相比之下，辛弃疾更悲剧。岳飞好歹曾经叱咤战场，满腔热血，化作金戈铁马；而辛弃疾空有一身命世大才，却生不逢时，只能铁马金戈入梦来。

时代，注定了辛弃疾只能是悲剧英雄中的悲剧。

4

曾经，入敌军大营如入无人之境；如今，在和平的大后方却处处碰壁。

英雄末路，孤独悲凉。

历史上有一些英雄，在无奈的现实处境中，日渐消磨了斗志，颓废感伤。他们心中有火焰，却慢慢熄灭了。

辛弃疾是一个顽强的异类。无论处境如何不堪，他都能以坚定的意志力，抵制负面情绪的侵蚀。

有人说，南归后的辛弃疾虽未能重上战场，但他依然在战斗，只不过那是一场内心之战，是意志与情绪的交战。

无法报国杀敌，仍显英雄本色。

我们现在更多的是从文学的角度认识辛弃疾，他留下的经典词作数不胜数，是宋词豪放派的一代宗师，与苏轼平分秋色。

但苏轼写豪放词，倾注的是意境，而辛弃疾倾注的是心境。苏轼写英雄，是在写历史，辛弃疾写英雄，是在写现实，写人生。

英雄狂放时，他写：

叹少年胸襟，忒煞英雄。把黄英红萼，甚物堪同。除非腰佩黄金印，座中拥、红粉娇容。此时方称情怀，尽拼一饮千钟。

——辛弃疾《金菊对芙蓉·远水生光》

英雄失意了，他写：

把吴钩看了，栏杆拍遍，无人会、登临意……倩何人唤取，红巾翠袖，揾英雄泪！

——辛弃疾《水龙吟·登建康赏心亭》

英雄老了，他写：

倦客新丰，貂裘敝、征尘满目。弹短铗、青蛇三尺，浩歌谁续。不念英雄江左老，用之可以尊中国。

——辛弃疾《满江红·倦客新丰》

正如辛弃疾的门生范开所言：“公（指辛弃疾）一世之豪，以气节自负，以功业自许。方将敛藏其用以事清旷，果何意于歌词哉？直陶写之具耳。”

意思是，杀敌才应该是辛弃疾的主业，写词只是他的副业，是英雄感怆时消解忧愁的工具。

学者葛晓音有段话评价辛弃疾的词作，说得很好：

辛弃疾个人的英雄气质、战斗精神渗透到了词的创作中。他传奇般的人生经历丰富了词的题材，并直接反映到词的创作里，故辛词充满了金石之音、阳刚之气，而这也正是辛词被称为“英雄之词”的重要原因。

明明是国之大侠，偏偏成了“词中之龙”。

唉，怎么说呢？这是中国文学史的大幸，却是辛弃疾个人的大不幸。

辛弃疾的“英雄之词”写得豪情万丈。

送别张坚去做知府，他写道：

汉中开汉业，问此地、是耶非？想剑指三秦，君王得意，一战东归。追亡事、今不见；但山川满目泪沾衣。落日胡尘未断，西风塞马空肥。

——辛弃疾《木兰花慢·席上送张仲固帅兴元》

送别堂弟，他写道：

将军百战身名裂，向河梁、回头万里，故人长绝。易水萧萧西风冷，满座衣冠似雪。正壮士、悲歌未彻。啼鸟还知如许恨，料不啼清泪长啼血。谁共我，醉明月。

——辛弃疾《贺新郎·别茂嘉十二弟》

送别陈亮，他写道：

神州毕竟，几番离合？汗血盐车无人顾，千里空收骏骨。正目断关河路绝。我最怜君中宵舞，道“男儿到死心如铁”。看试手，补天裂。

——辛弃疾《贺新郎·同父见和再用韵答之》

辛弃疾很推崇陶渊明，但他对陶渊明的理解，相当独特。

他说：“看渊明，风流酷似，卧龙诸葛。”在他眼里，隐居乡间的陶渊明跟建功立业的诸葛亮，是一样的风流人物，只是人生境遇不同罢了。

这怎么看都是常年赋闲乡下的辛弃疾的自况。借他人境遇，浇心中块垒。

从1181年冬天，他四十二岁时遭到弹劾罢官起，直到去世的二十多年时间里，除了偶有两三年被起用为福建、浙东等地的安抚使之外，其余时间，他基本都在江西上饶带湖边的家中栖居。

他把这个后半生的家，命名为“稼轩”。

你拿起他的词集，翻看这一时期的作品，扑面而来都是这样的意境：愁、酒、剑、白发……

他的词浓缩了他的悲痛、愤懑与愁苦，像这些词句："欲上高楼去避愁，愁还随我上高楼。""而今识尽愁滋味，欲说还休。欲说还休，却道天凉好个秋。"

他嗜酒，几乎无日不饮酒。醉酒成为他的日常，寄寓他的心绪："身世酒杯中，万事皆空。古来三五个英雄。雨打风吹何处是，汉殿秦宫。""总把平生入醉乡，大都三万六千场。今古悠悠多少事，莫思量。"

醉里，他可以望见那个曾经书剑合璧、文武双全的年轻人，似乎并未远去，借此保持内心的热血与激情。所以他的词里有剑胆琴心："举头西北浮云，倚天万里须长剑。""唤起一天明月，照我满怀冰雪，浩荡百川流。鲸饮未吞海，剑气已横秋。"

只有在酒精消退后，偶然瞥见镜中人的白发，才恍然惊觉，英雄已老。像他自己所写的词句："镜中已觉星星误，人不负春春自负。梦回人远许多愁，只在梨花风雨处。""说剑论诗余事，醉舞狂歌欲倒，老子颇堪哀。白发宁有种，一一醒时栽。"

看到没，辛弃疾的诗词意境，每一句，都对应着一个老英雄没有出路的人生：现实（愁）——致幻剂（酒）——往事/梦境（剑）——现实（白发）。

唯一的安慰是，辛弃疾有很强的幽默感，不然早就被政治的苦水淹没了。这也是他内心强大的表现。

昨夜松边醉倒，问松"我醉何如"。只疑松动要来扶。以手推松曰："去！"

——辛弃疾《西江月·遣兴》

杯汝来前！老子今朝，点检形骸。甚长年抱渴，咽如焦釜；于今喜睡，气似奔雷。汝说"刘伶，古今达者，醉后何妨死便埋"。浑如此，叹汝于知己，真少恩哉！

——辛弃疾《沁园春·将止酒、戒酒杯使勿近》

白发空垂三千丈，一笑人间万事。问何物、能令公喜？我见青山多妩媚，料青山见我应如是……不恨古人吾不见，恨古人、不见吾狂耳。知我者，二三子。

——辛弃疾《贺新郎·甚矣吾衰矣》

5

时代呼唤英雄，英雄早已老去。

南归整整四十年后，辛弃疾终于等到了上前线的机会。此时，南宋的实权派人物韩侂胄，大量起用主战派人士，试图发起对金国的北伐。这是1203年，韩侂胄征召六十四岁的辛弃疾出山，出任浙东安抚使。

辛弃疾并未因年老而推辞，而是慨然赴任，愿以英雄暮年报效家国。

尽管年纪大了，尽管蛰伏半生，但辛弃疾仍是整个国家最清醒、最冷静的主战派。

他未被周遭叫嚣北伐的氛围冲昏头脑，而是上疏建言，北伐应进行精密的筹备，从士兵的训练、粮草的供应，到军官的选拔，都要力求完善，不能草率，否则将功亏一篑。

开禧元年（1205），六十六岁的辛弃疾出任镇江知府，戍守江防要塞京口。在抗金前线，他积极备战，定制军服，招募壮丁，训练士兵，一刻都不敢懈怠。

期间，他登上北固亭，写下著名的《永遇乐·京口北固亭怀古》：

千古江山，英雄无觅，孙仲谋处。舞榭歌台，风流总被，雨打风吹去。斜阳草树，寻常巷陌，人道寄奴曾住。想当年，金戈铁马，气吞万里如虎。

元嘉草草，封狼居胥，赢得仓皇北顾。四十三年，望中犹记，烽火扬州路。可堪回首，佛狸祠下，一片神鸦社鼓。凭谁问：廉颇老矣，尚能饭否？

这阕词中，辛弃疾流露出深深的纠结：一方面，他以廉颇自喻，说自己虽老矣，仍有建功立业的雄心壮志；但另一方面，他提醒韩侂胄，千万不要像以往的北伐一样，草率出兵，以致遭遇重创。

任何年代都不缺邀功自赏的人，缺的是清醒自守之人。在主战派当权的岁月里，辛弃疾仍然遭到了弹劾。

开禧北伐如期进行，辛弃疾却已辞官在家。

战争的结果不幸被辛弃疾预见，南宋因为军事准备严重不足，先胜后败。

韩侂胄想再把辛弃疾请出来，作为抗金的一面旗帜。这次授予辛弃疾的职务是枢密院都承旨，一个相当重要的军事职位。

当皇帝的任命诏书到达江西乡下时，辛弃疾已经病重。

他没有赴任。

他知道，自己只是一个符号。

开禧三年（1207），六十八岁的辛弃疾病逝。临终之际，他还在大喊“杀贼”！

同年，权相韩侂胄在朝中遭暗害而死，开禧北伐彻底失败。

可怜辛弃疾，一代英雄至死，他的故乡，仍在金人统治下，仍是沦陷区。收复中原，魂牵梦萦，无期更无望。

他越是不曾认命，生命的悲剧色彩就越浓烈。

凡人无力，我们能抱以同情；但英雄无力，我们又当如何看待呢？

一个最需要英雄的时代，偏偏也是扼杀英雄最残酷的时代。

怅望千秋一洒泪，萧条异代不同时。

唯有深深一叹，为所有灵魂焦灼的人！

范成大：一个国民级英雄的归隐之路

老病缠身的范成大，终于抵挡不住岁月的无情打击。

绍熙三年（1192），他的幼女出嫁前不幸亡故，这让他十分心痛。老友周必大写信劝慰他说，世间幻化，哭过恸过之后，自应一笔勾断。

但范成大还没从丧女的悲哀中调整过来，第二年，他的夫人也去世了。这次对他是致命一击。同年九月五日，六十八岁的范成大亦与世长辞。

多情之人，终归为情所累。

在生命的最后时刻，许多人以为这只是一个长情文弱的老头儿，却不知他曾是一名震慑敌国的干将，一个精炼能干的官员。

范成大去世两年后，周必大为他写神道碑，还原了他更为多面的人生：做人极其厚道，喜道人所长，不欲闻人过；做官仁民爱物，“凡可兴利除害，不顾难易必为之”；写文章，瞻丽清逸，自成一家；写诗词，大篇短章，传播四方；写书法，自皇帝至庶人，人人争相收藏……

这样一个几乎没有瑕疵的全才，在时代的洪流中，虽曾官至参知政事（副宰相），但周必大还是替他惋惜不已："虽大用而未尽，识者惜焉。"

1

范成大成为全国"顶流"，是在他四十五岁这一年。

这一年，乾道六年（1170），曾创下抗金彪炳战绩的国民级英雄虞允文向宋孝宗建议：派遣使者到金国去办两件关乎宋朝面子的大事，一是请金国归还宋朝皇陵所在的巩、洛之地，二是要求金国更改受书礼仪。

宋孝宗一听，爽快地准了。自隆兴二年（1164）北伐失败与金国签订和约后，这个很想雄起的皇帝，就觉得活得十分憋屈。宋朝祖陵竟然落在"沦陷区"，已经让以孝治国的国策显得可笑。更为现实的郁闷是，每次金国使者来递交国书，南宋皇帝必须"降榻受书"——离开龙椅，亲自接收。宋孝宗早就想改变这项耻辱的礼仪。

问题是，对于当时强势的金国来说，这两件关乎自家面子的大事，也关乎他们的面子。所以出使金国提交"非分"的要求，本身就是一项危险的差事，派谁去呢？谁愿意去呢？

虞允文推荐了两个人选，一个是李焘，一个是范成大。

史载，退朝后，虞允文将此事告诉李焘，李焘听说后吓得脸都白了："今往，金必不从，不从必以死争之，是丞相杀焘也。"李焘强烈要求改派别人去担任这项要命的差事，他还要留着小命写他的《续资治通鉴长编》呢。

任务只有落到了范成大身上。

没想到范成大毫不推脱，一口答应下来。出发前，宋孝宗专门问范成大，听说大家都很怕出使金国，难道你不怕？范成大回答："臣已立后，为不还计。"我已经交代了后事，原本就没打算活着回来。

宋孝宗赶紧宽慰说："朕不发兵败盟，何至害卿！啮雪餐毡或有之。"我们又不是撕毁和约，金人不至于害你，不过像苏武一样风餐露宿、吞毡饮雪倒是有可能……

话虽这么说，但范成大内心还是有些忐忑的。因为，宋孝宗交给范成大的国书里面，只提了请金国归还宋朝皇陵一事，丝毫没提更改受书礼仪之事。范成大觉得不妥，请求宋孝宗补上。但宋孝宗"弗许"——也许是怕激怒金人，所以不肯在国书里写上这个诉求，只要求范成大到时便宜行事。说白了，就是要范成大不按外交礼节出牌。

自古弱国无外交，范成大此去凶多吉少。

到达金国，范成大先是递交了请求归还宋朝皇帝陵寝的国书，"词气慷慨"。就在金世宗及其臣子们侧耳倾听之时，范成大却突然说，两朝的受书礼仪有问题，需要更改，我这里有一份私人写的奏疏。说完从衣袖中掏出奏疏，要呈交金世宗。

这种唐突的做法并不符合外交礼仪，金世宗闻言大怒："这里岂是你个人献奏疏的地方？"两边的金国大臣也很愤怒，纷纷用笏板击打范成大，但范成大"屹不动，必欲书达"。僵持了许久，金国太子甚至要拔剑杀了他。

回到金人接待宋朝使节的旅馆，第二天，范成大听到守门的小吏在议论，金国要扣留他。范成大知道自己处境危险，遂写下一首诗表明心志：

> 万里孤臣致命秋，此身何止一沤浮。
> 提携汉节同生死，休问羝羊解乳不。
>
> ——范成大《会同馆》

诗中提到，他要以汉朝的外交家苏武为榜样。当年，苏武奉命出使匈奴，被匈奴扣留，坚不投降。放逐北海牧羊，吞毡饮雪。匈奴人扬言：待公羊产乳，才会放了他。但苏武手持汉节，历尽艰辛十八年，终不屈志。而范成大此次也做好了必死的准备，生命无非是一个小小的气泡，很轻很轻，无论生死我都要像苏武一样不辱使命，管它公羊产不产乳。

范成大的气节在金国朝野引起了很大震动。金世宗认为此种不惧死的忠臣在哪儿都应该受到尊重，关键是可以借此激励本国的臣子，所以最后还是放了范成大。史载，范成大“竟得全节而归”——出乎意料捡回了一条命回到南宋。

尽管此次出使未能达成南宋的两项要求，金国只同意南宋方面奉迁陵寝，并归还宋钦宗梓宫，但范成大的平安归来，象征意义远大于实际外交成果。当时的南宋朝堂，大多为主和派，他们“畏金如虎”，生怕有任何言辞触怒金国，引起两国交战，故对一切不合理的条约忍气吞声，不敢去争取。而范成大作为主战派的一员，以实际行动证明：想要别人尊重你，必须先尊重自己。越是不争不抢，人家越看不起你。

因此，范成大归来，像是给南宋打了一剂强心针，提振了国家信心。他本人也受到了英雄般的欢迎，达到个人一生的人气巅峰。

2

但实际上，范成大本人从未想过做英雄，当硬汉，他的成名不过是历史时势推着他往前走。他真实的一面，是一个有点颓丧的禅佛爱好者，一个喜欢田园生活的半归隐者。

回望他的少年时代，小小年纪已经经历大起大落。

范成大生在北宋靖康元年（1126），是平江府吴县（今苏州）人。在他出生这一年前后，涌现了一批“靖康宝宝”，这些孩子后来走出了许多人才。比如早他一年出生的陆游，晚他一年出生的杨万里和尤袤，这四人后来合称“中兴四大诗人”，又称“南宋四大家”。而跟他同年出生的周必大，后来做到了宰相，以宰相之尊主盟文坛，与范成大交情深厚，死后得谥号“文忠”。

范成大两岁时，北宋亡国，但这并未对江南一个富庶之家的婴儿造成多大的影响。他的家世确实很显赫，与北宋名臣范仲淹同宗，虽然疏远而不通谱。他的祖父范师尹，赠太子少傅。父亲范雩，是宋徽宗宣和六年（1124）进士，官至秘书郎。而母亲蔡氏，是北宋书法四大家之一蔡襄的孙女，北宋名相文彦博的外孙女。

在如此优越的家庭里，范成大慢慢成长为疏财仗义、追求快意生活的官家子弟。但在他十七八岁时，随着母亲和父亲相继病逝，一切应得的日子瞬间按下了暂停键。他孤身带着两个妹妹，从南宋都城临安（今杭州），返回了故乡吴县。以家中仅剩的财力帮助两个妹妹出嫁后，他自己躲到昆山县的荐严寺读书，一读就是十年。

好友周必大后来回顾范成大这段经历，说他“茕然哀慕，十年不出……无科举意”。

也许是父母双亡让他深陷哀痛与孤独之中，他将自己此时的孑然穷困一身，认为是上天对他年少时放纵生活的惩罚，所以他隐隐有看破俗世之意，心甘情愿长年在寺庙中与僧人为伍，大好年纪也不出来参加科举入仕。范成大本人清楚地意识到自己心态的巨大变化，他曾写诗说：“少年豪壮今如此，略与残僧气味同。”

后来，是父亲生前好友王葆的出现，改变了范成大的人生轨迹。

王葆是昆山人，与范雩是同年进士，累官左朝请大夫，以善于识人著称。看到范成大生活态度消极，便勉励说：“子之先君，期尔禄仕，志可违乎？”你逝去的父亲一直希望你考科举当官，你难道想违背他的遗愿吗？范成大这才下决心“出山”考科举。有意思的是，王葆还是周必大的岳父，对周必大颇多鼓励和提携。正是因为王葆的关系，周必大与范成大结成了毕生的友谊。

绍兴二十四年（1154），二十九岁的范成大考中进士。

这一年，殿试的状元是张孝祥，与范成大同科进士的还有虞允文、杨万里等人，可谓是南宋最棒的一届科举。而同样参加这一年科举的陆游因为得罪秦桧，遭黜落，未能上榜。

3

成功的喜悦总是短暂的，接下来就是平淡无奇的日子，对于范成大而言，未来的使命也就是做官一途了。

一入官场，范成大把他遁世隐居的性格收敛起来，而把精明强干、兴利除弊的作风凸显出来。他做过很多官职，在地方上则为民谋利，在朝廷则勇于进谏。

因为为官言论犀利，他曾遭罢职；也因为为官颇有口碑，他又多次被重新起用。仕途起落浮沉，但他内心极少波澜。他本来就是凭借士大夫的责任感勉力入世参政，希望为国为民做些有益之事而已。就其本心来说，他仍然向往当年在荐严寺的半隐居生活，那才是他觉得最舒适的人生状态。

从乾道三年（1167）起，范成大开始在老家苏州城的石湖之滨，营造石湖别墅。哪一天仕途受挫或者厌倦了，他随时可以进入隐居状态。

一个人一旦对权力没有欲望，他在权力场中就会变得特别强大。不怕事，也敢做事。

范成大进入官场的第一个职位，是徽州司户参军。他在任上最著名的事，是写了一首《催租行》，揭露催租吏向农民敲诈勒索的丑恶嘴脸，让朝廷上的衮衮诸公开始反思基层官场的病态。

输租得钞官更催，踉跄里正敲门来。
手持文书杂嗔喜：“我亦来营醉归尔！”
床头悭囊大如拳，扑破正有三百钱：
“不堪与君成一醉，聊复偿君草鞋费。”

——范成大《催租行》

后来，他又写了一首同样犀利而催人泪下的《后催租行》，客观叙写一名老农全家的遭遇，从而反映农民在官府苛重租税下的苦难日常。

老父田荒秋雨里，旧时高岸今江水。
佣耕犹自抱长饥，的知无力输租米。
自从乡官新上来，黄纸放尽白纸催。
卖衣得钱都纳却，病骨虽寒聊免缚。
去年衣尽到家口，大女临歧两分首。
今年次女已行媒，亦复驱将换升斗。
室中更有第三女，明年不怕催租苦。

——范成大《后催租行》

全诗质朴，却又字字泣血，尤其是最后两行，已经卖掉两个女儿抵租税的老农自叙，明年不怕催租的上门了，因为，家中还有第三个女儿可以充抵！

这种现实主义的、对底层人民的关注，贯穿着范成大的大半生。伟大的作品，要和时代、人民的悲欢相通。正如钱锺书所说，范成大“不论是做官或退隐时的诗，都一贯表现出对老百姓痛苦的体会，对官吏横暴的愤慨”。

但范成大不仅仅停留在为底层呼号，而是有能力便想去改变这些不合理的现状。

在处州（今浙江丽水）知州任上，他用三个月修复通济堰，让当地百姓世世代代“蒙其利”。了解到当地贫民生活艰难，常常生完孩子就遗弃，他于心不忍，专门筹了一笔钱来收养弃儿。为了从根本上解决丁钱负担太重、贫民被迫遗弃婴儿的问题，他为民请命，上疏请求减收浙东丁钱。

他还首创“义役”，即以一乡或一保为单位，应服役的家庭按贫富“输金买田”，建立公用互助的义田，田地产出可抵各家服役费用。这类似于北宋王安石变法时期的免役法加上公益互助的结合体，结果让范成大办成了，当地民众从此免于差役之苦，也免于遭受胥吏的催逼而破产。

范成大在处州仅干了八九个月，就被调到朝廷当礼部员外郎。当地人不舍得他走，十里相送。

回到朝廷仅一年后，乾道六年（1170），范成大受命出使金国，由此从一名地方实干官员，变成了外交英雄。

4

由于出使金国有功，范成大后升任中书舍人。可没多久，他就遭到外调。

事情起因是，宋孝宗欲任用外戚张说为签书枢密院事，一时舆论哗然，但没人敢直言劝阻。这时，孝宗命范成大起草任命文件。范成大拒不起草，又上疏劝谏，最终阻止了任命，而他本人却被孝宗弄到偏远的静江府（今广西桂林）当知府去了。

范成大并不沮丧，也不抱怨。他从家乡出发，一路南行到桂林赴任。途经临江军（今江西樟树）时，他见到了几株古梅，十分喜爱，从此与梅花结下不解之缘。

梅花的迎霜怒放与孤傲独立，历来被认为是士大夫勇气和归隐者高洁的双重象征。这恰好十分契合范成大的心境，所以一见钟情。晚年归隐后，范成大最大的乐趣之一是搜求各种梅花品种，广泛种植。他在石湖别墅种了数百株，还嫌不过瘾，又专门开辟了一个地方，取名“范村”，“以其地三分之一种梅”。赏梅，写诗作词，编写《梅谱》，他因此成为历史上有名的“梅痴”。

晚晴风歇，一夜春威折。脉脉花疏天淡，云来去、数枝雪。

胜绝，愁亦绝。此情谁共说。惟有两行低雁，知人倚、画楼月。

——范成大《霜天晓角·梅》

他不仅自己咏梅，还请别人咏梅。

在范成大病逝前两年，晚辈鬼才姜夔到石湖探访他，恰好赶上大雪，梅花盛开。范成大硬是留姜夔住了一个月，让他作词谱曲。姜夔完成两阕词后，范成大赏玩不已，亲自命名为《暗香》《疏影》，并让家伎习唱。据说，姜夔离开时，范成大还将两名家伎送给了他。

旧时月色，算几番照我，梅边吹笛？唤起玉人，不管清寒与攀摘。何逊而今渐老，都忘却、春风词笔。但怪得、竹外疏花，香冷入瑶席。

江国，正寂寂。叹寄与路遥，夜雪初积。翠尊易泣，红萼无言耿相忆。长记曾携手处，千树压、西湖寒碧。又片片吹尽也，几时见得。

——姜夔《暗香》

第二年，范成大进入生命的最后一年，他似乎又悟到，痴迷梅花本身亦是眷恋外物的一种表现，人之欲望还是消解得不够彻底。在经过数夜大风，枝头梅花被打落殆尽之后，他悟到了这一点：

花开长恐赏花迟，花落何曾报我知。
人自多情春不管，强颜犹作送春诗。
——范成大《连夕大风凌寒梅已零落殆尽三绝·其三》

人生就是一个漫长的修炼过程，拥有大智慧如范成大者，也无法抄捷径，直抵终点。他总要在一站又一站的旅程中，与心灵对话，与外物相适，才逐步进入常人无法企及的境界。

淳熙二年（1175），五十岁的范成大出任四川制置使、知成都府。跟之前在其他地方任职一样，范成大在四川依旧颇有作为，政声极佳。练将士、修堡寨、蠲租赋、荐人才，他的为政举措越发老练。但对范成大本人而言，此时他内心的归隐情绪逐渐变得浓烈。出世与入世两种人格在进行激烈的交战，两年后，他就称病上疏辞职。

在四川期间，范成大最大的收获，或许是与陆游成为莫逆之交。陆游当时经过范成大的举荐，成为他的下属。后来，朝廷上主和派诋毁陆游“不拘礼法”，“燕饮颓放”，范成大迫于压力，无奈将其免职。

不过，这丝毫不影响二人的交情。两人时常诗词唱和往来，陆游说，范成大的诗词刚写完，笔墨未干，就被人拿去谱曲传唱，“仕女万人已更传诵”。到范成大辞职离蜀时，陆游不忍别离，竟一路相送，陪着走了十来天的路程才挥泪告别。范成大对此十分感念，在回赠陆游的诗里说：“送我弥旬未忍回，可怜萧索把离杯。”

范成大乘船东归，在淳熙四年（1177）的中秋节到达武昌，跟友人聚会时填了一阕词——这应该是范成大最著名的一阕词了：

细数十年事，十处过中秋。今年新梦，忽到黄鹤旧山头。老子个中不浅，此会天教重见，今古一南楼。星汉淡无色，玉镜独空浮。

敛秦烟，收楚雾，熨江流。关河离合，南北依旧照清愁。想见姮娥冷眼，应笑归来霜鬓，空敝黑貂裘。酾酒问蟾兔，肯去伴沧洲？

——范成大《水调歌头》

有人因为作者在词中自称“老子”，便从中读出了豪迈气概；但我分明从中读出作者的苍凉之感。作者面对山河破碎的国家难题无能为力，只能带着满头白发东归，今夜与友人多饮了两杯，他才借着酒精稍稍舒缓郁结之气。举起酒杯问明月，是否愿意同他结伴归隐？

心境黯然，他的归隐心态此时已显露无遗。是否去实施，只在等一个契机而已。

大约同一时期，年仅四十岁左右的辛弃疾在江西上饶的带湖修建了新居，但他也在犹豫要不要归隐：“沉吟久，怕君恩未许，此意徘徊。”最后他把自己还不归隐的原因归结到怕皇帝不允许，说到底还是国家有需要，他就随时待命。范成大的心境同样如此，或者说，有家国责任感的士大夫都是如此，无论内心如何向往独处，他们仍需强迫自己，不能怂，不能逃避时代的责任。

楼阴缺，栏干影卧东厢月。东厢月，一天风露，杏花如雪。

隔烟催漏金虬咽，罗帏暗淡灯花结。灯花结，片时春梦，江南天阔。

——范成大《秦楼月》

所以，想必范成大跟陆游、辛弃疾一样，也是活得很辛苦。

5

范成大从成都回到临安后，竟获得了意外的晋升。

淳熙五年（1178），他甚至短暂获任参知政事（副宰相）。好友杨万里评价说，中兴以来，“知政几二十人，求天下之所谓正臣，如公（范成大）才一二辈”。

在那样的时代，做一个“正臣”的代价，便是仅仅两个月后，他就遭弹劾罢免。

随后又是外调，历任明州（今宁波）、建康府（今南京）等地主官。

仿佛命运的复刻，五十多岁的范成大又经历了一轮浮沉起落。人生之于他，从来不是一场长跑这么简单，而是一次次的折返跑。

但这一次，他真的要跑回起点，去拥抱真正的自我了——淳熙十年（1183），从夏至秋，五次请辞，终于获批。从此开始了人生最后十年的退隐生活，尽管中间仍有过两次的短暂起用，但他真的老了，朝廷也只是将他当成朝臣的一面旗帜，起用的象征意义大于实质意义。

回到石湖，范成大总算可以长舒一口气。他终于可以卸下自己的责任。他也终于可以重新活成年少时的自己，像他十八岁时栖居荐严寺那样，做回那个有点颓丧的禅佛爱好者，那个喜欢田园生活的半归隐者。

他终于可以吐露真实的想法："方其余之在紫微，未尝忘江湖之梦；及其余之耕石湖也，益自觉公侯之轻。"

身在官场三十年，主政一方也好，出使金国也好，哪怕周遭有再多的欢呼，都未曾掩盖过他内心怯怯的归隐之梦。跟内心渴望的田居生活相比，高官厚禄不过如同粪土。

"多谢纷纷云雨，相忘渺渺江湖"，一个真实的、舒适的、内向的、无为的范成大，终于回来了。

园丁以时白事，山客终日相陪。
竹比平安报到，花依次第折来。

——范成大《题请息斋六言》

植梅，赏菊，关心粮食和蔬菜，这是范成大想做的事情。那么多年过去，他做直臣，做能吏，做好官，做英雄，做功名之事，但他内心，始终住着一个范蠡，一个陶渊明，一个元德秀，"一棹何时归去，扁舟终要江湖"。

终于，他写下了《四时田园杂兴六十首》，拓展了田园诗的生命：

梅子金黄杏子肥，麦花雪白菜花稀。
日长篱落无人过，惟有蜻蜓蛱蝶飞。

——范成大《四时田园杂兴·其二十五》

终于，他写下了热腾腾的农事词，里面有泥土和血汗的气息：

春涨一篙添水面。芳草鹅儿，绿满微风岸。画舫夷犹湾百转。横塘塔近依前远。

江国多寒农事晚。村北村南，谷雨才耕遍。秀麦连冈桑叶贱。看看尝面收新茧。

——范成大《蝶恋花》

终于，他写下了平生最为看重的亲情，里面有他的子女和日常：

南浦回春棹，东城掩暮扉。
儿修鸡栅了，女挈菜篮归。
风力虽欺酒，花香尚染衣。
衰翁牢守舍，肠断钓鱼矶。

——范成大《家人子辈往石湖检校暮归》

看清生活的真相之后，他依然热爱生活。

终于，他像一个平凡的农家老头儿一样老去，经历丧女和丧妻之痛，经历花期无常和时光流逝，经历故人寥落和风雨敲门，经历最后的孤独与自然。

但唯其如此，他越是平凡老去，越是彰显伟大。

“花久影吹笙，满地淡黄月”，再见了，范文穆公！

姜夔：一代鬼才，浪迹江湖

南宋人姜夔（约1155—1221）是个鬼才，用现在的话说，他是个“斜杠青年”。我们介绍他的身份，应该是这样的：词人、诗人、音乐家、散文家、书法家……

他自小熟读杜牧描写扬州的诗歌，对这座唐朝数一数二的繁华都市十分向往。大约二十二岁那年，1176年的冬至日，他终于来到了扬州。

然而，相见不如想象。他在扬州城外，放眼望去，全是野生的麦子。进了扬州城，“则四顾萧条，寒水自碧，暮色渐起，戍角悲吟”。

一座战后的荒城，取代了杜牧诗句中的繁华意象。

姜夔内心涌起一股难言的悲怆。他写下一阕词，作为这座梦中之城的挽歌：

淮左名都，竹西佳处，解鞍少驻初程。过春风十里，尽荠麦青青。自胡马窥江去后；废池乔木，犹厌言兵。渐黄昏，清角吹寒，都在空城。

杜郎俊赏，算而今、重到须惊。纵豆蔻词工，青楼梦好，难赋深情。二十四桥仍在，波心荡、冷月无声。念桥边红药，年年知为谁生！

——姜夔《扬州慢》

这阕《扬州慢》，成为姜夔最具知名度的代表作。很多人都能全篇背诵，或背出其中几句。

很长时间里，我以为这阕词的作者是一个老头儿，对着衰败的旧时城市喃喃自语。后来才知道，姜夔写作这阕词的年纪，仅仅二十多岁。青春无敌，活力无限，在姜夔那里，却变成了家国凋零，岁月清空。

而这阕词，既是南宋时代的哀歌，也像姜夔个人的谶语。

1

历史从来不会对任何时代的过客温柔以待。要不是有80多阕词和180多首诗传世，姜夔也会像不同时代的无数男女老少一样，静默地过完或悲或喜而又无人知晓的一生。不留一丝痕迹，消失在浩瀚的历史长河中。

但我们今天仍然知道姜夔此人，以及他生活的时代气息，并不是因为他有什么功业，或做了什么官。恰恰相反，他一无所有，没有功名，没有钱财，没有传奇性的事迹，甚至连一个固定的家都没有。

姜夔童年就随父亲离开故乡——饶州鄱阳。大概在他十四岁的时候，父亲在汉阳为官任上不幸病逝，他只能依靠已经嫁人的姐姐一家生活。成年后，他开始漫游吴越一带，为生活寻求出路。

《扬州慢》是他这一时期经过扬州时写下来的。他在词中至少有四五处化用了杜牧关于扬州的诗句，但那些繁华风流的历史记录，都被他拆解成悲哀的铺垫。起笔“淮左名都，竹西佳处”，化用的是杜牧的“谁知竹西路，歌吹是扬州”，八个字就写出了扬州当年的空前繁华。然后笔锋一转，又是一处化用杜牧的名句“春风十里扬州路，卷上珠帘总不如”，而此时，姜夔眼前的扬州已全然不同：“过春风十里，尽荠麦青青。自胡马窥江去后，废池乔木，犹厌言兵。”

历史与现实终于在这里交织和疏离。连池台草木这些无情之物，尚且厌谈兵事，何况是人呢？

史载，金兵于宋高宗建炎三年（1129）、绍兴三十一年（1161）等年份数次南侵。尤其是1161年这一次金兵入侵，影响特别大。当时，南宋朝臣震怖，争相举家逃匿，作为前线的江淮地区则生灵涂炭。扬州、楚州（淮安）、镇江、建康（南京）一带，屡遭洗劫，百姓死伤惨重。史书说，“扬州空虚”。

姜夔如此悲郁，正是源于历史与现实的巨大反差。而在一座城市兴衰的背后，我们分明听到的是，一个时代的啜泣。

清人陈廷焯在《白雨斋词话》中说，“犹厌言兵”四字，包括无限伤乱语，他人累千百言，亦无此韵味。

史载有人说姜夔不爱国，在南宋国土日仄的背景下，还在写清冷的词句，于国事无补。但我不知道说这话的人，是否真的读懂了

《扬州慢》？

任何时代，爱国都不是只有一种表达形式。像辛弃疾一样，老当益壮上前线，上战场，这是爱国；像陆游一样，写激烈的诗骂投降派，骂敌人，这是爱国；像姜夔一样，记录一座城市的衰亡，谴责战争对文明与生命的践踏，这同样是爱国。

每个人的个性和际遇不一样。有的人天生内心烧着一团火，提笔就是“八百里分麾下炙，五十弦翻塞外声，沙场秋点兵”；而有的人天生写出来的是“渐黄昏，清角吹寒，都在空城”。然而，这两种人所写的诗词，背后的家国情怀是一致的。

2

姜夔并没有脱离时代而活，只是时代先抛弃、而后又容纳了他。

在隋唐以后，一个平常人家的读书人（哪怕像姜夔这样，父亲中过进士，做过地方官），基本上只有走科举这条路，才能过上体面的生活。

而宋代的问题是，士大夫的地位被抬得很高，引诱读书人挤破了头去走科举独木桥。僧多粥少的结果，必然有大量的落榜读书人游离在正常的社会阶层之外：他们饱读诗书，下笔成章，但没有功名，进不了官场；与此同时，他们已不是农民，不会也不可能回去种地；他们也不是商人，商人更是处于被歧视的阶层。

南宋时期有很多科举的弃儿，在以国都临安（杭州）为中心的城市圈中游走。他们非官非隐，没有收入来源，于是采取创作诗词投献给达官贵人的形式，来谋求经济上的资助。

这些人在历史上被称为江湖游士，或江湖谒客。

姜夔就是一个江湖游士。

他是一个被科举的筛子漏掉的人才。历史没有留下他早年考科举的记录，但从他四十多岁还执着地凭借自己的音乐才能，给朝廷进献大乐议和铙歌的行为来看，他内心是渴望通过科举获取功名，从而摆脱游食生活的。姜夔在第二次献上他的雅乐作品后，礼部给了他一次考试机会，不幸未被录取。

这跟杜甫当年流落长安的经历颇为相似。四十岁那年，杜甫向唐玄宗献了三大礼赋，据说唐玄宗读后很满意，却未真正重用他，导致杜甫在长安过着“朝扣富儿门，暮随肥马尘。残杯与冷炙，到处潜悲辛”的屈辱生活。

姜夔比杜甫稍微幸运一点点。南宋那些被科举抛弃的人，以游士阶层的面貌出现并被时代接纳了。这些人不再把诗词写作当作兴趣和消闲，而是当作职业和饭碗，有点类似于元代以后的职业戏曲家、职业小说家。

姜夔虽然科举不中，但凭借才华还是很容易找到欣赏他的“雇主”。

1187年，三十三岁的姜夔结识了著名诗人萧德藻。萧德藻是姜夔父亲的同年进士，早年在潭州（长沙）做官，后定居湖州。萧德藻很欣赏姜夔，感慨自己写诗四十年，总算遇到一个可以一起谈诗之人，于是将他带到湖州一起生活，并把自己的侄女嫁与他为妻。

通过萧德藻的介绍，姜夔认识了杨万里。通过杨万里的介绍，他又认识了范成大。他的交游圈子越来越大，包括朱熹、陆游、辛弃疾等人，都对这个后生仔另眼相待。这些人都是南宋政坛、文坛名宿，年纪普遍比姜夔大二三十岁。

在湖州旅居十年后，萧德藻年老随儿子离开湖州，姜夔于1197年移居杭州，依靠挚友张鉴为生。这样又过了十年。

张鉴死后，姜夔孤苦无依，四处游食，贫病而终。

1221年，六十七岁的姜夔卒于杭州。死时，他最大的儿子仅有十多岁（另有三个孩子早夭），幸好他的词友吴潜等人筹款为他料理后事，将他安葬。

3

姜夔从十岁到五十岁的时光，宋金讲和，“隆兴和议”维持了四十年和平。举国承平，西湖歌舞，直把杭州作汴州。他一介布衣，在诗词中隐晦地批评朝野荒嬉。

现在我们总在感慨，陆游、辛弃疾这样的人物在南宋朝廷无用武之地，只能借诗词浇心中块垒。其实，他们的遭遇就叫“生不逢时”，等到朝中主战派占据主流，北伐蓄势待发，陆游已垂垂老矣，六十多岁的辛弃疾慷慨赴国难不久，病越发重了。

六十六岁的辛弃疾登上北固亭，写下著名的《永遇乐·京口北固亭怀古》，姜夔则与之唱和，写下他一生中最豪放的词：

云鬲迷楼，苔封很石，人向何处？数骑秋烟，一篙寒汐，千古空来去。使君心在，苍厓绿嶂，苦被北门留住。有尊中酒差可饮，大旗尽绣熊虎。

前身诸葛，来游此地，数语便酬三顾。楼外冥冥，江皋隐隐，认得征西路。中原生聚，神京耆老，南望长淮金鼓。问当时依依种柳，至今在否？

——姜夔《永遇乐·次稼轩北固楼词韵》

在这阕词里，姜夔将老英雄辛弃疾比作诸葛亮，表达了对其北伐的期待。尽管两年后辛弃疾就病逝了，而这场声势浩大的北伐后来也宣告失败，但在时代的召唤下，一生寄人篱下、连温饱都成问题的姜夔，还是一改他清空的笔调，写出了热情的词句。

可是，回过头看，辛弃疾一生困顿于北伐无门，姜夔一生困顿于生计艰辛。他们生活在同一个时代，却处在完全不同的阶层，面临的现实问题也全然不同。姜夔最后能够追到辛弃疾的境界，实属不易。

我们不知道辛弃疾是否对姜夔有过生活上的资助，但与姜夔几乎同时的另一个词人刘过，确实曾凭一阕好词获得了辛弃疾的一掷千金。可见，当时的辛弃疾虽然精神上很苦闷，但物质上却是很充裕的。当然，辛弃疾也很尊重有才华的落魄者，所以才会援手相助。

作为一个江湖游士，姜夔能够获得当时的名宿和权贵的尊重，平等往来唱和，也可以看出他是一个为人有尊严、有分寸的人。

宋代对一个人的文艺作品的品评是很苛刻的，最基本的要求是“人如其文”。首先你做人得过得去，你的作品才有价值。人没做好，作品写得再好，终究会被嗤之以鼻。南宋末年的张炎评论姜夔的词，说“不惟清空，又且骚雅，读之使人神观飞越”，又说他的词“如野云孤飞，去留无迹”。这种观点极具代表性，奠定了后人理解和评价姜夔词的基调。

反过来说，姜夔的词在他的时代能够获得如此高的评价和认可，也说明了这个一生漂泊、寄人篱下的“流浪大师”确实有着高洁的人品和人格。

姜夔跟随挚友张鉴寄寓在杭州的时候，张鉴曾提出要给他捐个官，但姜夔拒绝了。这是他清高的地方。尽管一生依附别人而过，但什么该取、什么不该取，他心中自有一根红线。或许，正是由于他的人格坚守，如他自己所说，四海之内认可他的知己不少，但却没有一个人能够解救他于贫困之地。

也好，人穷但不能志短，不能失去底线。

在生活中，姜夔是困苦的，是靠别人接济的，但在精神上，在作品里，他是高贵的，是恬淡疏远、温婉宁静的。他有一种超越自身阶层的气度，能够彻底摆脱日常的束缚，所以后人说他，“虽终身草莱（平民），而风流气韵，足以标映后世。”

事实上，江湖游士这个阶层是经常被人非议的，不能自食其力，难免招来流言蜚语。但自始至终，没有人非议过姜夔。当时人反而称赞他气韵潇洒如“晋宋间人”，把他比作东晋的陶渊明、晚唐的陆龟蒙。

因为，姜夔做到了“往来江湖，不为富贵所熏灼”，自己家无立锥之地，却还会给更贫苦的人留口饭吃。

他的经历、结局和人格，都很像杜甫。杜甫在弃官之后，带着家人漂泊于西南，生命最后的十多年都是靠亲友接济度日，最后病死在一条破船上，家人无钱为之敛葬。但从来没有人因此对杜甫有过任何非议，人们只会因为他的贫病交加、寄人篱下而对他心生更多的哀悯，更深的尊重。

姜夔和杜甫，是不同时代中最纯粹的那种人。他们最终靠人格和作品，在历史上铭刻下他们的名字。尽管他们生前是如此的卑微。

4

当然，任何身后之名的获得，都是有代价的。

有的人一生背负莫须有的罪名，只是换来历史的一声叹息；有的人郁郁不得志，为官不得升迁，然而却换来治下百姓的千年传颂；有的人空有一身胆气，却无缘杀敌报国，只是换来家国疆域的一块缺角；有的人终生困顿，沉沦人间，但却换来后人咏唱的一行诗词……

像杜甫一样，姜夔早就看透了命运的这种“伎俩”。正如杜甫所说，“文章憎命达，魑魅喜人过”，“但看古来盛名下，终日坎壈缠其身”。

看透之后是看空，看空之后，是接受历史赋予个体的使命。

有的人生而为英雄，那就去战斗，哪怕伤痕累累；有的人生而为诗人，那就去歌唱，哪怕一日三餐不饱；有的人生而为殉难者，那就去献身，哪怕于事无补；有的人生而为传承者，那就去偷生，哪怕忍辱负重……

如果说，杜甫的使命是以一己的颠沛流离去记录整个时代的悲剧，辛弃疾的使命是以蹉跎的半生去挥洒他的英雄词句，那么，姜夔的使命又是什么呢？

历史需要他留下最真实感人的、有别于士大夫玩弄或贪恋青楼歌女的爱情词句，因此给了他一段没有结果的苦涩爱情，让他苦苦追忆了大半生：

燕燕轻盈，莺莺娇软。分明又向华胥见。夜长争得薄情知？春初早被相思染。

别后书辞，别时针线。离魂暗逐郎行远。淮南皓月冷千山，冥冥归去无人管。

——姜夔《踏莎行》

历史需要他写下“前无古人，后无来者，自立新意，真为绝唱”的咏梅名作，因此安排范成大召唤他到苏州同住，并让歌姬学唱，于是就有了集作曲填词于一体的千古经典——《暗香》和《疏影》。

历史需要他的巨大悲痛，来催生出“少年情事老来悲”“人间别久不成悲”这样的经典句子，因此给了他一个彻底告别痛苦相思的元宵节。

历史需要他给那些没有故乡的人一次恰如其分的感慨，因此给他准备好了一池的荷叶，等他写下“平生最识江湖味，听得秋声忆故乡”。

历史需要他对自己的一生有个说法，因此在他晚年制造了一场大火，烧毁他的寓所，逼他写出“万里青山无处隐”的悲怆之辞，作为浪迹江湖的一个句号。

历史需要他在恰当的时候对自己的人生做出总结，因此就安排他在岁末的绍兴听到了一阵阵辞旧迎新的鼓声：

叠鼓夜寒，垂灯春浅，匆匆时事如许。倦游欢意少，俯仰悲今古。江淹又吟恨赋。记当时、送君南浦。万里乾坤，百年身世，唯有此情苦。

扬州柳，垂官路。有轻盈换马，端正窥户。酒醒明月下，梦逐潮声去。文章信美知何用，漫赢得、天涯羁旅。教说与，春来要寻花伴侣。

——姜夔《玲珑四犯》

历史留给他更重要的任务，是需要他来开辟宋词的新路子。

在姜夔的时代，宋词经过柳永、周邦彦等精通音律者的书写，又经过苏轼、辛弃疾等名士“以诗为词”的书写，已经形成了婉约派和骚雅派的双重格局。姜夔的出现，不早不晚，恰好成为汇聚宋词各种风格的大熔炉。他既继承了柳永词的本色，周邦彦词的典丽，又学习了苏轼词的清空，辛弃疾词的骚雅，前辈词人的成就被他熔铸成一种新的词风。

他成功地在两个强大的词学审美传统之间别立一派。

后人评价指出，姜夔词“以清逸幽艳之笔调，写一己身世之情”，于骚雅、婉约之外，别开“幽劲”一路，“词至白石（姜夔）遂不能总括为婉约与骚雅两派耳。”

一代词学大师夏承焘也说，姜夔“在婉约和骚雅两派之间另树清刚一帜，以江西诗的瘦硬之笔救周邦彦一派的软媚，又以晚唐的绵邈风神救苏辛派粗犷的流弊”。

自姜夔以后，整个南宋词坛基本是姜夔一派的“传人”。薛砺若在《宋词通论》中甚至下了一个论断：中国词学自南宋中末期一直到清代的终了，可以说完全是“姜夔的时期”。

特别是在清代，姜夔直接超越苏轼、辛弃疾，成为清人心目中的宋代词坛第一人。他被誉为“词中之圣”，推崇他的人认为他的存在，犹如“诗家之有杜少陵（杜甫）”，“文中之有韩昌黎（韩愈）”。

进入二十世纪以后，姜夔在大宋词坛名家中的排位略有下降，但也仅次于苏轼、辛弃疾，而与李清照、周邦彦并驾齐驱。

以他身后八百年的影响力，再回头去看他生前的飘零与不幸，种种悲哀已经变得很轻，很轻了。一生的炼狱，只是为了完成经典的蜕变。历史选择了姜夔，而姜夔亦未辜负历史的选择。

开禧北伐：宋词里的抗金抱负

对于南宋的军事动向，金人早有察觉。南宋嘉泰三年（1203），金使从临安还朝后，对金章宗说："宋权臣韩侂胄厉兵秣马，将谋北侵。"

"隆兴和议"后，宋、金度过了相对平静的四十年，南宋宰相韩侂胄欲谋再次伐金，在社会上掀起一股爱国热潮。

宋宁宗下诏，为岳飞立庙，追封其为鄂王。同时，削去了秦桧死后追赠的王爵，将他的谥号"忠献"改为"谬丑"，斥责他"一日纵敌，遂贻数世之忧；百年为墟，谁任诸人之责"，有力地打击了投降派，相当鼓舞士气。

但开禧北伐的开头有多激昂，结局就有多荒唐。

1

作为韩侂胄最亲信的堂吏，词人史达祖是南宋有名的笔杆子。韩侂胄当政时，起草的文字多出自这位幕僚文人之手。史达祖屡试不第，在正史中也没有传记。因为开禧北伐，他的生平事迹被史书掩盖了，但宋词中留下了他的人生片段。

每年金朝皇帝生辰，南宋都会遣使前往祝寿。在开禧北伐前一年，史达祖曾随使者前往，其实也是为北伐收集情报。

金章宗的生日在九月，史达祖随使团于六月出发，八月时到达河北，住宿于真定（今河北正定）的馆驿。中秋月圆之夜，史达祖身处北宋的故土，却成了客宿的“异邦人”，更觉慷慨悲凉，挥笔写下这首《齐天乐·中秋宿真定驿》：

西风来劝凉云去，天东放开金镜。照野霜凝，入河桂湿，一一冰壶相映。殊方路永。更分破秋光，尽成悲境。有客踌躇，古庭空自吊孤影。

江南朋旧在许，也能怜天际，诗思谁领？梦断刀头，书开蚕尾，别有相思随定。忧心耿耿。对风鹊残枝，露蛩荒井。斟酌姮娥，九秋宫殿冷。

事毕，史达祖随使团返程，经过汴京（今河南开封），心情更是遭到打击，离汴时他拉着马的缰绳，迟迟不愿前行。有人说，南宋词多“黍离”之悲，即国破家亡之悲。史达祖词中尽是悲慨，也道出了南宋士人恢复中原的夙愿。

当时，金朝正遭受内忧外患的打击。

女真贵族在实现封建化的同时，不断加重剥削，引起北方各族人民的反抗，其统治集团也老是内讧。金章宗在位时，有女真贵族割据五国城（今黑龙江依兰县）叛变，历时十年之久，打得金兵

“师旅大丧”。

五国城是靖康之变后金人囚禁徽钦二帝的地方，那是女真贵族的老家，这下子后院都起火了。

13世纪初，蒙古骑兵悄然崛起，不断侵扰、掠夺，也对金朝构成了严重威胁。

正是在金国衰落的背景下，隐居多年的爱国词人辛弃疾又上书请朝廷准备北伐。

辛弃疾说，“天下之势有离合，合必离，离必合”，金人“德不足，力有余，过盛必衰”，希望大宋能“安居虑危，任贤使能，修车马，备器械，使国家屹然有金汤万里之固”。等到金国发生动乱，大宋就可乘这离合之际北定中原。

另一个好消息，时任南宋宰相韩侂胄也是一位坚决抗金的大臣，他让主战派们看到了希望。

布衣词人刘过是辛弃疾的好友，也是著名的辛派词人。他四次应举不中，终生流落江湖，词中多写“平生豪气，消磨酒里”，却也常抒发抗金抱负，多次上书朝廷议论国事。

辛弃疾将他视为知己，从不轻视这位布衣才子。每次刘过缺钱，辛弃疾都慷慨解囊。有一次刘过要回老家看望母亲，却穷得连路费都筹不到，辛弃疾囊中羞涩，但还是想办法筹集了一笔钱给刘过买了回乡的船，刘过大为感动。

作为民间的主战派，有一年韩侂胄生日，刘过特意作了一首《西江月·堂上谋臣尊俎》，表达爱国者的共同心声：

堂上谋臣尊俎，边头将士干戈。天时地利与人和，燕可伐欤曰可。

今日楼台鼎鼐，明年带砺山河。大家齐唱《大风歌》，不日四方来贺。

2

韩侂胄与宋朝宗室关系密切。他家世显赫，其曾祖父为北宋名相韩琦。另外，宋高宗的皇后吴氏，是韩侂胄的姨妈，宋宁宗的第一任皇后韩氏，是他的侄孙女。宋宁宗即位前，韩侂胄就常作为外戚出入宫掖，成为冉冉升起的政坛新星。

在拥立宋宁宗即位后，韩侂胄凭借定策之功身居中枢，位极三公，担任“平章军国事”，相当于宰相之上的宰相，可越过群臣，直接帮宋宁宗做决策，可谓一手遮天。

韩侂胄当政十四年间锐意进取，为北伐制造舆论，当时的主战派，大都支持韩侂胄。

陆游在“隆兴和议”后屡次被贬，转眼间已到了古稀之年。

他蛰居乡野，总会想起当年投笔从戎，到宋金边境重镇南郑（今陕西汉中）幕府工作的日子。他大半生的坎坷岁月、宦海沉浮，在《诉衷情·当年万里觅封侯》中娓娓道来：

当年万里觅封侯，匹马戍梁州。关河梦断何处，尘暗旧貂裘。

胡未灭，鬓先秋，泪空流。此生谁料，心在天山，身老沧洲。

北伐的梦想本来就要破灭了，没想到还能在晚年听说韩侂胄准备北伐的消息。陆游为之振奋，但历经沧桑的他早已不是当年的少年，变得老成稳重，态度十分谨慎。

陆游曾经不吝赞美之辞，支持韩侂胄兴师北伐，写诗为其祝寿，说他“身际风云手扶日，异姓真王功第一”，表达了收复失地的深切希望，还说自己老了，不能从军边疆，表示遗憾。

但是，陆游对一意孤行、大兴党禁的韩侂胄也感到深深的隐忧。在写给韩侂胄的《南园记》中，陆游劝他要认清形势，及时功成身退。

南园，是皇帝赐给韩侂胄的园林。南园修成之后，韩侂胄专门请陆游为他撰文。陆游不拍马屁，反而提醒韩侂胄要知进退，做好“归耕”“许闲”的心理准备，以免引火烧身。

陆游一语成谶，韩侂胄最终因北伐而横死。

韩侂胄遇害后，陆游写诗道：“上蔡牵黄犬，丹徒作布衣。苦言谁解听？临祸始知非。”

其中的苦言，就是陆游为他写的《南园记》，而“上蔡黄犬”“丹徒布衣”分别是秦相李斯与东晋诸葛长民的典故，他们都死于权力斗争。

3

另一位我们熟悉的爱国词人，也加入了北伐的浪潮中。

嘉泰四年（1204），韩侂胄征召已经六十五岁的辛弃疾为镇江知府，戍守江防要地京口（今江苏镇江）。

辛弃疾到任后积极备战，在当地招募了大量壮丁，并定制军服，加紧训练。他不顾年迈体虚，只想鞠躬尽瘁，仿佛回到了当年五十骑独闯数万金兵敌营，以及在湖南筹建“飞虎军”的芳华岁月。

英勇盖世、文武双全的青兕，不甘心就这样老去。辛弃疾登上京口北固山，心潮澎湃，作词怀古，写下了著名的千古传诵的《永遇乐·京口北固亭怀古》。

放眼望去，江山如画，辛弃疾想起了宋武帝刘裕金戈铁马、气吞万里如虎的气势，他以廉颇自喻，说自己虽已年老，但雄心壮志不减当年。

同时，他劝谏韩侂胄，不要像以往一样草率出兵，落得战败南逃的下场，白白让百姓惨遭荼毒——“元嘉草草，封狼居胥，赢得仓皇北顾”。

正是在这次短暂的任期中，辛弃疾看清了韩侂胄北伐的真相。

韩侂胄大批起用主战派，网罗天下知名之士，并不是为了采纳他们的北伐主张，而是拿他们当招牌，作为北伐的旗帜。辛弃疾的建议，韩侂胄当然不放在心上。

于是，辛弃疾有这么一句话：“侂胄岂能用稼轩以立功名者乎？稼轩岂肯依侂胄以求富贵者乎？”道不同，不相为谋，真正为国请命的人，不会只有一种声音。

不出所料，辛弃疾次年就在谏官的抨击下再度归隐铅山（在今江西上饶）。

在主战派当道的日子，他仍受弹劾，被迫辞职，恰恰是因为他太冷静、太清醒。

壮士暮年，辛弃疾当然也想北伐，他对宋宁宗说，金国“必乱必亡”，但这是北伐的前提，而不是仓促北伐能够带来的结果。

辛弃疾与陆游的理智，都无法抑制韩侂胄的冲动。

4

开禧二年（1206），韩侂胄北伐拉开序幕。宋宁宗正式对金宣战："北虏世仇，久稽报复，爰遵先志，决策讨除，宜示海内。"

开禧北伐从两淮、京西、川陕三路分兵，起初捷报频传，更有毕再遇等猛将身先士卒，屡立奇功。但因朝中军政腐败，金人早有准备，这场北伐也与隆兴北伐一样高调行动，失败告终。

岳飞旧将毕进之子毕再遇所部，是此次北伐唯一不败的军队。作为东路军先锋，毕再遇率军攻泗州（今安徽泗县），精选87名战前招募的新兵作为敢死队，冲锋陷阵。

两军交战时，毕再遇亲临阵前，披头散发，佩戴鬼面具，身上披着金箔纸钱，竖起"毕将军"大旗，以此震慑对手。攻破泗州东城后，他对着西城喊话："大宋毕将军在此，尔等中原遗民也，可速降！"

但因为金人早已预见韩侂胄北伐之举必败，随着金军后发制人，反攻宋军，宋军先胜后败，一如辛弃疾所料。

南宋还暴露了此次北伐的一大失误——用人不当。

韩侂胄在物色西线战场的四川守将时，选择了抗金名将吴璘的孙子吴曦。

吴氏一族在川蜀经营多年，镇守西部防线数十载，南宋朝廷为防止发生变故，到了吴曦这一代，将他召回临安供职。吴曦对此早已心怀不满，正好借北伐的机会再次入蜀。可他就是个草包，对金人几次用兵，都损兵折将，金兵乘机收复进军，屯兵于大散关，威胁川蜀。

此时，金朝发现了吴曦动摇的立场，金章宗亲自写信劝降，称愿封吴曦为蜀王，劝他不要重蹈岳飞功高被害的覆辙。这些话杀伤力太大。

吴曦得到金人书信，竟然真的起兵叛变，自称蜀王。他迅速控制了整个四川，拥兵十万，还扬言要与金兵合攻襄阳。

这个抗金名将后人无耻地投降金朝，自然不得人心，仅仅过了一个多月，他就被四川军民所杀，但西线抗金的形势已急转直下，北伐的战略部署也被打乱。

之后，南宋朝廷中议和的声音越来越强烈。

北伐局势风云变幻，一封又一封的“录用信”送到了铅山。

开禧三年（1207），朝廷命辛弃疾速到临安，出任枢密院都承旨，这是一个军事要职。此时辛弃疾已身染重疾、卧病不起，他只能上奏请求退休。

而他那些志同道合的朋友也已陆续离去。刘过的名作《唐多令》大约作于此时：

芦叶满汀洲，寒沙带浅流。二十年重过南楼。柳下系船犹未稳，能几日，又中秋。

黄鹤断矶头，故人今在不？旧江山浑是新愁。欲买桂花同载酒，终不似，少年游。

刘过在抗金前线的武昌登上了南楼，二十年后故地重游，江山却未改，那些年少轻狂的时光也抓不住了，徒留下无穷哀愁。

写完此词后不久，屡试不第、布衣终身的“天下奇男子”刘过病逝，他始终没有得到朝廷的认同，至死也没有看到宋军建功。

辛弃疾的一位知己走了。知音少，弦断有谁听。

在去世前一个月，六十八岁的辛弃疾在病榻上作了一首《洞仙歌·丁卯八月病中作》，回顾人生最后一段日子：

贤愚相去，算其间能几。差以毫厘缪千里。细思量义利，舜跖之分，孳孳者，等是鸡鸣而起。

味甘终易坏，岁晚还知，君子之交淡如水。一饷聚飞蚊，其响如雷，深自觉、昨非今是。羡安乐窝中泰和汤，更剧饮，无过半醺而已。

一说，这是辛弃疾的绝笔。

这首词平淡质朴，颇具人生哲理，是辛弃疾留给后世的最后一笔精神财富：古代君王虞舜与春秋豪强盗跖的区别，不就是义与利吗？他们都是鸡鸣时候就起来，孜孜不倦地工作，可为善的是舜，为利的是盗跖。味道甘甜的东西容易坏，而水无色无味，才能保持长久，所以“君子之交淡如水”。

同年九月，辛弃疾悲愤病逝。临终前，他“大呼杀贼数声”，而开禧北伐已渐渐归于沉寂。

朝中舆论对韩侂胄愈发不利。南宋主和派大臣史弥远与杨皇后的后宫势力勾结，计划谋杀韩侂胄，与金人议和。

杨皇后深恨韩侂胄，几年来都想着整垮他。韩侂胄的侄孙女韩皇后去世后，宋宁宗再次册立皇后，但在最宠爱的杨贵妃和曹美人之间摇摆不定。

杨氏是一个有事业心的女强人。她年少时只是一介宫女，在宫里表演杂剧、填宫词，因聪明伶俐、姿色出众，被当时还是皇子的宋宁宗赵扩一眼看中。

史载，杨氏虽然出身卑微，却爱读书，颇“识书史，知古今”，现在还有《杨后宫词》留存于世，是宋朝后宫中出名的才女。

杨氏也是一个不好惹的深宫女子。相反，曹美人性格柔顺，毫无威胁，韩侂胄仗着自己的权势，向皇帝提议册立曹美人为后。

这一次，宋宁宗没有听从韩侂胄，坚持立了自己更喜欢的杨贵妃。杨皇后上位后暗中积蓄力量，笼络朝中大臣，主和派的史弥远成了她的主要盟友。

5

开禧三年（1207），十一月初三。

韩侂胄一如往常走在早朝路上，行至玉津园附近，由禁军将领夏震率领的百余名壮汉忽然出现，拦住了韩侂胄的车轿。他们将这位朝野侧目的权相拖出来，拉到旁边的夹墙内，当场槌杀。一代权臣，骤然殒命，此即玉津园之变。

韩侂胄被暗杀后，史弥远一党打开棺材，割下他的首级，装在匣子里送给金人。开禧北伐以一场血腥的政变宣告结束。

次年（1208），宋宁宗改元“嘉定”，与金朝签订了屈辱性的“嘉定和议”：除了疆域与宋高宗“绍兴和议”时相同，仍以淮河到大散关为界，其余要求都变本加厉。南宋每年向金缴纳的银绢增加至各30万两、匹，赔偿金军军银300万两。金、宋之间的关系由“隆兴和议”规定的“叔侄之国”改为“伯侄之国”。

韩侂胄死后，史弥远在杨皇后支持下夺权，公然开历史的倒车，一朝回到宋高宗、秦桧时期。他撤除了开禧北伐的防务，遣散了原先招募来的民兵，为遭到韩侂胄贬黜的理学士大夫平反，转而打压韩侂胄的亲信。

讽刺的是，史弥远一党抨击韩侂胄误国，自己却无法解决问题，只能解决提问题的人。

那些被史弥远打发回家的士兵报国无门、无家可归，因为参与征兵没有耕作，没有粮食可吃，突然被遣散回家，也没了军饷，只好滞留各地，纷纷起义，成了反宋的“群盗”。宋朝费了好大劲才镇压下去。史弥远竟然无耻地将这些民变归罪于韩侂胄的北伐，说是“妄开边衅，科役繁重”的结果。

在开禧北伐中立功的名将毕再遇，对混乱不堪的朝廷深感失望，他为表抗议，请求解甲归田。

军中还有人为韩侂胄报仇，暗中联络了殿前官兵、内侍等十余人，密谋刺杀史弥远，事情败露后被处死。

在黑暗的朝局中，史弥远将秦桧的爵位及“忠献”谥号恢复了，支持开禧北伐的爱国文人却被视为韩侂胄一党，备受打击。

此前已经去世的辛弃疾被人弹劾，并追削他的爵秩。

年近八旬的陆游退休在家，还被迫冠上“党韩改节”的罪名，撤去职位。不久之后，陆游留下“死去元知万事空，但悲不见九州同”的遗恨离世，坚定地表明了自己与史弥远一党截然不同的立场。

史达祖为韩侂胄倚重，亲手撰写了大量文牍，多是为北伐宣传造势，韩党倒台后，他也跟着遭殃，家产被抄没，脸上被刺字，发配江汉一带。

韩侂胄遇害身死后几年，史达祖在黥面流放路上写下一首《秋霁》：

江水苍苍，望倦柳愁荷，共感秋色。废阁先凉，古帘空暮，雁程最嫌风力。故园信息，爱渠入眼南山碧。念上国，谁是、脍鲈江汉未归客。

还又岁晚，瘦骨临风，夜闻秋声，吹动岑寂。露蛩悲，青灯冷屋，翻书愁上鬓毛白。年少俊游浑断得。但可怜处，无奈苒苒魂惊，采香南浦，剪梅烟驿。

史书中再没有对史达祖的详细记载，只知道他被贬而死。

学者邓小军认为，爱国主义之精神，实为南宋一代文化之命脉，亦为南宋词之命脉。

从来就不缺忧国、忧时、忧民的英雄，可惜却鲜有对得起英雄的时代。

终局：最后的宋词

张炎、王沂孙、周密和蒋捷，
这四位词人被后世称为“宋末四大家”。
他们在国破家亡之后书写最后的宋词。

理宗时代：宋词中，国脉微如缕

“靖康耻，犹未雪。臣子恨，何时灭”，在岳飞含冤而死九十二年后，宋、蒙联军围攻金最后的根据地蔡州（今河南汝南），将金哀宗完颜守绪逼入绝境。

宋金百年之仇，该了结了。

南宋端平元年（1234），残破不堪的蔡州城早已粮草断绝，陷入老弱互食的困境。

金哀宗决意自杀，在此前将皇位传给大将完颜承麟，但后者即位不足一个时辰，宋将孟珙就派兵从南门攻入。完颜承麟死于乱军之中。至此，金亡，享国一百一十九年。

南宋朝廷沉浸在一片欢乐之中。词人黄机曾多次与岳飞之孙岳珂酬唱，他在宋军北伐蔡州时写下一首《满江红》，与当年岳武穆怒发冲冠之作遥相呼应：

万灶貔貅，便直欲、扫清关洛。长淮路、夜亭警燧，晓营吹角。绿鬓将军思饮马，黄头奴子惊闻鹤。想中原、父老已心知，今非昨。

狂鲵剪，於菟缚。单于命，春冰薄。政人人自勇，翘关还槊。旗帜倚风飞电影，戈铤射月明霜锷。且莫令、榆柳塞门秋，悲摇落。

黄机说，我大宋军队威武，那些如狂鲵一样的金兵将被歼灭，凶恶如虎的敌军将会被俘虏，而金国皇帝的性命，不过是像春天的薄冰般消融。

然而，宋金并立之时，北方一个更强大的游牧民族已经崛起，那就是由成吉思汗统一的蒙古人。

当横扫四方的蒙古人打得金人千里奔波时，南宋却拥立了一个颇具争议的风流皇帝。

宋理宗赵昀，在位四十年（1224—1264），是南宋统治时间最长的皇帝。有学者认为，他与北宋的宋仁宗颇为相似，都是在位多年、待人宽厚、推行过改革、打过对外族的战争，但不同之处在于，宋理宗一朝的腐朽程度远远超过宋仁宗时期。

时代的阵痛不一定可怕，面对蒙古骑兵的步步紧逼，南宋内部的沉沦才是最致命的温柔刀。

1

赵昀本与帝位风马牛不相及，但他的前任皇帝宋宁宗，有着南宋皇帝常有的苦恼——无后。

宋宁宗在位后期，史弥远权倾朝野，与主掌后宫的杨皇后内外勾结，先是谋杀了主持北伐的宰相韩侂胄，之后操纵朝政二十多年。史弥远对皇帝的继承人问题很是上心，尤其是在宁宗的九个儿子先后夭折之后，他更有意扶植皇储，以巩固自己的地位。

于是，史弥远的亲信极尽谄媚之能，想尽办法给皇帝找“儿子”，秘密物色流落民间的皇室后裔。

有一天，史弥远的幕僚余天锡途径绍兴，在一个姓全的保长家避雨，见到两个男孩。这两个男孩姓赵，是全保长的外甥，大的叫赵与莒，已经十六岁了，弟弟叫赵与芮。

余天锡一打听，赵与莒兄弟竟然是宋太祖赵匡胤之子赵德昭的十世孙，也就是宋宁宗的远房堂侄。赵与莒家境贫寒，年幼时父亲病逝，他们兄弟俩随母亲投奔当保长的舅舅。宋朝的保长就是一个类似村基层干部，几乎与平民无异。

余天锡大喜，回去就向史弥远推荐了赵与莒、赵与芮兄弟。史弥远亲自做了一番考察后，将较为年长的赵与莒接到临安，由余天锡的母亲照料其生活，并派人教他读书写字，学习朝廷礼仪，并在宋宁宗跟前不断给赵与莒说好话。

一般来说，皇帝从旁支选拔继承人，要从娃娃抓起，赵与莒都快成年了，且出身卑微，并不适合参与皇储竞争。但安于无为的宋宁宗老听大臣们念叨，心太累，只好接受了史弥远的建议，将赵与莒立为皇侄，作为皇位候选人之一，史弥远的阴谋进一步得逞。

赵与莒，就是日后的宋理宗赵昀。

嘉定十七年（1224），史弥远乘宋宁宗病重，与杨皇后联手炮制多道“遗诏”，挤掉了宋宁宗培养多年的皇子赵竑，在宁宗病逝的当天深夜，将出身平凡的赵昀推上了皇位。

这一年，赵昀二十岁。几年前，他还在绍兴乡下玩泥巴呢。

宋理宗在位长达四十年，基本上可以分为三个阶段：

他即位后，一直到绍定六年（1233）的这十年，是史弥远擅权时期，宋理宗本就是权相扶植的傀儡，基本上没什么发言权。

史弥远去世、理宗亲政后的十余年，是较有作为的时期，他对吏治和财政进行了若干整顿，最显著的特点是推崇理学，尊奉道教。这一系列改革，史称“端平更化”。

到了在位的最后十几年，宋理宗就开始堕落了。

宋理宗时代，唯一不变的真相，是南宋进一步走向衰落，更加黑暗、混乱，而此时，蒙古人已经磨刀霍霍。

赵昀还在绍兴老家过着贫苦童年时，宋开禧二年（1206），连年征战、统一蒙古各部的铁木真在斡难河（今鄂嫩河）源头召开大会，建立蒙古帝国，上尊号“成吉思汗”。之后，蒙古向西夏与金挥动了屠刀。

那时候，南宋群臣却在内斗。

2

又一年，海棠花开。

甚春来、冷烟凄雨，朝朝迟了芳信。蓦然作暖晴三日，又觉万姝娇困。霜点鬓。潘令老，年年不带看花分。才情减尽。怅玉局飞仙，石湖绝笔，孤负这风韵。

倾城色，懊恼佳人薄命。墙头岑寂谁问？东风日暮无聊赖，吹得胭脂成粉。君细认。花共酒，古来二事天尤吝。年光去迅。漫绿叶成阴，青苔满地，做得异时恨。

这首《摸鱼儿》的作者刘克庄，是南宋后期著名的爱国志士，他以辛弃疾为偶像，自称幼年时就对稼轩词倒背如流。但耿介不群的他，为官数十载，多次被弹劾、贬官，一生坎坷。

刘克庄的这首词，表面上是在惋惜海棠花倾国倾城，却红颜薄命，得不到爱护，其实也是在感慨朝中正直之士屡遭打压，四散飘零。

刘克庄曾经上书宋理宗，说："疑君子之无效，疑小人之有才，是酿成宣和与靖康祸乱的原因，希望陛下引以为戒。"

朝堂之上，他是少数敢与史弥远起正面冲突的大臣，也因此被卷入了所谓的"江湖诗祸"中。

史弥远是一个奸相。

他上台后采取高压手段，心腹党羽遍布朝野，可他擅权期间，对外不能打下一片土地，对付气息奄奄的金朝都吃力，对内却滥发纸币，导致财政危机。到绍定年间，南宋发行的"楮币"猛增至两亿九千万缗，这还不包括伪造之数。因此，物价飞涨，剥削加重，百姓苦不堪言。

如果说刘克庄的偶像是辛弃疾，那史弥远效仿的就是秦桧。他为了巩固权势，大兴文字狱，打击异己。

当时临安有个读书人叫陈起，开了家书店，他本人也喜欢写诗，就将朋友们的诗篇汇集刊印，取名为《江湖集》。其中有刘克庄的诗，写了这么几句："不是朱三能跋扈，却缘郑五欠经纶。"朱三是指篡唐的朱温，郑五是唐末宰相郑綮，刘克庄的讽刺不言而喻。

刘克庄直言不讳，接着写道："东风谬掌花权柄，却忌孤高不主张。”我骂的就是把持朝政的史弥远，我摊牌了。

史弥远得知此事后大怒，迅速将此书销毁，并将陈起判罪流放，刘克庄等人皆因此获罪，幸亏有人求情，才免于一死。直到绍定六年（1233）史弥远去世，这场文字狱才翻案。

3

史弥远死了，南宋会好起来吗？

在史弥远死后，宋理宗为了避免再次出现独相的局面，一改史弥远党羽操纵朝政的局面，任用郑清之、真德秀、魏了翁等一批有声望的理学家为宰执大臣。

宋理宗是理学的“粉丝”，早年入宫就受到郑清之、真德秀等理学大家的熏陶。

他用御用金笔，将朱熹从《礼记》《诗经》撷取的两句话“毋不敬，思无邪”，抄写在大殿的柱子上，以此作为自己的座右铭。宋理宗对程朱理学的信仰，到了近乎狂热的地步，且不说其庙号可能就与他崇尚理学有关系，单说他独尊理学的做法，实际上开启了此后八百年间，程朱理学成为统治思想的先河。

但理学家大多有共同的毛病，能言不能行。尽管他们名声显赫，却大都喜欢空谈道德，助长清谈之风，缺乏治国安邦的真本事。

宋理宗用的宰相，如郑清之等，老不任事，为政宽厚，看似无大过，却滋生腐败。宋理宗为整顿吏治、减少冗官采取了一些措施，触犯了众多官员的利益，官吏就因循守旧，消极对待。政策大都无法落实，最后不了了之。

这时，爱国的刘克庄又出来说话了。

他在给宋理宗的札子中说："比年瑞阃之臣、尹京之臣、总饷之臣、握兵之臣、用麾持节之臣，未有不暴富者。其人在艺祖、孝皇，皆当极刑。"

刘克庄的意思是说，您看啊，民贫而国匮的局面，全是贪浊之风造成的，这些贪腐官吏要是放在以前，早就人头落地了。刘克庄还给宋理宗提了个办法，"没入大赃吏数十家之赀"，乃"裕国宽民之要方"。什么意思呢？把那些赃款收回来，国家就有钱了。

宋理宗却不听，改革太累了，好不容易当上皇帝，就不能追求享乐吗？国家危机四伏，宋理宗反而沉溺于声色犬马之中，在西湖边大兴土木，每日只顾饮酒赋诗。

在宋朝皇帝中，宋理宗以好色闻名，每年都要从民间挑选大量女子充实后宫，宫中有夫人号者，多达千人。除了拥有诸多嫔妃，宋理宗还觉得不够，做出了一个惊人举措——召妓入宫。

别的皇帝暗地里寻花问柳都要战战兢兢，热衷理学的宋理宗，却把民间的妓女直接召到宫里来了，不做丝毫掩饰。名妓唐安安能歌善舞，得到宋理宗宠幸。她经常出入皇宫，得到不少赏赐，成为京城出了名的女首富。

对宋理宗这种暴发户心理，当时人多不以为然。

四川人文及翁是宋理宗年间的进士，他来到临安，与同年们泛舟西湖。有人问他："西蜀有此景否？"

文及翁一听，想到的却是南宋统治者流连于西湖山水之间，耽于享乐，不顾北方强敌的虎视眈眈，他不禁为之愤慨。

在游湖的酒宴上，文及翁直书一首《贺新凉》，对朝政展开抨击：

一勺西湖水。渡江来、百年歌舞，百年酣醉。回首洛阳花石尽，烟渺黍离之地。更不复、新亭堕泪。簇乐红妆摇画舫，问中流击楫何人是？千古恨，几时洗？

余生自负澄清志。更有谁、磻溪未遇，傅岩未起。国事如今谁倚仗，衣带一江而已！便都道、江神堪恃。借问孤山林处士，但掉头、笑指梅花蕊。天下事，可知矣！

此时，还有无数如文及翁这样的志士，呼唤宋军北伐，收复中原。在这些呼声中，靖康之变百余年后，宋军终于再入河洛，可等待他们的，却是一场闹剧。

4

宋理宗宝庆三年（1227），刘克庄的同乡好友陈鞾（字子华）要去宋金前线的真州（今江苏仪征）任职。

刘克庄知道陈鞾此次去真州责任重大，写了一首《贺新郎·送陈真州子华》为他送行：

北望神州路。试平章、这场公事，怎生分付？记得太行山百万，曾入宗爷驾驭。今把作握蛇骑虎。君去京东豪杰喜，想投戈下拜真吾父。谈笑里，定齐鲁。

两河萧瑟惟狐兔。问当年、祖生去后，有人来否？多少新亭挥泪客，谁梦中原块土？算事业须由人做。应笑书生心胆怯，向车中、闭置如新妇。空目送，塞鸿去。

刘克庄送朋友赴任，不关心生活琐事，说的都是恢复中原的国家大事。

他引用“下拜真吾父”的典故，是希望陈韡向唐朝的郭子仪学习。郭子仪当年只率领数十骑到回纥大营，回纥人一见大惊，为之叹服，放下武器，纷纷下拜，说：“您就像我们的父亲一样。”

那几年，宋金战事频繁。

蒙古铁骑大破金兵，围攻金中都，在河北、山东等地经常大掠。金宣宗被蒙古人打怕了，使出一记昏招，采取大臣“取偿于宋”的建议，转而分兵攻打南宋，想要补偿被蒙古军占领的地盘，却没有占到便宜，还跟南宋彻底闹翻了。

陈韡到前线赴任之后，蒙古继续对金朝围追堵截，并向南宋几次派出使臣，相约联合攻金，许诺事后重新划分河南。

在金宣宗之后即位的金哀宗，想要挽回与南宋的感情，他派人转告宋理宗：“蒙古人灭国四十，西夏亡了就来灭我大金，等到我们亡了，必将祸及宋朝。唇亡齿寒，这是自然之理。若与我联合，一同抵御强敌，对你对我都有好处。”

面对蒙、金双方不同的请求，南宋断然拒绝了金哀宗的议和建议，发兵北上，联蒙灭金。

端平元年（1234），蔡州之战后，金朝灭亡。

南宋将领孟珙立下大功，还顺便到洛阳祭扫了北宋皇帝的陵墓。

当时，宋、蒙对于如何处置河南这块地盘正吵得不可开交，朝廷本来要派太常寺去祭扫北宋皇陵，但他们人还没离开临安，就听说蒙古军要攻打河南，吓得不敢出门。

孟珙说，我派精骑数名前往，不到十日就可以搞定。之后，他昼夜兼程，到北宋皇陵“成礼而归”。

宋、蒙在联合之前的谈判，究竟是如何划分河南？从现存的史籍看，有两种说法：一是《宋季三朝政要》说的，蒙古答应在灭金后，将河南之地归南宋；另一种是《宋史》说的，双方“约以陈蔡为界”。

这两种记载都有可疑之处，但北宋三京（东京开封府、西京河南府、南京应天府）、皇陵都在陈（今河南淮阳）、蔡（今河南汝南）以北，南宋政府当然不甘心拱手相让。

于是，在灭金几个月后，宋理宗决定再下一城。宋军以收复三京为目的，乘着蒙古军北撤的机会再度北上。时隔百余年，宋军再入汴京，可经过蒙金战争，汴京只剩下居民千余家，沿路市井残破，白骨蔽野，甚至筹不到颗粒粮饷。

宋将全子才、赵葵率领的主力到达汴京后，都陷入缺粮的危机。种种迹象，给人不祥之感，仿佛是蒙古人设下的圈套。

另一支宋军攻入洛阳，发现这也是一座空城。数日后，入洛宋军粮食已尽，只能以野草为食，饥饿不堪。蒙古大军就在此时悄无声息地兵临洛水，对洛阳展开突袭，宋军无力抵抗，死伤者十之八九，残部狼狈逃回南方。

赵葵、全子才各自拥兵数万，却不能支援，也从汴京退兵。此次收复三京之役，以失败告终，只留下一地鸡毛，史称“端平入洛”。

蒙古军见宋军如此虚弱，于是不肯善罢甘休，指责南宋“败盟”，一路南下，饮马长江。当南宋请求以岁币换取和平时，蒙古大臣耶律楚材说了一句很有名的话：“你们只恃大江，我朝马蹄所至，天上天上去，海里海里去。”

宋蒙不可挽救地走向决裂，这已经不是金帛可以解决的问题了。端平入洛，是蒙宋战争的前奏，一场长达近半个世纪的战争，就此拉开序幕。

5

随着端平入洛失败，蒙古南下四川、荆襄、两淮。

此时，刘克庄已再次被弹劾，下放基层，却不断听到边境的战报。他感到国势危殆，写下《贺新郎·国脉微如缕》，希望宋理宗提拔人才，挽救国家危亡：

国脉微如缕。问长缨何时入手，缚将戎主？未必人间无好汉，谁与宽些尺度？试看取当年韩五。岂有谷城公付授，也不干曾遇骊山母。谈笑起，两河路。

少时棋柝曾联句。叹而今登楼揽镜，事机频误。闻说北风吹面急，边上冲梯屡舞。君莫道投鞭虚语，自古一贤能制难，有金汤便可无张许？快投笔，莫题柱。

南宋不缺人才。

镇守巴蜀的余玠，主持四川防御战略，在前任官员彭大雅筑钓鱼城的基础上，建成山城十余座，“皆因山为垒，棋布星分，为诸郡治所，屯兵聚粮，为必守计”，为抗击蒙元入侵发挥了重要作用。

余玠治蜀十余年，功勋卓著，却遭到政敌无端攻击，被撤职后忧愤而死，也有人说，他是服药自尽。之后，宋理宗听信谗言，把余玠的家产抄没了，蜀地军民为此深感寒心，痛惜余玠遭遇不公。

历仕三朝的老臣崔与之，从来不拍权相的马屁，也不投靠理学宗派，在各个岗位为官都兢兢业业，多有政绩，可谓德才兼备，被宋末的学者黄震评价为南宋第一人。

崔与之有一句名言：“无以嗜欲杀身，无以货财杀子孙，无以政事杀民，无以学术杀天下后世。”

但宋理宗更爱夸夸其谈的理学家，还有美女。尽管如此，忧国忧民的精神，并没有在南宋断绝。

宝祐四年（1256），又一个考生高中状元。宋理宗见其名，说：“此天之祥，乃宋之瑞也。”于是，该考生改字为宋瑞。

他将在二十多年后，成为南宋最后的风骨。这位状元，就是文天祥。

宋理宗在位最后几年，权相贾似道独揽大权，其势力堪比当年的秦桧、史弥远。晚年的宋理宗，已然厌倦朝政，他无力阻止权臣乱政，唯独对宠爱的妃子、近臣百般回护。

历史就像一个圈。宋理宗的两个儿子都早逝，他到晚年也没有子嗣继承皇位，又不肯将权力交给外人。

当年，史弥远寻找皇位候选人后，宋理宗赵昀的弟弟赵与芮也被接到京城，并在之后封为荣王。赵与芮有一个儿子，是个残疾人，天生发育不全，体质极差。宋理宗始终放不下私心，宁可将这个有生理缺陷的亲侄子收为养子，把皇位传给他，也不愿为宋朝选一个优秀的接班人。这个皇侄，就是日后的宋度宗赵禥，即宋末三少帝的父亲。

景定五年（1264），宋理宗病逝，同年，年迈的词人刘克庄因病还乡，从此告别官场。他呐喊了一辈子，累了，只可惜，鲜有人倾听。

宋理宗在位四十年，留下的是一个空前的危局，还有一个属于理学的时代。

吴文英：一个底层人，“粉丝”遍天下

大约从宋理宗绍定五年（1232）起，吴文英在苏州给官员当幕僚谋生，长达十余年之久。之后，他又相继成为南宋名臣吴潜与宋理宗之弟荣王赵与芮的门客。

吴文英所经历的南宋理宗、度宗时期，一边是歌舞升平，醉生梦死，“暖风熏得游人醉，直把杭州作汴州”，另一边却是蒙古大军压境，江山风雨飘摇。

1

晚清朱祖谋编纂的《宋词三百首》中，入选作品最多的词人不是苏东坡、辛弃疾等人，而是南宋的吴文英（号梦窗），他有25首词被收录其中，比苏、辛加起来还多。

个中缘由众说纷纭，一说编者朱祖谋是吴文英的铁杆“粉丝”，一生曾四次校勘梦窗词，对吴文英有所偏爱。此外，晚清词坛还掀起过一股“梦窗热”，写词的都以“周（周邦彦）、吴为

师”，将其所代表的婉约派作为正宗，“学梦窗者半天下”。

今天很多读者阅读《宋词三百首》，读到吴文英的部分认为太过华丽奇诡、含蓄曲折。比如什么“映梦窗，零乱碧”“落絮无声春堕泪，行云有影月含羞”“惆怅双鸳不到，幽阶一夜苔生”，不是离愁别恨，就是相思之苦，大都晦涩难懂。

吴文英，宁波人，一生不求功名，浪迹江湖，困踬而死，属于典型的底层文人。在学而优则仕的古代社会，算是一个失败者。

这位文学巨擘一辈子过得极不如意，但有传世之词，总算不枉此生吧。

实际上，“梦窗词”在历史上颇有争议，其艺术价值长期被掩埋。清末民国之前，吴文英经常被归为词史中的另类，贬抑者不计其数。

略晚于吴文英的南宋末年词人张炎，在其著作《词源》中对“梦窗词”持否定态度：“吴梦窗词如七宝楼台，眩人眼目，碎拆下来，不成片段。”意思是，吴文英的词形式大于内容，看起来高大上，实际上经不起推敲。

吴文英的词就像一场场幻梦，他自号“梦窗”，“梦”字作为关键词，在其现存340多首词中出现了175次。

弗洛伊德有一个理论，梦是愿望的达成。才情超逸的吴文英，究竟将什么寄托在他的梦中？

2

南宋文人周密在《浩然斋雅谈》中记载，“翁元龙字时可，好处静，与吴君特为亲伯仲，作词各有所长。”是说，吴文英本姓翁，与词人翁元龙是亲兄弟。对此观点，学界多有从者。

有两种说法，一说由于某些原因，吴文英被过继给了四明（今浙江宁波）的吴家。还有一说，是吴文英本来就姓吴，后来其母改嫁翁氏，生下翁元龙，吴文英跟随母亲生活，成了翁家的养子。

由此可以推测，吴文英身世凄苦，童年过的应该是寄人篱下的生活。这为其一生打下了忧伤的基调。从孤苦童年中长大成人后，吴文英十分特立独行。他一生的行踪基本都在今天的江苏、浙江两省，以南宋大都市苏州、临安（杭州）为主，却终身淡泊仕途，以布衣之身游走江湖、四处漂泊。

大约从宋理宗绍定五年（1232）起，吴文英在苏州给官员当幕僚谋生，长达十余年之久。之后，他又相继成为南宋名臣吴潜与宋理宗之弟荣王赵与芮的门客。

至今没有关于吴文英科举入仕的记载，他似乎也没有建功立业的期望，而是安于做一个专职文人。一些学者也认为，吴文英“不乐科举”。

因此，吴文英的词，更多是描写他的江湖生涯，承袭婉约词的集大成者周邦彦，成为南宋词坛的一代宗师。

写羁旅怀人，有《唐多令·惜别》：

何处合成愁？离人心上秋。纵芭蕉不雨也飕飕。都道晚凉天气好；有明月、怕登楼。

年事梦中休，花空烟水流。燕辞归、客尚淹留。垂柳不萦裙带住，谩长是、系行舟。

写游览名胜，有《八声甘州·灵岩陪庾幕诸公游》：

渺空烟、四远是何年，青天坠长星？幻、苍崖云树，名娃金屋，残霸宫城。箭径酸风射眼，腻水染花腥。时靸双鸳响，廊叶秋声。

宫里吴王沉醉，倩五湖倦客，独钓醒醒。问苍波无语，华发奈山青。水涵空、阑干高处，送乱鸦斜日落渔汀。连呼酒，上琴台去，秋与云平。

在梦窗词中，几乎难以寻见吴文英对自身境遇的不满，也鲜有怀才不遇的愤懑与痛恨。这在布衣文人中，实属罕见。

这可能与吴文英所处的年代也有关系。南宋朝廷吏治腐败，在疆土比北宋少了五分之二的情况下，官吏数量却远多于北宋初年，且门荫补官等泛滥成习，朝中还有权臣乱政，心怀志向的寒门之士更加难以施展抱负。

国事不可为，吴文英也就远离政治纠纷，混迹于醉梦生涯之中。

3

仕途不顺的才子，或许会有佳人相伴，留下几段可歌可泣的传奇故事，如柳永。吴文英也是一个情感丰富的人。梦窗词今存340余首，有120余首写爱情，超过了大多数两宋词人。

他的朦胧词就像李商隐的《无题》一样难解，有学者联系作者的情感经历，从中解读出了他那两段刻骨铭心的爱情。据夏承焘

《吴梦窗系年》考证："梦窗在苏州曾纳一妾，后遭遣去。在杭州亦纳一妾，后则亡殁。"

吴文英一生最爱的两个女子，一个是苏州的民间歌女，另一个是杭州的贵家歌姬，她们一去一亡，都没能与吴文英白头偕老。因此，吴文英的爱情词多为伤悼之作，内心留下深深的创伤。

早年在苏州当幕僚时，吴文英认识了一个民间歌女（一般称之为苏姬）。他们相爱后，感情真挚，琴瑟相谐，共同寓居于苏州阊门外的西园，过了长达数年的甜蜜生活。

这场爱情却以悲剧收场。等到吴文英离开苏州，前往别处谋生时，苏姬也在夏秋之际离他而去。在错的时间遇到对的人，这是吴文英一生的遗憾，就像很多人年少轻狂时的爱情。

每到秋季，吴文英就会思念苏姬。当吴文英在孤灯斗室中独自沉思时，他会想象，她是否在明亮的秋月中孤独寂寥地生活，于是，有了这首《新雁过妆楼》：

梦醒芙蓉。风檐近、浑疑佩玉丁东。翠微流水，都是惜别行踪。宋玉秋花相比瘦，赋情更苦似秋浓。小黄昏，绀云暮合，不见征鸿。

宜城当时放客，认燕泥旧迹，返照楼空。夜阑心事，灯外败壁哀蛩。江寒夜枫怨落，怕流作题情肠断红。行云远，料淡蛾人在，秋香月中。

这首词的下片点出了主题。"宜城"指唐朝的柳浑，也指代吴文英自己。当年，柳浑因自己年老而让爱妾琴客嫁人，一时传为佳话。可词人不知道，苏姬离开他后过得如何，只能幻想她在秋月之中，两人相隔，如天上人间。

在另一首词《风入松》中，吴文英念念不忘与苏姬寓居过的西园，每个角落都是爱侣的足迹：

听风听雨过清明，愁草瘗花铭。楼前绿暗分携路，一丝柳，一寸柔情。料峭春寒中酒，交加晓梦啼莺。

西园日日扫林亭，依旧赏新晴。黄蜂频扑秋千索，有当时、纤手香凝。惆怅双鸳不到，幽阶一夜苔生。

当初，正是清明前后，西园的群花之中，黄蜂扑向垂挂着秋千的绳索，苏姬悠闲地荡着秋千。此时的词人好像又回到了从前，似乎还能闻到那一缕幽香，那是她纤手握过的余香。

“黄蜂频扑秋千索，有当时，纤手香凝。”这段回忆，深深烙印在词人的脑海中，却再也难以追寻。

4

多年后，吴文英邂逅了另一个女子，那是又一段悲伤的恋情。

吴文英中年客寓杭州，在一个春天骑马郊游，行至西陵路，偶然遇见一个富贵人家的歌姬（一般称为杭姬）。吴文英托人传送书信，与杭姬定情。此后，二人同宿春江，同游南屏、西湖、六桥，并订下婚事。可在一次分别后，两人再也无法相见。

当吴文英到六桥再访杭姬时，得知她已经不幸早逝，香消玉殒。后来，吴文英在京口（今江苏镇江）遇到一个相貌与杭姬颇为相似的歌女，心中万分怅惋，怀着对杭姬的思念，写下一首《绛都春》：

南楼坠燕。又灯晕夜凉，疏帘空卷。叶吹暮喧，花露晨晞秋光短。当时明月娉婷伴。怅客路、幽扃俱远。雾鬟依约，除非照影，镜空不见。

别馆。秋娘乍识，似人处、最在双波凝盼。旧色旧香，闲雨闲云情终浅。丹青谁画真真面，便只作、梅花频看。更愁花变梨霙，又随梦散。

这阕词提到的典故“真真”，出自唐《松窗杂记》中的故事，说的是一个叫赵颜的进士从一个画工处得到一幅美女画像，见其容貌美丽，就对画工说：“如果这幅画中的女子能活过来，我愿娶她为妻。”画工对赵颜说：“这是我所作的神画，画中女子叫‘真真’，如果昼夜不息地叫她的名字，一百天后她一定会应声复活。”

吴文英想到这个虚构的故事，在词中感叹道：“有哪一位名家能挥毫画出杭姬的面容，让她死而复生？如今我没有画像，只好将眼前这位歌女当作她，可是这样的望梅止渴终究不是长久之计，若这歌女离去，一切又随梦散。”

历经人间沧桑的吴文英，在中老年时期留下了大量忆姬之作，也就是那些充满追忆与幻觉的朦胧词。当苏、杭二姬相继离他而去，爱情永逝之日将至，日渐衰老的吴文英也就变得“陈迹征衫，老容华镜，欢悰都尽”。

这首240字的《莺啼序》，正是吴文英本人一生情事的总结，既怀念不知所终的苏姬，也寄托对逝去杭姬的哀思。这也是宋词中最长的词调：

残寒正欺病酒，掩沈香绣户。燕来晚、飞入西城，似说春事迟暮。画船载、清明过却，晴烟冉冉吴宫树。念羁情、游荡随风，化为轻絮。

十载西湖，傍柳系马，趁娇尘软雾。溯红渐、招入仙溪，锦儿偷寄幽素，倚银屏、春宽梦窄，断红湿、歌纨金缕。暝堤空，轻把斜阳，总还鸥鹭。

幽兰旋老，杜若还生，水乡尚寄旅。别后访、六桥无信，事往花委，瘗玉埋香，几番风雨。长波妒盼，遥山羞黛，渔灯分影春江宿。记当时、短楫桃根渡，青楼仿佛，临分败壁题诗，泪墨惨淡尘土。

危亭望极，草色天涯，叹鬓侵半苎。暗点检：离痕欢唾，尚染鲛绡，亸凤迷归，破鸾慵舞。殷勤待写，书中长恨，蓝霞辽海沈过雁。漫相思、弹入哀筝柱。伤心千里江南，怨曲重招，断魂在否？

5

在爱情之后，离开吴文英的还有友人。

从梦窗词可知，吴文英作为江湖游士，交游面十分广泛，有词酬赠的人物就有六十多位。其中，在史学界引起广泛关注的是他与吴潜、贾似道的关系。

吴文英迫于生计，曾分别为吴潜、贾似道赠词四首，与这两位当朝权贵都有交情。

吴潜与贾似道却是死对头，还是历史评价截然相反的人物，贾似道后来入了《宋史·奸臣传》，而吴潜在《宋史》中与文天祥等忠臣并列，算是一个正面人物。

吴潜任浙东安抚使时，还是吴文英的上司。吴文英当时客居越州（今浙江绍兴），在吴潜手下当过幕宾，与他结下深厚的友谊，并深深佩服吴潜的家国之忧。之后，吴潜入朝为宰相，在与贾似道的权斗中失败，于景定三年（1262）被贾似道的党羽毒死于贬所，贾似道从此大权独揽，权倾朝野长达十五年之久。

吴文英逃避政治多年，不愿卷入朝堂的尔虞我诈，也不敢公开痛悼吴潜，却在晚年重返杭州后作一首《西平乐慢》，感叹先贤已逝、国事衰微：

岸压邮亭，路欹华表，堤树旧色依依。红索新晴，翠阴寒食，天涯倦客重归。叹废绿平烟带苑，幽渚尘香荡晚，当时燕子，无言对立斜晖。追念吟风赏月，十载事，梦惹绿杨丝。

画船为市，夭妆艳水，日落云沉，人换春移。谁更与、苔根洗石，菊井招魂，漫省连车载酒，立马临花，犹认蔫红傍路枝。歌断宴阑，荣华露草，冷落山丘。到此徘徊，细雨西城，羊昙醉后花飞。

末尾一句引用羊昙醉后痛哭谢安的典故，即悼念含冤而死的吴潜。羊昙是东晋名士，精通乐曲，深受谢安器重。谢安病重还京时，曾经路过西州门，他死后，羊昙一年多不碰乐器，也不走西州门，有一次喝醉了酒，沿路唱歌，不知不觉过了西州门。左右提醒羊昙，他一听就酒醒了，恸哭而去。

吴文英深深痛惜吴潜。就算人微言轻，也要坚持立场，这是吴文英的态度。

晚年吴文英职业生涯的最后一站，是投靠荣王赵与芮为门下客，为王爷的家人作一些祝寿词，换取微薄收入。

这位布衣终身的才子，在半生飘零后依旧困顿，不久后贫病交加而死。这也是当时许多底层文人的共同命运。

吴文英逝世后又过了十多年，南宋灭亡（吴文英生卒年存在争议）。

吴文英在《宋史》中并无传，一生也没做过什么丰功伟业，甚至地方志也不愿着墨的人物，却成为宋词一代宗师，留下了340余阕词，在两宋词人中，数量仅次于辛弃疾、苏轼、刘辰翁。

他的词里没有辛弃疾“了却君王天下事，赢得生前身后名”的抱负；没有陆游“死去元知万事空，但悲不见九州同”的悲愤；也没有文天祥“人生自古谁无死，留取丹心照汗青”的坚决，尽管文字晦涩，写的却是寻常人在大时代下的生离死别、苦辣酸甜，以及痴心的爱情。

宋词的世界，不能没有吴文英，不能没有那些被埋没在历史中的平凡人。

周密：故国、诗词与野史

元成宗元贞元年（1295），赵孟頫（1254–1322）病了，他从山东济南辞官回到了浙江吴兴（今湖州）老家。

在休养的日子里，他每天不是写写字、绘绘画，做做运动，就是出门找朋友们吃酒喝茶。

一天风和日丽，赵孟頫专程跑去临安（今杭州）拜访了老友——前朝老前辈周密（1232–1298）。赵孟頫是元初的文坛领袖，“元人冠冕”，妥妥的一个大才子，但是大才子却更加崇拜老才子周密，整天以后学自称！

谈笑间，周密听闻赵孟頫不久前刚从济南回来，有些黯然神伤，这让他有些想家了。周密的祖籍在济南，但他生于江南长于江南，竟一辈子都没有机会回故乡看一眼。周密已经六十四岁了，按照古人的平均寿命来衡量，几乎也快走到头了。

赵孟頫一看此情此景，只好细细地向老友转述他任官时的见闻，尤其盛赞了济南的山水之胜。他告诉周密：“济南的山，数华不注山最有名，《左传》里就已经提到了，那座山啊，拔地而起尖耸入云，真壮观啊！……东边还有一座不一样的，那是鹊山，长得像元宝浑圆敦厚，很有意思啊！”

为了让周密可以进一步寄托怀乡之情，赵孟頫还特地提笔挥毫，凭借记忆描画了一幅济南的山水写意图——《鹊华秋色图》，赠予了周密。

周密如获至宝，老泪纵横，把画收录进自己的藏画集《云烟过眼录》。这幅画也一直陪伴他走过人生的最后几年，被誉为思乡之画。

1

山东济南在宋时叫历城，历城东北郊有一座历史名山，即华不注山。早在北宋初年时，周密的祖先就是定居在这座名山脚下的。

靖康之变（1127）后，康王赵构在群臣的拥立下即位。他放弃了中原，匆忙南渡，据长江天险定都临安，是为南宋。

周密的曾祖父周秘也正是在这个时候散尽家财，带着全家南下避乱。后来，周秘入朝为官，官至御史中丞，在太湖边的湖州弁山下购置了一些田产，安居下来，世世代代成了湖州人氏。

周密生于江南，长于江南，但他始终认为湖州只是他的第二故乡，第一故乡永远是历城，终其一生都没有忘记自己是中原人的后裔。直到晚年，借由赵孟頫赠予他的《鹊华秋色图》，他才“见到”了那从未得见又日夜萦怀的华不注山。

在他的野史杂著中，经常可看到他自称“历山周密公瑾父”“齐人周密”“华不注山人”等。他曾在信中对友人说：“我自实其为齐，非也；然客为我非齐，亦非也。我家曾大父中丞公实始自齐迁吴，及今四世，于吴为客。先公尝言：我虽居吴，心未尝一饭不在齐也。岂其裔孙而遂忘齐哉？”

这话的意思大概是这样的：你以为我是齐人吗？其实我不是。但是如果你要说我不是齐人，这更加不对了。因为无论是我的祖先，还是我，我们心的归属都在齐啊！

南渡士大夫对中原故土刻骨铭心的思念可见一斑。

周密的父亲周晋入仕以后，任职主要在福建、浙江这一带，周密的青少年时代，也是跟随着父亲东奔西走。东南闽浙间的青山绿水、名胜古迹，处处留下了他们的行迹。

淳祐元年（1241），他们由福建回临安，一路上瘟疫流行，人烟稀少，满目萧条。然而进了临安后，城中歌舞升平，仿佛无忧无虑的太平盛世。此时距离靖康的乱业已经过去一百多年，南宋历高宗、孝宗、光宗、宁宗、理宗数朝，勉强维持着“剩山残水无态度”的半壁河山。

周密常常跟随着父亲四处拜访文友，听到许多先朝故事，又耳闻目睹了许许多多的奇闻轶事、风土人情，给他小小的心灵埋下了一颗种子。

成年后的周密，几乎有二十年（1257–1276）的时间一直客居在临安，依附着岳父杨伯岩的儿子们生活，同时也兼任僚史这一类小官。

周密的一生都没有登第，早年间曾以门荫应试吏部铨试得了第十三名。他既没有过李白杜甫那样的漫游和漂泊，也没有苏轼辛弃疾那样的大起大落升沉不定，有的不过是怀才不遇，正如封建时代大多数文人的遭遇一样。

溪上垂垂雨又晴，泪荷颦柳满沙汀。
水声不洗千年恨，山色空馀六代青。
感慨有诗怀故国，英雄无泪泣新亭。
孤忠耿耿人谁会？酹酒钟山试乞灵。

——周密《次程仪父游清溪》

景定二年（1261），周密在当时的临安知府马光祖的幕下谋得了一份工作，帮忙协理京畿漕运，但不到两年却卷进了“买公田”案中。

当时南宋经济濒临崩溃，国库空虚，边费严重不足。当朝宰相贾似道提出实行祖宗限田之制，官买公田。本来公田法有其积极的一面，可惜在实施的过程中逐渐偏离了最初设定的路线，以至于变成了“借戕民以富国”。

景定四年（1263），周密得到了一个任务——前往毗陵（今江苏武进）催督买田。周密是个刚肠嫉恶的正直人，他一到任所，就着手调查当地土地的实际情况，大刀阔斧地砍掉了底下人呈报的买田浮额的十分之三，尽自己所能放免了部分坑害农民的公田。

这不是明摆着要跟上头对着干吗？周密听说贾似道准备给他“小鞋”穿，甚至还有性命之忧，立刻就提交辞呈，拂衣而去，毫不留恋。

只是这一份潇洒的背后多多少少也会有些不甘，在一首写给友人的诗里，他自嘲自己已是朝廷的“无用之木”“不燃之灰”。

季鹰次第赋归来，底用莼鲈苦苦催？
顾我已如无用木，从人自笑不燃灰。
江湖空有忧时叹，朝野应多济世才。
不信子牟存阙意，可能全付与衔杯？

——周密《次竹窗见寄韵》

风波过后，周密从湖州又回到了临安，开始和杨缵、张枢等人闲游，他们吟风赏月，切磋音律，磨练词艺，对当时的词坛产生了巨大的影响。

今后的十几年中，周密都过着一种似隐非隐、亦俗亦仙的生活，他渴望一展抱负，兼济天下，却又消沉在低级掾吏的无穷案牍公务里。一直到德祐二年（1276）三月，临安城破，南宋覆灭。

2

那年的冬天，周密在会稽（今浙江绍兴）造访了王沂孙，两人同蒋捷、张炎一起并称“宋末词坛四大家”。

故人依旧，然而世事已非。二人同游会稽的蓬莱阁，周密观河山而痛哭，写下了充满亡国之恨的名篇《一萼红·登蓬莱阁有感》：

步深幽。正云黄天淡，雪意未全休。鉴曲寒沙，茂林烟草，俯仰千古悠悠。岁华晚、飘零渐远，谁念我、同载五湖舟？磴古松斜，厓阴苔老，一片清愁。

回首天涯归梦，几魂飞西浦，泪洒东州。故国山川，故园心眼，还似王粲登楼。最怜他、秦鬟妆镜，好江山、何事此时游！为唤狂吟老监，共赋消忧。

之后，周密历尽艰危回到湖州弁山下，开始了亡国后的隐居生涯，而王沂孙不久后将在“不可以仕而不可以不仕”的政治环境里仕元。

宋朝亡了，但是对于很多人，尤其是对于宋朝的知识分子来说，宋朝长存于他们心中。

元代大儒郝经曾说：“宋有天下，文治三百年，其德泽庞厚，膏于肌肤，藏于骨髓。民知以义为守，不为偷生一时计。其培植也厚，故其持藉也坚。”

宋朝文人有的选择随宋一起同生共死，有的选择浪迹湖山，有的悄然闭户，有的则遁入空门。

有个南士郑思肖，一开始并不叫这个名字，宋亡了才改名“思肖”，意思是“思赵”。这人每天坐卧必定朝南，每年各个节气还必定望着南边痛哭跪拜。他很擅长画墨兰，但是自从宋亡了后，画兰再也不画土，就让墨兰的根赤裸裸地暴露在空中。别人很疑惑，他则悲愤地反问其人：“我们的地都被夺去啦，你难道不知道吗？”

虽然周密对于亡国后的反应不似郑思肖那样表现激烈，但是他也抱定了忠于故国、义不仕元的决心，做好了隐居终老的打算。为此，他自号“草窗”，取窗前之草闲适自得之意，彰显了他的隐士身份。

然而，湖州弁山下的家园不久后在兵火战乱中被毁，满目疮痍，再也无法继续安身，他只好再次举家搬回到了如今已是一片残垣断壁、废池乔木的故都临安，再次依老丈人的后人而居。

元世祖至元二十三年（1286）初春，时值临安倾覆十载，周密邀请当时的名流文士王沂孙、戴表元、仇远、白珽、屠约、张榘等十四人共聚杨氏池堂，吟咏唱和，共抒遗民情怀。

在周密的这群故友中，有的人或主动或被迫仕元，但是他却并没有因为他们的出山、释褐而与之绝交，也并没有抱着那种高高在上的态度。周密体谅了他们的尴尬处境和苦衷，也用心去理解了他们内心的痛苦、犹疑、悔恨和惭愧，理解了他们是“不可以仕而不可以不仕”而已。

周密的词友陈允平作为人才被征召到大都，周密给他饯行，并赠予他一首词《高阳台·送陈君衡被召》：

照野旌旗，朝天车马，平沙万里天低。宝带金章，尊前茸帽风欹。秦关汴水经行地，想登临、都付新诗。纵英游，叠鼓清笳，骏马名姬。

酒酣应对燕山雪，正冰河月冻，晓陇云飞。投老残年，江南谁念方回。东风渐绿西湖柳，雁已还、人未南归。最关情，折尽梅花，难寄相思。

周密劝慰他好自为之，不必沮丧颓唐，同时又委婉暗示他不要留恋官场，不要忘记了江南的故国旧人。

赵孟頫以宋宗室后裔的身份出仕元朝，不少时人和后人都对他有所不满和指责，但是周密却不带偏见，大大方方地和他往来，酬唱赠答，谈书论画。对于周密的体恤和相知，赵孟頫一直心存感激。

三年谩仕尚书郎，梦寐无时不故乡。
输与钱唐周老子，浩然斋里坐焚香。

——赵孟頫《部中暮归寄周公谨》

3

宋亡后不久，周密开始把大部分的时间都用于前朝旧史的搜罗和编撰中，进行故国野史的记录和撰写，成了知名的野史作家。在他看来，著史是在文化萎缩，甚至倒退的乱世之际，保持传统延续的必要途径。

他的一生著述极为丰富，极为高产，据统计前后不下数十种，流传下来的也有十多种，如《齐东野语》《癸辛杂识》《武林旧事》《浩然斋雅谈》《绝妙好词笺》《草窗韵语》等。

周密在著述中力主客观全面评定历史人物，遵循直笔而书，实事求是，不仅将正面人物的反面揭露出来，也会在指责声中指出可取之处。

比如在《齐东野语》中评价贾似道时，周密一方面揭露他颠倒朝纲、弄权误国、好大喜功及排除异己等人性侧面，另一方面也肯定了他有利于民生的进步举措，并不像一般史学家那样全盘否定。

但是，周密的这种做法却也为他自身的历史评价招致了许多误解。明人胡应麟、清人陆心源和赵翼都曾经因为周密“特立独行”地提到了贾似道这种大奸臣的优点，而认为周密百分之百是在帮贾似道洗白，从而断定周密就是贾似道的门客，进一步鄙薄了周密为人。

其实，周密这种“特立独行”的思想，跟他小时候就具备的疑史精神有关。

当周密还是个小孩子的时候，有一次他阅读史籍，发现某件事和社会上流传的说法很不一样，跟官修正史的记载也有出入，这让他疑惑不解，于是跑去问他的父亲。周晋搬出了老祖宗的几大箱书稿挨个翻查核实，告诉他：“这件事的记载和我们祖宗记载的大体相同，那么应该是可信的；至于社会上流传的话很可能是以讹传讹；国史记载也有可能出于私心，不能完全相信。对此，你要学会辨别。”

接着周晋又教育周密在进行史学著述时，要像老祖宗一样如实记载，不能因为个人的爱恨和私心就随意删减篡改。

此外，周密还突破了传统观念，勇于书写女性。正史中是不会为妾、婢女、妓女等身份低贱卑微的女子立传的，但是周密偏说：“我不！”他认为能在乱世中守节不屈的人，不论男女，都很可敬，都要如实记录下来。

在《齐东野语》里就收录了台州妓女严蕊不畏强权宁死不屈，通过作词自陈冤情自救的故事。同书“昌化章氏”一则，记载了章氏宁愿将亲生的孩子给没有子嗣的弟弟抚养，也不愿舍弃抱养来的孩子的感人事迹，周密对此大为感叹：“妇女有识，尤可尚也。”

事实上，这何尝不是周密的“有识”？这些“野史轶事”要不是他有心记录，早就湮灭了，谁会记得？

4

周密是个多面手，在南宋末年，他是当之无愧的雅词词派的领袖。他的词作受到了周邦彦、姜夔、吴文英的很大影响，典雅清秀，是婉约派宋词的完美体现。

大体看来，周密不像秦观那样多愁善感，不像周邦彦那样矜持有余，也不像姜夔那样孤独清高，更不像吴文英那样性格内向，有评论家倒是觉得周密很接近苏轼那种超脱不羁而又不失儒雅的气质。

恰巧，周密不仅诗词文皆通，且书法、绘画、琴乐俱佳，是一位少见的艺术全才，加上他乐于交游，健于谈吐，性情阔达，也许还可以加上一点好玩，喜欢“评砚品、临书谱、笺画史、修茶具”，对星象历术、考古占卜、鬼神灾异无不感兴趣，这不正是苏轼一类的人物吗？

总归，在宋末众多词人之中，周密的性格气质是独特的。

岁月飞驰，词人老了，周密又回到了弁山下，在先人的墓旁为自己卜了一块风水宝地，并在附近搭了一座草庐，起名“复庵”。

闲下来的日落黄昏，他为自己写了一篇千字自铭文，讲述了自己的家世、遭际、学问和为人，对自己的一生作了全面总结。

最后，他是这样评价自己的：“粗谨操，修辱知，诸老晤赏识拔，与一时名辈颉颃盛际者余二十年。自惟平生大节不悖先训，不叛官常，俯仰初终，似无慊怍，庶乎可以见吾亲于地下矣。”

他的一生问心无愧，安然而逝。

小雨分江，残寒迷浦，春容浅入蒹葭。雪霁空城，燕归何处人家？梦魂欲渡苍茫去，怕梦轻、还被愁遮。感流年，夜汐东还，冷照西斜。

萋萋望极王孙草，认云中烟树，鸥外春沙。白发青山，可怜相对苍华。归鸿自趁潮回去，笑倦游、犹是天涯。问东风，先到垂杨，后到梅花？

——周密《高阳台·寄越中诸友》

一切都过去了，但他的作品和人格，如前朝梦忆，呢喃至今。

最后的宋词：宋蒙战争及其结局

屡试不第的陈人杰写了三十一首《沁园春》，二十六岁便与世长辞，是南宋词坛短寿的词人之一。

随着宋蒙战争局势每况愈下，这位年轻词人的作品充满时局的紧迫感，痛斥南宋统治者腐朽无能，说出黎民百姓想说而未说出的话：

谁使神州，百年陆沉，青毡未还？怅晨星残月，北州豪杰；西风斜日，东帝江山。刘表坐谈，深源轻进，机会失之弹指间。伤心事，是年年冰合，在在风寒。

说和说战都难，算未必江沱堪宴安。叹封侯心在，鳣鲸失水；平戎策就，虎豹当关。渠自无谋，事犹可做，更剔残灯抽剑看。麒麟阁，岂中兴人物，不画儒冠？

这首《沁园春·丁酉岁感事》，写于宋理宗嘉熙元年（1237），陈人杰当时年方弱冠。

这一年，蒙古窝阔台汗分兵两路南下，抄掠宋境，宋军节节败退。

一个属于词的时代，在战火与苦难中逐渐走向落幕。

1

有学者将历时近半个世纪的宋蒙战争分为六个阶段。

第一阶段是，端平元年（1234）六月至八月，宋军联蒙灭金后，乘势收复河南三京。

第二阶段是，端平二年（1235）至淳祐八年（1248），宋蒙战争全面爆发。作为抗蒙防线的设计者之一，南宋名将孟珙曾统御南宋边境三分之二的战线，他尤其重视巴蜀与襄樊的防线，指出“襄、樊为朝廷根本”，针对川蜀防线提出了“上流备御宜为三层藩篱”的理论。

第三阶段是，宝祐五年（1257）十二月至景定元年（1260），这一时期，在四川发生了王坚指挥的钓鱼城保卫战，在荆襄有贾似道指挥的鄂州保卫战。

第四阶段是，宋度宗咸淳四年（1268）九月至九年（1273）二月，最著名的是襄阳之战，宋蒙围绕着襄阳、樊城展开生死攸关的攻防战。

第五阶段是，咸淳十年（1274）九月至德祐二年（1276）三月，元军攻破襄阳后开始沿长江拉开战线，最终占领临安（今浙江杭州），瓦解了南宋政权。

第六阶段是，景炎元年（1276）九月至祥兴二年（1279）二月，南宋流亡政府在闽、赣、粤等地与元军殊死一战，包括最后的崖山海战。

蒙古军摧枯拉朽席卷大半个世界，从来没有遭遇这样顽强抵抗的硬骨头。

宋开庆元年（1259），蒙军兵分三路，大举侵宋，蒙古大汗蒙哥在攻打钓鱼城（在今重庆合川区）时死于军中。

蒙哥汗死得蹊跷，或是气死，或是病死，或是战死，众说纷纭。一种说法是，两军交战时，蒙哥为鼓舞蒙军士气亲自登上高楼，擂鼓助威。宋军守将王坚见状，调来炮石，集中火力向擂鼓之人射击，蒙哥伤重而死。

可以肯定的是，钓鱼城的一声惊天炮响，在长江中游的京湖战场引发了一系列连锁反应：一是，正在攻打荆襄的蒙哥之弟忽必烈放弃围攻鄂州，北归后赢得了汗位；二是，贾似道在与忽必烈的对峙中解鄂州之围，凭借功劳入朝执掌大权，成为南宋最后的权相。

当时，坊间流传八卦，贾似道之所以能让蒙古军退兵，是他私自以“割江为界，且岁奉银二十万两，绢二十万匹”为条件，与忽必烈订立了城下之盟。南宋的主战派大臣大都对贾似道不服气。

大臣王埜在枢密院主管过军事，还曾负责长江防务，正闲居在家，一听说贾似道凭借如此手段上台，将满腔怒气化作了一首《西河》：

天下事，问天怎忍如此！陵图谁把献君王，结愁未已。少豪气概总成尘，空馀白骨黄苇。

千古恨，吾老矣。东游曾吊淮水。绣春台上一回登，一回揾泪。醉归抚剑倚西风，江涛犹壮人意。

只今袖手野色里，望长淮、犹二千里。纵有英心谁寄！近新来，又报胡尘起。绝域张骞归来未？

王埜长叹道，老天啊！你怎么忍心让我大宋走到今日的地步！想当年我镇守江宁时，到秦淮河边凭吊，每次登临江宁府的绣春台北望中原，就擦一次眼泪。我现在老了，身在田野，远离前线千里之遥，恢复中原的心思，又该托付给谁？听说近来蒙古军不断南下，我们有像张骞那样的英雄从远方归来吗？

贾似道果然让王埜失望了，他掌权后，首先做的不是起用忠臣良将，而是排除异己。

在钓鱼城抗蒙有功的王坚，因受贾似道排挤，被免去兵权，忧愤而死。二十一岁就高中状元的文天祥，因为性格忠直得罪贾似道，以致被贬出朝外。就连另一个宰相吴潜也被贾似道陷害，贬到循州（今广东龙川），最后被贾似道的党羽下毒害死。

吴潜也是南宋后期的著名词人之一。这位状元宰相一生存词颇多，年轻时与姜夔、吴文英均有来往，他继承了苏、辛的豪放派词风。词大多感慨时事，吐露忧国之音。

在镇江为官时，吴潜就因此城地势险要、风景壮丽，联想到蒙军威逼南宋的形势，写有《沁园春·第一江山》一词：

第一江山，无边境界，压四百州。正天低云冻，山寒木落，萧条楚塞，寂寞吴舟。白鸟孤飞，暮鸦群注，烟霭微茫锁戍楼。凭阑久，问匈奴未灭，底事菟裘。

回头，祖敬何刘。曾解把功名谈笑收。算当时多少，英雄气概，到今惟有，废垅荒丘。梦里光阴，眼前风景，一片今愁共古愁。人间事，尽悠悠且且，莫莫休休。

这样一位爱国词人，却报国无门，被贬至死，只能感慨“岁月无多人易老，乾坤虽大愁难著。向黄昏、断送客魂消，城头角”。

景定五年（1264），宋理宗病逝，贾似道拥立理赵禥为帝，即宋度宗。史书记载，赵禥天生体弱，可能智力也有缺陷，七岁才会开口说话，宰相吴潜多次请宋理宗另选宗室子弟为继承人，但宋理宗不听劝告。

山雨欲来风满楼，宋度宗昏聩无能，只能把朝政全部交给贾似道。

2

贾似道喜欢斗蛐蛐，写了一本研究蟋蟀的《促织经》，被后世讽刺为“蟋蟀宰相”。贾似道执政十五年，为对付蒙古实行了种种改革，可惜大都以失败告终。

南宋后期，战事频繁，需要花费大量的军费，财政压力巨大。时人曾指出，军费在国家财政支出中占比惊人，“东南民力，耗于军费者十八”。

为此，贾似道一党提出了“公田法”，规定“买官户逾限之田”，也就是将官僚、地主占有土地超过规定的部分，抽三分之一买充公田，租赁给农民耕作，政府按原有租额收取田租，以此解决军粮、物价、土地兼并等问题。

这是在南宋土地兼并严重的背景下，实施的一项战时经济政策。为查清隐藏田产，厘正赋税隐漏，贾似道又推出了与公田法相辅相成的“推排法”。

此后十四年间，公田法共为南宋买回田地三百五十余万亩，却始终难以抑制经济危机。官僚、地主都觉得政府买回公田，自己成了受害者，也都想方设法反对公田法。

在针对军事的改革“打算法”中，贾似道下令对战时军费进行会计监察，对于其中不合法的支出，要求武将予以偿还，并将获罪的将领投狱治罪。

此举可以整治军队中的贪污腐败现象，也可以肃清对贾似道不满的驻边诸将。贾似道大概也没想到，“打算法”在不经意间改变了南宋的命运。抗蒙有功的将领刘整，看到贾似道迫害了一大批武将，愈发感到难以自保，于是叛宋降蒙，点燃了襄阳之战的导火索。

另一边，鄂州之战后，忽必烈回到北方，在汗位之争中胜出，将都城迁到原来的金中都，营建新城，称为大都（即今北京），并于1271年改国号为元。

忽必烈此前与贾似道交战吃过亏，不知对南宋该从何处“下口”。刘整一来，就向忽必烈进言：“宋主弱臣悖，立国一隅，今天启混一之机。臣愿效犬马劳，先攻襄阳，撤其扞蔽。”

他认为，蒙古要灭宋，先打襄阳，然后顺江而下，取鄂州，陷江淮，攻下临安。

忽必烈认可了。宋蒙再度在京湖战场展开大战。

3

元军为攻打汉水两岸的襄阳、樊城投入了过半的国库收入（“以国家每岁经费计之，襄樊殆居其半”），筑起堑垒围困襄阳，整日攻城，孱弱无力的南宋军队屡战屡败。

元军将领张弘范志在必得，在围攻襄阳时作词《鹧鸪天》：

铁甲珊珊渡汉江。南蛮犹自不归降。东西势列千层厚，南北军屯百万长。

弓扣月，剑磨霜。征鞍遥日下襄阳。鬼门今日功劳了，好去临江醉一场。

在元军铁甲的撞击声中，襄樊城池危在旦夕。

宋咸淳九年（1273），拱卫南宋多年的襄阳兵尽粮绝，守城的吕文焕率军投降元朝。襄阳失利后不久，贾似道曾经拼死保卫的鄂州也随之陷落，长江沿岸主要防卫据点十二府州相继投降。

襄樊失守后，朝野震动，京湖制置使汪立信赶紧给贾似道写信，告诉他，如今只有两条计策，上策是将各州府的七十余万军队全调出来守卫长江，中策是与元军议和，作为缓兵之计，二三年后边防稍固，可攻可守。

汪立信有一只眼睛是瞎的。贾似道得到他的信后，大骂道：“瞎贼怎敢如此胡说！”

国难当头之际，贾似道不听汪立信劝告，率军再战蒙古兵，在1275年的丁家洲之战，南宋军队上下离心，还未与元军交战就全部瓦解，兵败如山倒。南宋十三万主力从丁家洲（今安徽铜陵北）大败而归，贾似道败走鲁港，在部下的掩护下逃走，彻底输光了一生的名声。

反对贾似道擅权的文天祥不禁感慨："己未鄂州之战何勇也，鲁港之遁何哀也。"

贾似道自知大势已去，在兵败前见到之前被他痛骂的汪立信，还向他求助，说："端明，端明（汪时任端明殿学士），悔不听你的话，以至于此！"汪立信只好说："平章，平章（宰执之称），瞎贼我已经没什么可说的了。"

听闻贾似道兵败后，汪立信不忍见亡国之祸，自杀而死，临终前叹息道："吾今日犹得死于宋土也！"

丁家洲兵败后，贾似道成了万人唾骂的落水狗，其备受争议的改革彻底破产，朝中大臣纷纷上书要求杀他以谢天下。

这一年，天生残疾的宋度宗已经病死，朝政由宋理宗皇后谢道清主持，她立四岁的度宗之子赵㬎为帝（即宋恭帝）。赵宋皇室不忍杀三朝老臣，贾似道只是被罢官，贬到循州，这正是当年吴潜贬谪、服毒而死的地方。

于是，有人在人去楼空的贾府墙上题了一首讽刺词《长相思》：

去年秋，今年秋，湖上人家乐复忧。西湖依旧流。

吴循州，贾循州，十五年前一转头。人生放下休。

昔日权倾朝野的贾似道，最终在贬谪路上被仇敌所杀，此时，南宋早已陷入万劫不复之地。权相死了，但南宋最后的主战派，无论是曾经反对他，还是支持他的人，仍然在绝境中奋战。

这其中，就有文天祥。

4

蒙古兵南下时，文天祥“尽以家资为军费”，带兵勤王，这支义军却被久经战阵的元兵屠戮殆尽，他不得不率领残兵退保余杭。

之前，有友人劝告文天祥，如今元兵三路直逼临安，而你却带着一万多人的乌合之众去以卵击石，这跟羊入虎口有什么区别?

文天祥回答说，我又何尝不知，但国家危难，眼下征召天下勤王，却“无一人一骑入关者，吾深恨于此，故不自量力，而以身徇之，庶天下忠臣义士将有闻风而起者”。

在大宋最后一段跌宕岁月中，文天祥是英勇的逆行者，也是南宋士大夫真正的风骨，尽管在宰相陈宜中等人看来，文天祥的勤王之举不过是“猖狂”“儿戏”。

德祐二年（1276），贾似道死后不到半年，南宋都城临安陷入元军重重包围，朝廷无人可用，任命文天祥为临安知府，协助保卫京师。

临安危急，宰相陈宜中、留梦炎都主张向元军投降。忠心报国的文天祥、张世杰、陆秀夫（三人并称为“宋末三杰”）等人坚持抵抗元军，他们认为，应该依托临安城中的几万残兵和数十万百姓支持决一死战。

文天祥等人请太后与小皇帝先乘船到海上暂避，陈宜中不同意，劝谢太后向元军奉上宋恭帝的降表，而他自己与留梦炎却逃走了。

谢太后只好将文天祥任命为右丞相兼枢密使，让他与城外元军主帅伯颜谈判投降事宜。

无奈之下，文天祥代表宋廷去见伯颜，可他依旧不愿低头，当面与伯颜据理力争，完全不畏惧气焰嚣张的元军，就不谈投降。伯颜或许没想到南宋即将灭亡，竟然还有人敢这样顶撞他，气得将文天祥拘押起来。

这一年早春二月，临安陷落，宋廷投降，恭帝被俘，南宋几乎名存实亡。

春天，从此成为南宋遗民最悲痛的回忆。宋词中的临安，从此只剩下血泪的回忆。

出身贵族的张炎，六世祖是南宋中兴四将之一的张俊，其祖父张濡在宋元战争中镇守临安西北重镇独松关，城破后被杀，张炎之父也在战乱中下落不明。

临安陷落之前，张炎过的完全是“承平故家贵游少年”的生活，词中较少顾及南宋即将覆亡的现实，多是临安的繁华世界。可在张炎二十九岁这年，他的家产被攻破临安的元军抄没，从此妻离子散，由一个富家公子沦为无家可归的“可怜人”，他的词也不可避免地走向哀伤。

因张炎代表作为《南浦·春水》《解连环·孤雁》两首，他被人称为“张春水”或“张孤雁”。

《解连环·孤雁》即张炎在南宋亡后所作，是一首著名的咏物词，书写落难公子的羁旅漂泊：

楚江空晚。怅离群万里，恍然惊散。自顾影、欲下寒塘，正沙净草枯，水平天远。写不成书，只寄得、相思一点。料因循误了，残毡拥雪，故人心眼。

谁怜旅愁荏苒。谩长门夜悄，锦筝弹怨。想伴侣、犹宿芦花，也曾念春前，去程应转。暮雨相呼，怕蓦地、玉关重见。未羞他、双燕归来，画帘半卷。

另一位词人王沂孙，也目睹了临安被攻陷的历史，深感山河破碎。

月有再圆时，但故国河山已经沉沦，江山易主，无复当年之景。这一年秋天，王沂孙写下其托物喻志的代表作《眉妩·新月》：

渐新痕悬柳，淡彩穿花，依约破初暝。便有团圆意，深深拜，相逢谁在香径。画眉未稳。料素娥、犹带离恨。最堪爱、一曲银钩小，宝帘挂秋冷。

千古盈亏休问。叹慢磨玉斧，难补金镜。太液池犹在，凄凉处、何人重赋清景。故山夜永。试待他、窥户端正。看云外山河，还老桂花旧影。

与张炎等人同样不幸的，还有蒋捷。

蒋捷大约三十岁时考中进士，这一年是宋度宗咸淳十年（1274），距离临安失陷只剩下两年。因此，在蒋捷一心想要施展抱负的青年时期，南宋就灭亡了，他的后半生在元朝度过，却不肯依附蒙古人，常怀故国河山之痛。

伯颜率军攻陷临安后，蒋捷为躲避战火，被迫流亡到苏州一带。这首《贺新郎·兵后寓吴》形象地描绘了这一段生活经历：

深阁帘垂绣。记家人、软语灯边，笑涡红透。万叠城头哀怨角，吹落霜花满袖。影厮伴、东奔西走。望断乡关知何处，羡寒鸦、到着黄昏后。一点点，归杨柳。

相看只有山如旧。叹浮云、本是无心，也成苍狗。明日枯荷包冷饭，又过前头小阜。趁未发、且尝村酒。醉探枵囊毛锥在，问邻翁、要写《牛经》否。翁不应，但摇手。

蒋捷告别妻儿老小，流落他乡，来回奔走。他见山色未改，亡国之后的世事却如白云苍狗。蒋捷带着荷叶饭充饥，穿过眼前的小山四处找工作，所幸谋生的工具毛笔还在。他问村里的老翁，您需不需要抄写《牛经》？老翁只是摇摇手而已。

张炎、王沂孙、周密和蒋捷，这四位词人被后世称为“宋末四大家”。他们在国破家亡之后书写最后的宋词。但此时，南宋还没有亡，还有人在守护着这个王朝，坚守最后的气节。

5

临安失陷前，谢太后命令陆秀夫等人秘密护送着赵宋皇族最后的血脉、宋恭帝的两个兄弟——七岁的赵昰和五岁的赵昺，出走福州。

德祐二年（1276）五月，陆秀夫与张世杰在福州拥立赵昰为帝，从元军手中逃脱的文天祥也在历经九死一生后与他们会合，重新树起南宋的旗帜，进行最后的抗争。

江西庐陵人刘辰翁，与同乡文天祥师出同门，颇有交情，也曾反对贾似道专权，在受到排挤后自请退休，到赣州任濂溪书院山长。他听说老同学文天祥起兵勤王后，也曾参与其江西幕府，后来元军入临安，刘辰翁再度隐居山中，从此不仕。

当文天祥等人在福建一带继续作战时，刘辰翁时常独坐于孤灯下，遥想抗击元军的义士们，他曾写下一首《柳梢青·春感》：

铁马蒙毡，银花洒泪，春入愁城。笛里番腔，街头戏鼓，不是歌声。

那堪独坐青灯。想故国、高台月明。辇下风光，山中岁月，海上心情。

天下兴亡，匹夫有责。文天祥、陆秀夫与张世杰，以及千千万万抵抗元军的英雄，在临安陷落后坚持不懈地战斗着。

三年间，年仅九岁的宋端宗赵昰在流亡途中病逝，陆秀夫又与张世杰一起拥立当时年仅七岁的赵昺为帝，继续抗争。

宋祥兴二年（1279）二月，在广东崖山，陆秀夫和张世杰率领着残余的十多万南宋军民，与元兵展开了最后的战斗。最终一战，宋军惨败，陆秀夫毅然背着八岁的宋帝昺投海自尽，张世杰也在奋战之后坠海溺亡，十多万南宋军民宁死不降。

史载，此战，“浮尸出于海十余万人”。

临安沦陷的三年后，南宋在崖山的风浪之中彻底覆灭。

崖山之战后，元军将领张弘范，下令在崖山北面的石壁上，刻下了“镇国大将军张弘范灭宋于此”十二个字。元朝灭亡后，当地人将张弘范的字全部铲掉，改刻上了“宋丞相陆秀夫死于此”九个大字。

刘辰翁深知，再也不可能跟随老同学文天祥抗元了。在这一年，他仿照北宋末年女词人李清照的口吻，写下一首《永遇乐》。同样是在春天，一个代表痛苦的春天：

璧月初晴，黛云远淡，春事谁主？禁苑娇寒，湖堤倦暖，前度遽如许！香尘暗陌，华灯明昼，长是懒携手去。谁知道，断烟禁夜，满城似愁风雨！

宣和旧日，临安南渡，芳景犹自如故。缃帙流离，风鬟三五，能赋词最苦。江南无路，鄜州今夜，此苦又谁知否？空相对，残红无寐，满村社鼓。

刘辰翁就像安史之乱后的杜甫，流落民间，一轮明月寄托着他的国仇与家恨，他却只有空自悲戚。

远在刘辰翁的千里之外，此前，文天祥率军在广东五坡岭与元军激战，兵败后被元军俘虏。崖山之战时，他被关押在海船上，目睹了这场南宋的亡国之战。

渡海时，张弘范命文天祥写信招降张世杰。文天祥自然不肯答应，他回顾平生，以诗明志，写下这首《过零丁洋》：

辛苦遭逢起一经，干戈寥落四周星。
山河破碎风飘絮，身世浮沉雨打萍。

惶恐滩头说惶恐，零丁洋里叹零丁。

人生自古谁无死，留取丹心照汗青！

元军将领不断劝降文天祥，跟他说：“你的国家已经灭亡了，你对宋朝的忠孝已经倾尽全力了。如果你能用对待宋朝的忠心，来对待当今圣上（忽必烈），一定还可以当上宰相。”

文天祥却说：“国亡我不能救，死也赎不了我的罪，又怎么能够背叛国家，不与之同生共死呢？”

张弘范不禁动了恻隐之心，只好向忽必烈报告，命人将文天祥护送到元大都。被俘之后，文天祥已多次尝试自杀，他吞食有毒的冰片二两，昏眩许久，竟不能死，也在途中绝食八日，仍然不死。如今前往大都，面对蒙古人的屠刀，反而可求一速死，为宋殉葬。

文天祥被押解北上途中，路过南康军（治所在今江西星子县）。这是他在过去三十年间，第3次经过此地，但这一次，国已破，家已亡，文天祥回首往事，和苏东坡之韵，将所思所想写入《酹江月·南康军和苏韵》中：

庐山依旧，凄凉处、无限江南风物。空翠晴岚浮汗漫，还障天东半壁。雁过孤峰，猿归危嶂，风急波翻雪。乾坤未老，地灵尚有人杰。

堪嗟漂泊孤舟，河倾斗落，客梦催明发。南浦闲云连草树，回首旌旗明灭。三十年来，十年一过，空有星星发。夜深愁听，胡笳吹彻寒月。

到了元大都的监狱，忽必烈让当时已经九岁的宋恭帝赵㬎出面劝降文天祥。当见过一身蒙古人打扮的宋恭帝时，文天祥立马跪下，连声说："圣驾请回！"

一些前朝旧臣请求释放文天祥为道士，但早已投降元朝的留梦炎不同意，说："文天祥放出来后，又会在江南号召抗元，置我等于何地呢？"

元至元十九年（1283），又是一个春天，元世祖忽必烈亲自召见文天祥，最后一次劝降他。在被关押四年后，文天祥再一次义正词严地拒绝。

忽必烈问他，还有什么心愿？

文天祥心无挂碍，淡然地说道："我文天祥深受大宋的恩德，身为宰相，哪能侍奉二主！愿赐之一死足矣！"

次日，文天祥从容就义。临刑前，他向着南方郑重跪拜，那是南宋故都所在，也是他与陆秀夫、张世杰共同战斗过的地方。

文天祥死后几天，妻子欧阳氏为他收尸，在他的衣带中发现了他的遗言：

孔曰成仁，孟曰取义，惟其义尽，所以仁至。
读圣贤书，所学何事，而今而后，庶几无愧。

6

元军在丙子年（1276）春天攻破临安，之后的每年春天，词人刘辰翁都倍感精神煎熬，常有亡国之痛发作，他在词中不用元朝皇帝年号，只用干支纪年。

1297年，就在刘辰翁临死前的这一年初春，他知道元宵节又要来临，而南宋临安的繁华却已荡然无存。刘辰翁没有丝毫过节的喜悦，只有满腹悲伤惆怅。他写了一首《宝鼎现》：

红妆春骑，踏月影、竿旗穿市。望不尽楼台歌舞，习习香尘莲步底。箫声断，约彩鸾归去，未怕金吾呵醉。甚辇路喧阗且止，听得念奴歌起。

父老犹记宣和事。抱铜仙、清泪如水。还转盼沙河多丽。滉漾明光连邸第，帘影动、散红光成绮。月浸葡萄十里。看往来、神仙才子，肯把菱花扑碎？

肠断竹马儿童，空见说、三千乐指。等多时春不归来，到春时欲睡。又说向、灯前拥髻。暗滴鲛珠坠。便当日、亲见霓裳，天上人间梦里。

刘辰翁在词中回忆道，当年临安的元宵节，处处张灯结彩，美貌的歌女唱起了歌，游春姑娘的轻盈脚步卷起芳尘。月夜下的西湖边，才子佳人在悠扬的音乐声中相会，喝醉了迟迟归去，如果不是亡国灾祸，他们怎么会四处流浪呢？

亡国后出生的孩子，不能亲眼看见故国，只能听别人讲述。故国的歌舞升平，与我们已是天上人间永隔。老夫等了多少时日啊，春天却不归来。这是刘辰翁在词中隐含的悲叹。

这一年元宵节当天，刘辰翁在临安故梦中病逝，享年六十六岁，亲朋好友将他葬在故乡庐陵（今江西吉安）。那也是文天祥的故乡。

南宋灭亡后，张炎告别了富贵生活，在改朝换代后的江南，他再也写不出富贵闲雅的词章。1290年秋，元朝征召江南书画人才赴大都书写金字藏经，张炎作为当地才子应召北行。

本来与新王朝合作，张炎完全能够过上好日子。可是，短暂的北上不仅没有抚慰张炎亡国的伤痛，还让他看清元统治者对“南人”的鄙视与不公。

张炎不愿屈膝待人，他重新回到江南，为求生四处投亲靠友，最后穷苦潦倒，以卖卜为生。

元成宗大德三年（1299）除夕，漂流无依的张炎在苏州写下了悲今悼昔的《探春慢》：

列屋烘炉，深门响竹，催残客里时序。投老情怀，薄游滋味，消得几多凄楚。听雁听风雨，更听过、数声柔橹。暗将一点归心，试托醉乡分付。

借问西楼在否。休忘了盈盈，端正窥户。铁马春冰，柳蛾晴雪，次第满城箫鼓。闲见谁家月，浑不记、旧游何处。伴我微吟，恰有梅花一树。

张炎在身世飘零之中一直活到了1322年（一说1320年），晚年自号乐笑翁，颇有苦中作乐之意。

这位落魄的富家公子，不但是宋元之际的著名词人，更是宋词的总结者。他的词学专著《词源》，上卷是音乐论，下卷为创作论，是中国文学史上一部重要的词学专著。

宋元之际的词坛，一大特点是通过咏物与咏节序来抒发亡国之恨。

在最后的宋朝词人中，蒋捷被称为“樱桃进士”，他在宋亡之初写的这首《一剪梅·舟过吴江》，诞生于其颠沛流离的隐居生活：

一片春愁待酒浇。江上舟摇，楼上帘招。秋娘渡与泰娘桥，风又飘飘，雨又萧萧。

何日归家洗客袍？银字笙调，心字香烧。流光容易把人抛，红了樱桃，绿了芭蕉。

而另一首词《虞美人·听雨》成为蒋捷一生的总结，少年不识愁滋味，中年明白了很多道理，却已过不好人生，只因这时候，他的南宋，已亡了二十多年：

少年听雨歌楼上，红烛昏罗帐。壮年听雨客舟中，江阔云低断雁叫西风。

而今听雨僧庐下，鬓已星星也。悲欢离合总无情，一任阶前点滴到天明。

蒋捷后半生以隐士自居，过着流浪生活，但他不学种瓜，也未学蚕桑，只忙着种竹子。竹，宁折不弯，彰显正直的气节，如同高风亮节的君子。

晚年，蒋捷身处湖边山野，被称为“竹山先生”，元朝多次有人举荐他出来做官，蒋捷每次都拒绝，他不想要元朝的官爵。最后，他抱着心爱的竹子，被埋葬在了竹山，即现在太湖之滨的竺山。

有人说他活了六十多岁，有人说他活了八十多岁。但我们只知他乘烟载雨，一生三听雨，在国破的悲凉中，守着宋词最后的微光。

流光容易把人抛，红了樱桃，绿了芭蕉。在三百一十九年的流光逝去后，宋，亡了。宋词，也亡了。

别集：从宋词中体会宋人生活的侧面

相较于讲述宋代的词，
我们更想讲述词里的宋代，
那些活生生的词人，
那个活生生的朝代，那段活生生的过往。

宋词里的开封往事

宋太祖赵匡胤，很想将首都从开封搬到洛阳。

然而，在开封经营多年、势力深厚的晋王赵光义，非常担心赵匡胤迁都，因为这将导致自己不得不离开老巢和大本营。为此，晋王联合多位大臣，力阻赵匡胤说，开封相比洛阳更加靠近漕运要道，方便接受江淮地区的财赋，如果迁都洛阳，则江南的财赋运输难度将会提高很多，而且，更重要的是“安天下者，在德不在险”。

1

北宋开宝九年（976），为迁都筹谋已久的赵匡胤再次巡幸洛阳，并向臣子们公布了自己的迁都计划。

在赵匡胤看来，开封作为四战之地，除了北临黄河外，其他三面完全没有地形险要可守。就在北宋建国（960）前十三年，947年，契丹军队甚至攻陷开封，灭亡了后晋。

历史的殷鉴不远，为了拱卫开封，这就使得北宋不得不长期在开封屯兵数十万人防备外患。但如此一来，又导致了长期“冗兵”和财政支出庞大，成为北宋立国的沉重负担。

在当时北方几个适合定都的城市里，长安尽管天险巩固，但多年来因河道荒废、漕运艰难，加上生态环境日益恶化，早已失去了作为首都的条件。相比之下，北临黄河、漕运便利，南有嵩岳，东有虎牢、成皋，西控函谷，“河山共戴，形势甲于天下”的洛阳，成了首都的不二之选。

为此，赵匡胤多次巡视洛阳，一直在为迁都做积极准备。

身兼开封府尹的赵光义有自己的“小九九”，而北宋的大臣们，也大多不愿离开在开封经营多年的安乐窝，这使得赵匡胤不由仰天长叹说：“患不在今日，自此去不出百年，天下民力殚矣。”

深怀远见的赵匡胤没能坚持己见，而弟弟赵光义也不会再给他机会。就在赵匡胤仰天长叹的这一年，开宝九年十月，赵匡胤在跟赵光义一起喝了一顿酒后，离奇暴毙。赵光义则在“斧声烛影”中登基上位，是为宋太宗。

北宋永远失去了迁都的机会。

一百五十一年后（1127），随着女真人的长驱直下，北宋将为此付出亡国的代价。

2

在“斧声烛影”中上位后，赵光义不得不开始思索开封无险可守的难题。为了解决北方的隐患，他先是亲征太原、消灭北汉，然后又两次北伐辽国，希望夺取幽云十六州，为开封建立战略屏障。

但两次北伐，北宋均以失败告终。无奈之下，北宋彻底放弃了北伐的希望，转而采取守势经营开封。

开封当时被称为东京、汴梁或汴京，早在春秋战国时期就曾是魏国的国都。隋炀帝开凿大运河后，开封由于濒临黄河和地处大运河中线要道，战略地位日益显赫。五代十国时期，除了后唐定都洛阳外，北方的后梁、后晋、后汉、后周四个朝代都相继定都开封。因此，赵匡胤在陈桥兵变后沿袭开封为首都，也有着历史性的因素。

最为重要的是，开封濒临黄河，有汴水穿城而过，位处大运河的咽喉要道，方便漕运供养首都的人马士众。

赵匡胤死后，坐稳首都地位的开封更加迅速发展。巅峰时期，这座城市人口高达150万人，而同时期号称西方最为繁华的威尼斯城，不过10万人口。

当时，开封城周长达30公里，其中东城垣长8000米，西城垣长7500米，南、北两城垣各长7000米。无论是在面积还是人口，开封都是当时全球最为庞大的城市。宋人孟元老曾经在《东京梦华录》中，回忆当年的东京（开封）城："举目则青楼画阁，绣户珠帘。雕车竞驻于天街，宝马争驰于御路，金翠耀日，罗绮飘香。新声巧笑于柳陌花衢，按管调弦于茶坊酒肆。八荒争凑，万国咸通。集四海之珍奇，皆归市易；会寰区之异味，悉在庖厨……"

作为宋朝巅峰时期的宋仁宗的内臣，词人裴湘在《浪淘沙·汴州》中这样写道：

万国仰神京。礼乐纵横。葱葱佳气锁龙城。日御明堂天子圣，朝会簪缨。

九陌六街平。万国充盈。青楼弦管酒如渑。别有隋堤烟柳暮，千古含情。

那时，作为全球最为繁华的都市，开封城，是宋人的至高骄傲。

但是，开封的盛世危局，正在悄然酝酿。

在开封陨落近九百年后，时常有人提出一个问题：开封在北宋灭亡之后，为何再也难以强势崛起，而沦为默默无名的城市？

说起来，毁灭开封的，正是曾经成就开封的黄河。

作为中华文明的发源地，开封赖以兴盛的黄河到了北宋时期，由于中上游地区的长期过度开发，加上大片森林被砍伐，水土流失已经越来越严重。上游的水土流失逐渐淤积到中下游平原，这就使得开封周围的黄河河床日益增高，在北宋时已开始形成了地上河和悬河，并比沿岸的村庄高出数米之多。

从北宋中期的1048年开始，黄河中下游在几十年内频繁决口，每隔两三年就有一次大决口，每三四十年就发生一次大改道。

最致命的，是来自于1127年靖康之变后的人祸。

早在战国末期的公元前225年，当时秦国大将王贲在围攻魏国都城大梁（开封）时，就曾经扒开黄河大堤水淹大梁，最终迫使魏国投降，从而为秦始皇统一中国拉开了血腥的序幕。

而从唐宋时期开始成为“悬河”的黄河，在成就开封的同时，也成为摧毁开封的不定时炸弹。点燃这颗炸弹引信的，是女真人。

1125年，女真人建立的金国在攻灭辽国后又继续南下，并在1127年的靖康之变中攻陷开封，俘虏了宋徽宗和宋钦宗，导致北宋灭国。随后，女真人继续南下，追击建立南宋的宋高宗赵构。为了阻挡金兵铁骑，1128年，南宋军队在今河南滑县西南扒开了黄河大堤，试图“以水当兵”，由此导致黄河流入泗水，再次由泗水夺淮入海。

1128年的这次人祸，并没有挡住金兵南下，相反，却造成了黄河下游的第四次大改道。

在宋朝军队扒开黄河大堤后，黄河形成了新旧两条河道，并在黄河到淮河之间到处摆荡。由于这个位置刚好处于南宋与金国的对峙前线，宋金双方都无意堵塞决口，以致黄河在整个南宋时期，一直在北方呈现泛滥局面。

大运河由此遭到了严重破坏，开封周边的各条水路和漕运河道也因为黄河泛滥摆荡严重淤塞。于是，开封从北宋时期冠绝全球的第一都市，陨落成了黄泛区的寂寞孤岛。

对于开封在北宋灭亡后的荒凉没落，两宋之际的词人曾觌（1109—1180）在南宋初期一次重返开封后，写下了《金人捧露盘·庚寅岁春奉使过京师感怀作》：

记神京，繁华地，旧游踪。正御沟、春水溶溶。平康巷陌，绣鞍金勒跃青骢。解衣沽酒醉弦管，柳绿花红。

到如今、馀霜鬓，嗟前事、梦魂中。但寒烟、满目飞蓬。雕栏玉砌，空锁三十六离宫。塞笳惊起暮天雁，寂寞东风。

在词句中，曾觌将开封称为“神京”。在北宋灭亡后，无数仍以开封作为精神故都的南宋士大夫，此后一直以“神京”“玉京”

等各种称呼来指代开封。在他们心中，开封是永远不能泯灭的精神指南。作为北宋灭亡后南渡的士民，词人王庭珪（1079—1171）也曾在听到故都开封的消息后，写下《临江仙》纪念心绪：

家住天门阊阖外，别来几度花开。近传消息到江淮。玉京知好在，金阙尚崔嵬。

流落江南山尽处，雨余苍翠成堆。暂同溪馆醉尊罍。恐随丹诏动，且任玉山颓。

家国沦陷，“流落江南”的王庭珪，无时无刻不在思念那个曾经崔嵬壮丽的故都。但是，历史赋予黄河流域和开封的苦难，并未终结。

金哀宗开兴元年（1232），在蒙古人的一路追击下，金哀宗不得不南下逃到开封，随后又逃到距离开封仅仅一百多公里远的归德（今河南商丘）。为了阻挡蒙古人南下，金兵也想到了当年宋人的“以水当兵”，于是，金人试图扒开归德城外的黄河，以求水淹蒙古军队。没想到金人的计划未能实现，其所派部队被蒙古人全部歼灭。

蒙古人一不做二不休，直接来了个将计就计，水淹归德。随后，蒙古人扒开了黄河大堤。谁知归德城地势高，黄河水竟然绕城而去。但泛滥的黄河，却给附近的开封再次造成了巨大危害。

蒙古人扒开黄河两年后，宋朝与蒙古的联军在蔡州会合，联合攻灭了金国。为了收复故土，宋军继续北上挺进汴京。而蒙古军队为了拖延宋军的攻势，竟然再次扒开了黄河南岸的河堤。这一次，蒙古人将决堤地点，选择在了距离开封城北仅仅二十多里的寸金淀，这也造成了黄河历史上的第五次大改道。

当时，从寿春（今安徽淮南寿县）到汴京一带的黄河水四处满溢，有的道路黄河水甚至漫到了人的颈部。宋军在此后进军开封和洛阳时，运粮队甚至得绕过两淮黄泛区才能抵达河南境内。由于后勤供应极其艰难，加上兵力不足等原因，宋军被蒙古人击败，不得不放弃了好不容易收复的开封和洛阳等黄河沿岸故土。

至此，从1127—1234年，由宋人与蒙古人轮流共三次扒开黄河的结果，除了导致黄河频繁大改道之外，也给开封造成了几乎毁灭性的打击。

在北宋以前，黄河距离开封有两百里之远，但是从北宋开始的黄河频繁泛滥，加上整个南宋时期宋人与蒙古人的三次轮流扒堤，天灾与人祸叠加，导致的直接结果就是黄河河道逐渐向南迁徙，日益逼近开封城。到了1234年蒙古人再次扒开黄河大堤后，当时黄河距离开封城的直线距离，已经从北宋以前的两百里远，变成了仅仅二十里远。

此后，作为地上河的黄河“悬河”之祸，给开封造成了越加深沉的苦难。河道远，洪水泛滥时尚可规避和减轻受灾面。但河道如此之近，一旦洪水泛滥或决堤，开封城根本没有反应和逃亡的时间，生态影响近在咫尺。

此后，随着黄河水土流失的日益严重，黄河在开封城周边的决溢越来越频繁。根据统计，进入元、明、清三朝后，三个朝代六百四十年期间（1271—1912），黄河在开封境内的决溢就达到了三百多次，其中共有几十次洪水袭城、七次水淹开封城的记载。

不得不说，整个南宋时期宋人与蒙古人的轮流扒堤，给开封造成了影响千年的人祸之害。

3

长期的战争动荡与黄河决堤，也使得开封赖以兴盛的黄金水道日渐荒废。

尽管号称八朝古都，从夏朝，到战国时期的魏国，以及五代时期的后梁、后晋、后汉、后周，还有北宋、金朝都曾经在开封立都，但开封作为真正的中国大一统王朝的国都，就只有北宋一朝一百六十七年的历史。

唐朝安史之乱以后，中国的经济中心逐渐从黄河中上游，转向长江、淮河一带。当时，来自江淮地区的财赋，普遍需要依赖从隋朝开始凿通的大运河进行运输。处于大运河要道、更靠近江淮地区的开封，从唐代后期开始迅猛发展。

但除了倚仗黄河、几乎没有天险可守的开封，从一开始就蕴含着赵匡胤所担忧的致命隐患。1127年北宋灭亡后，随着宋室南迁，首都也从开封南迁到了杭州。

天生的地形弱点，以及失去首都地位，自然与政治的双重失势，是开封陨落的根本点。

开封的陨落，也成了中国定都史的转折点。从约前2000年的夏朝，到1000年左右的北宋，三千年间的定都范围基本都是沿着渭河及黄河中游的东西走向，迁移轨迹沿着西安—洛阳—开封这条横线，呈现出东西走向的波动迁移。但1127年北宋灭亡后，中国的政治首都，第一次从沿着黄河流域的东西走向布局，转变成了南北走向格局。

到了1276年，元朝军队攻陷了南宋首都临安（杭州）。南宋灭亡后，中国的政治中心从南方的杭州，转移到了元朝位处北方的国都大都（北京）。从南宋算起，到元、明、清共四个朝代，中国的定都走向，是从沿着黄河的东西走向，改变成沿着京杭大运河的南北走向，其迁移轨迹表现为杭州（南宋）—北京（元朝）—南京（明朝前期）—北京（明朝、清朝），并一直持续至今。

失去了首都的地位后，开封的政治地位一落千丈。这导致的直接后果，就是大运河水道的荒废。

早在北宋时期，为了方便接收来自江淮地区的财赋，北宋在依赖黄河之外，除了继续扩大疏浚原来汴河、五丈河两条河道外，又相继开凿了金水河和惠民河两条运河。通过汴河、五丈河、金水河、惠民河等“漕运四渠”加上黄河通联全国各地，开封也因此成了“四方所凑，天下之枢，可以临制四海”的首都所在地。

当时，为了保证各条运河的通畅，北宋政府每隔三五年就要对各条河道进行疏浚，尽管各条运河都存在自然的泥沙淤积问题，但“虽数湮废，（但仍）通流不绝”。

然而从北宋后期开始，由于政治腐败、管理废弛，从江淮地区通联开封的运河已经逐渐淤塞荒废，此前全年通畅的运河，甚至出现了只能通航半年的情况：“汴渠昔之漕运，冬夏无限，今则春开秋闭，岁中漕运止得半载。”

1127年北宋灭亡后，南宋迁都杭州，常年缺乏疏浚的大运河河道更是逐年淤积。到了南宋建立后仅仅四十多年，作为大运河重要通道的汴河河道，已经在淤积后变成了麦田和村落。

除了汴河，作为开封连接江淮地区的“漕运四渠”中的另外两大通道——五丈河和惠民河也由于缺乏疏浚，最终淤积湮废。

至此，以运河作为血脉的开封，在连接南方的运河基本荒废以后，衰落成了必然趋势。

经历北宋灭国的哀痛，词人朱敦儒（1081—1159）在南渡后，时常想起故都的汴水：

圆月又中秋。南海西头。蛮云瘴雨晚难收。北客相逢弹泪坐，合恨分愁。

无酒可销忧。但说皇州。天家宫阙酒家楼。今夜只应清汴水，呜咽东流。

——朱敦儒《浪淘沙》

作为南渡的“北客”，他和朋友们经常泪如雨下，唯有在“但说皇州”中，才回想那“呜咽东流”的汴水和开封城。

在《采桑子》中，朱敦儒又写下了他在清梦里，时常回到开封的凄凉梦境：

一番海角凄凉梦，却到长安。翠帐犀帘，依旧屏斜十二山。

玉人为我调琴瑟，颦黛低鬟。云散香残，风雨蛮溪半夜寒。

无数次回望故国，开封已经日渐遥远了。

4

1279年南宋灭亡后，开封光复的希望彻底陨落，元朝定都大都（北京），北京开启了此后延续至今七百多年的首都运势。

表面看起来，似乎是政治的力量主导了开封的衰落，但分析背后原因，开封的陨落与京杭大运河的改变有着密切的关系。在隋唐以前，中国的政治中心和经济中心都集中在黄河流域，因此沿着黄河流域东西走向的长安—洛阳—开封，选择一个城市作为首都，是政治与经济叠加的自然选择。

但是从隋朝开始，随着江淮地区经济的不断崛起，中国的政治中心和经济中心开始不断分离，在此情况下，隋炀帝首先凿通了大运河，并试图通过大运河吸收江淮地区的财赋，以此维系帝国的运转。

到了唐朝时，大运河已经成了国家不可或缺的生命线。唐朝贞元二年（786），由于从江淮地区向长安运输粮食的漕运通道被藩镇军队阻隔，整个长安城都陷入缺粮境地，以致禁军发生骚乱，这时，刚好有三万斛米运到长安周边，唐德宗听说后，几乎流下眼泪跟太子说："米已至陕，吾父子得生矣。"

由于受到黄河三门峡水流湍急、不利水运和自然环境恶化等各种因素影响，长安最终在唐代以后逐渐衰落，取而代之的是开封的崛起，而开封的衰落，也与长安类似。

元朝建都大都（北京）后，为了吸收江淮地区的财赋维持国家运转，开始全力开凿京杭大运河。至元三十年（1293），京杭大运河全线通航，而南起余杭（今杭州），北至涿郡（今北京），全长约1797公里的京杭大运河的通航之日，也是长安、洛阳、开封等黄河中上游城市的彻底衰落之时。

从线路来看，京杭大运河途经今浙江、江苏、山东、河北四省及天津、北京两市，贯通海河、黄河、淮河、长江、钱塘江五大水系，由于京杭大运河不再连接开封等地，这就使开封失去了江淮地区的滋养。

而京杭大运河的通航，则捧火了运河流域的山东济宁、天津等新城市。对于开封来说，北宋时期那伟大辉煌的日子，已经一去不返了。

对此，作为南宋宫廷琴师，在1276年临安（杭州）城破后，跟随宋恭帝一起被蒙古人强行迁徙北上的词人汪元量，曾经在《满江红·和王昭仪韵》中，这样回忆故国：

天上人家，醉王母、蟠桃春色。被午夜、漏声催箭，晓光侵阙。花覆千官鸾阁外，香浮九鼎龙楼侧。恨黑风吹雨湿霓裳，歌声歇。

人去后，书应绝。肠断处，心难说。更那堪杜宇，满山啼血。事去空流东汴水，愁来不见西湖月。有谁知、海上泣婵娟，菱花缺。

在汪元量带血的泣诉里，故国已逝，那北宋开封城里的“东汴水”，和南宋临安城里的“西湖月”，早已化为江山往事。

在元大都的日子里，汪元量还曾经到狱中看望过誓死不降的文天祥。后来，在文天祥就义、被俘虏的宋恭帝入吐蕃学佛法后，汪元量上书请求忽必烈放他南归。他回到临安城内筑室隐居，自称“野水闲云一钓蓑”，终老于山水之间。

5

到了明朝时，由于贾鲁河的疏浚凿通，加上定都南京的朱元璋将汴梁（开封）一度改为北京，开封的政治和经济地位有所提升。

开封重新崛起成为中原地区最繁华的城市，“势若两京”，“大梁（开封）为中原上腴，北咽神京，南控八省，商车市舶，鳞次而至大梁门外，联辐接稛，旅邸栉比，居然一都会也。”

但是，开封早已不是北宋时期的第一都市了。明朝时，与江南地区蓬勃发展的扬州、苏州、杭州等城市相比，开封顶多只能算是中原地区的大城市。明朝末年，在北宋时人口就已经超过百万的开封，才勉强恢复到三十多万人口。

就在开封似乎有所好转的时候，李自成却给了这座城市致命一击。

从1641—1642年，李自成三次率兵进攻开封。第二次进攻开封时，他被开封守城士兵射瞎了左眼，这使得他恼羞成怒，于是在第三次围攻开封时，将开封城周边的麦子全部抢割，致使开封城内“升粟万钱，米贵如珠”，甚至开始人吃人。

在被围城整整五个月之后，守卫开封的河南巡抚高名衡、推官黄澍和巡按御史史严云在接近绝望之下，无奈决定“决河灌城”以求自保。随后，明朝守军派兵凿开了朱家寨口大堤，当时，明军凿开的缺口不大，李自成却干脆以牙还牙，决定将开封全城毁灭。1642年农历九月，李自成派出几万士兵，扒开了开封城附近的黄河马家口大堤，黄河水直冲开封城，整个城内积水达10多米深。当时，开封城内尚有三十七万守城军民，李自成扒河冲击开封城后，全城百姓有三十四万人死绝，仅三万人幸免于难。

经历过这场大变故的明朝人计六奇（1622—约1687）后来回忆说："自贼乱以来，杀人不可胜计，其最烈者，无如（张）献忠之屠武昌、（李）自成之淹汴梁（开封）也。夫图大事者，当以得人为本。张（献忠）李（自成）所为如此，不过黄巢、赤眉（军）之徒耳。天心人心胥失之矣。欲不速亡得乎？……"

经历李自成的毁灭性放水淹城后，开封人口再次出现了大倒退。即使到了清朝盛世时期的乾隆十六年（1751），当时全国人口出现了"大爆炸"，但开封人口却只有十二万人。也就是在清朝时期，开封成了河南乃至中原地区的一般城镇，再也无复当年辉煌。

6

尽管宋室灭亡，但开封的苦难仍在延续。

在经历数百年的人为和天灾的洪水泛滥后，开封周边的土地大规模沙化和盐碱化，农业生产遭到严重破坏。为了堵截洪水，开封民众从宋朝以来又不断大规模砍伐森林修筑防洪堤坝。到了清朝灭亡前一年（1911），地理学家张相文游览开封时，曾感慨地说："开封城外，平衍无山……自屡经河患，而古代川流皆填塞无余，白气茫茫，遥望之无异沙漠。而森林亦复鲜少，防风防沙之用缺焉。长此不变，数十年后将不知成何景象矣。"

水灾频繁、砍伐森林、水土失去涵养，在互为恶果的循环中，开封已经丧失了作为外港的功能。而作为开封复兴的最后一道希望，位处开封城外二十多公里的朱仙镇和周家口，原本有可能在开封城之后重新崛起，但最终又是黄河带走了这最后的曙光。

位处贾鲁河两端、连接颍河进入江淮地区的朱仙镇和周家口两个城镇，在明清时期开始崛起。到了清朝中期，朱仙镇人口跃升至三十万，与湖北汉口、江西景德镇、广东佛山一起号称全国四大名镇，其“贸易最盛……商贾云集”。

但道光二十一年（1841），黄河再次决堤，水淹开封城达八个月之久。仅仅两年后，道光二十三年（1843），黄河又决堤冲毁了开封复兴的希望所在朱仙镇，致使贾鲁河“河身淤成平陆，河身以上又淤高丈许，朱仙镇民房冲去大半”。由于河道淤塞，已经无法通航的朱仙镇迅速败落，至此，开封与外港的联系完全中断。

朱仙镇则从清朝四大名镇上迅速除名。光绪三十二年（1906），朱仙镇人口从清朝中期巅峰时的三十多万人口，跌落至仅有一万五千人，到了1934年，更是仅剩八千五百多人。

朱仙镇被黄河冲毁后，周家口仍然通过颍河，勉强维系着与江淮地区的联系，但随着鸦片战争之后海洋时代的到来，即使是一度风光数百年的京杭大运河沿线，也逐渐沉寂了下来。

曾经在黄河流域红得发紫的开封衰落了，曾经在京杭大运河沿线呼风唤雨的扬州等城市也衰落了。属于内河文明的时代过去了，属于海洋和铁路的时代来临了。

1898年，从北京卢沟桥到湖北汉口的卢汉铁路（现在的京广铁路）正式开工修建。由于开封段地质松软号称“豆腐腰”，卢汉铁路最终绕开开封，选择了途经郑县一带。由此，小小的郑县凭借铁路优势一跃而起，进而飞速成长为河南的大城市——郑州。1923年，到开封游览的康有为非常感慨，后来，他写了一副对联：

中天台观高寒，但见白日悠悠，黄河滚滚。

东京梦华销尽，徒叹城郭犹是，人民已非。

那个曾经世界第一的名城古都，已从宋词的巅峰记忆里陨落人间，辉煌不再。

宋词里的两宋繁华消亡史

史学界对宋朝，存在截然不同的评价。

有人说，宋朝积贫积弱。持这一观点的有钱穆、翦伯赞等，他们认为，宋朝对外积弱不振，内部积贫难疗。

另外一些学者，如陈寅恪，却评价宋代为“造极之世”。那是国家经济总量在当时世界居于领先地位的富庶之国，造就了中国文化的黄金时代。

这个商业发达、空前繁荣而又被动挨打的王朝，将其财富密码书写于东京梦华、武林旧事的宋词风流之中。

1

词，本是文人雅士自娱自乐的产物，一开始并不被当作正经文学来看待。

宋代商业文化的发展，给予宋词得天独厚的生长环境，使之从士大夫的府中宴乐，走向市井的声色娱乐，在瓦子（瓦舍）、酒楼、茶坊、勾栏的轻歌曼舞之中传播四方。

北宋，城市化已经达到世界顶尖水平，路、府、州、县各级行政建制中的各类型城市，最多时数量达3000多个，比当时的西欧城市加起来还多。英国经济史学家安格斯·麦迪森曾经推算出，宋初（1000年）中国GDP占世界的22.7%。

宋仁宗时期，宋朝开始实行“坊市合一”。

宋代以前，城市中的坊与市，即居民区和集市区是分开的，晚上到点就不许商人营业，这严重阻碍了社会经济的发展。宋代坊市合一后，宵禁得到缓解，夜市集市日渐繁华，恰似陆游在诗中写的，“近坊灯火如昼明，十里东风吹市声。远坊寂寂门尽闭，只有烟月无人行”。

而一位不知名的宋代词人在流寓江南后，创作了下面这首《鹧鸪天》，描绘的正是北宋元宵佳节的不眠夜：

真个亲曾见太平。元宵且说景龙灯。四方同奏升平曲，天下都无叹息声。

长月好，定天晴。人人五夜到天明。如今一把伤心泪，犹恨江南过此生。

到宋神宗熙宁十年（1077），政府对商税进行统计，全年商税年入万贯的城市有204座，其中，开封府达到年商税四十万贯以上。

在北宋的权力中心开封府，各种行当自由发展，至少有一百六十多行，酒店、香铺、妓馆、小食店、杂货铺、金银铺等各色商铺馆舍，分布于汴水虹桥两岸。各行各业的厨子、作匠、小贩、妓女、闲汉等，每天都在上演真人版的《清明上河图》。

目前已知，宋代汴京最盛时人口已达一百五十万左右，是当时的世界第一大城市。据《东京梦华录》记载，汴京“举目则青楼画阁，绣户珠帘。雕车竞驻于天街，宝马争弛于御路。金翠耀目，罗绮飘香。新声巧笑于柳陌花衢，按管调弦于茶坊酒肆”。

宋代士大夫以听歌看舞、携妓狎欢作为娱乐项目，而宋词正是在歌妓的美妙嗓音中得以传播。有的大臣还愿意娶歌妓为妾，给她们作词以在酒席上演唱，以此当作一种业余爱好。

才子佳人，浅斟低唱，他们都是这场盛世狂欢中当之无愧的主角。

有一个故事，说宋代词人叶梦得登进士第后，调任到地方管理治安，受到上司青睐。

一天，叶梦得与同僚出游，在江边遇到一艘满载美女的彩船，知道对方是风尘女子，本想回避。但船靠岸后，烟雨迷蒙之间，走下十几个衣着华丽的歌妓。她们问一旁的小吏：“叶学士安在？妾身可否有幸拜见？”

叶梦得不得已出来相见，众歌妓大为惊喜，说：“早已听闻叶学士名声传遍江表。妾等为真州的歌妓，本来隶属乐籍，靠在酒宴演唱为生。最近郡守不允许官员私自聚会，故而我们只好沿江而下，能在此见到叶学士实在是天赐的幸运。”

听闻歌妓们的遭遇，叶梦得深感同情，况且对方还自称是自己的“粉丝”，于是就留她们下来，举办了一场酒宴，并亲自作词，写了一首《贺新郎·睡起流莺语》，请歌妓演唱：

睡起流莺语。掩苍苔、房栊向晚，乱红无数。吹尽残花无人见，惟有垂杨自舞。渐暖霭、初回轻暑。宝扇重寻明月影，暗尘侵、上有乘鸾女。惊旧恨，遽如许。

江南梦断横江渚。浪粘天、葡萄涨绿，半空烟雨。无限楼前沧波意，谁采蘋花寄与。但怅望、兰舟容与。万里云帆何时到，送孤鸿、目断千山阻。谁为我，唱金缕。

歌妓们是两宋城市化发展中的职业艺人，也是一个时代的歌者。

这些凭借声色才艺吸引文人的人，将宋词传播到了每一处井水街巷，正如苏东坡在《减字木兰花·庆姬》所写：

天真雅丽。容态温柔心性慧。响亮歌喉。遏住行云翠不收。
妙词佳曲。啭出新声能断续。重客多情。满劝金卮玉手擎。

然而，歌妓的日子并非一直都风光无限。无论是官妓、家妓还是私妓，她们都是误入风尘，没有人身自由，命运不在自己掌控之中，也不一定能与文人雅士互为知音，更多的是遭到残酷虐待。

据记载，南宋权相贾似道，养了不少家妓。

一天，贾似道与多位姬妾在湖上倚楼眺望，远远见两个身着道装、轻摇羽扇的少年乘小舟游湖登岸。其中一个家妓感慨道：“美哉二少年！”

贾似道对她说：“你如果喜欢他们，我让他们来纳聘。”美人笑而不语，随后被贾似道命令退下。

没过多久，仆人捧着一个盒子来到众人面前，贾似道冷酷地说：

“刚才已为某姬受聘。”打开一看，竟然是那个家妓的首级，在场众人不寒而栗。贾似道因为她有可能不忠于自己，就痛下杀手。

类似的故事散见于各种宋代史料之中。比如吕士隆为宣州知州时，有虐待狂倾向，他经常找各种理由鞭笞官妓，对她们施虐。官妓不堪受辱，四散而逃。

许多歌妓或风尘女子，大都没能改善生活，反而遭受更多的剥削。

2

在北宋初年“杯酒释兵权”的大戏中，宋太祖赵匡胤举起酒杯，对大将石守信等人说：“人生如白驹过隙，追求富贵的人，不过是想多聚金钱，使子孙后代免于贫乏而已。你们不如放弃兵权，多积攒金帛良田，为子孙立长远产业；同时多买些歌妓，日夜饮酒相欢，以终天年。”

此后，赵匡胤以和平方式解除了手下大将的兵权。

随着城市经济的繁荣，有宋一代，上至皇帝贵族，下至市井百姓，都追求更高的生活质量，甚至迷醉于奢侈享乐之中。

此即《宋史》记载的，“居室服用以壮丽相夸，珠玑金玉以奇巧相胜，不独贵近，比比纷纷，日益滋甚。”

皇帝有时以抛撒钱币为乐。

雍熙年间，宋太宗赵光义登上讲武台阅兵，有武艺超群者，就奖赏其布帛。后来登琼林苑，与大臣饮酒，宋太宗又掷钱币于楼下，让路过的人争抢。后来的宋徽宗也有类似这样撒钱为乐的爱好。

富商有时以买官为目标。

宋真宗年间，有一年山东遭遇灾荒，由于官员谎报灾情，导致天灾险些演变成人祸，使受灾群众陷入倒悬之急。

登州富商郑河听说此事，大手一挥，给朝廷捐了粮食五千六百石，没别的要求，就是想帮弟弟郑巽要个官职。宋真宗本不想答应，大臣却劝他给富豪树立个榜样，好让他们都愿意赞助朝廷，于是就给郑巽补了个官。

到了北宋末年，卖官鬻爵的现象就更严重了。

商业贸易的发达，促使经商者嗜钱如命，甚至不惜造假。有个无名氏写了《行香子》，描写了欺骗顾客、卖假酒的奸商。

浙右华亭。物价廉平。一道会、买个三升。打开瓶后，滑辣光馨。教君霎时饮，霎时醉，霎时醒。

听得渊明。说与刘伶。这一瓶、约迭三斤。君还不信，把秤来秤。有一斤酒，一斤水，一斤瓶。

以上说的都是富人生活，那宋代老百姓的日子过得如何？

据统计，宋朝统治下的人口在北宋后期最盛时已经过亿。宋朝耕地面积更是超过了唐朝，将耕地面积换算成当代数字，宋朝的耕地最多时为511万顷，唐朝为485万顷。这是在宋朝疆域比唐朝小得多的情况下取得的成就。

随着人口激增，宋朝统治者最早在汴京进行了户籍改革，以完全租佃地主土地的农民为“客户”，而“主户”按照占地和财产多寡分为五等，并实行自由放任的土地政策，放任土地自由买卖。

种种举措促进了城市人口比例的提高，在宋朝的一些城市，城市人口多达20%以上，由此形成了市民阶级。

大批手工业者、商人、小业主构成宋朝的中产阶级。宋末词人蒋捷有一首《昭君怨》，就是他日常所见小商小贩的生活：

担子挑春虽小。白白红红都好。卖过巷东家。巷西家。

帘外一声声叫。帘里鸦鬟入报。问道买梅花。买桃花。

宋代皇室贵族、富商巨贾的奢靡生活，豪车美女、金石书画一样不少。平民百姓与底层官吏的生活却仅能勉强糊口而已。

当时的贫富差距达到了十倍、百倍，甚至是更大的差距。就连一向乐观的苏轼，都有过如此感慨：“其一大富，千金日费。其一甚贫，百钱而已。”

据史料记载，北宋时期的底层官吏，每月工资只有一二贯，多不过三五贯。

聚集在城市中的更多是普通市民。宋代工薪阶级月工资也在三贯左右，如“负薪入市得百钱”“卖鱼日不满百钱”“佣不习书……力能以所工，日致百钱”。这些人每天都只能赚一百文钱，像富人那样一日千金的小目标，永远都无法实现，在大都市养活一家老小更是不容易。

即便是自己创业，有些小老板的生意也仅够糊口而已。如宋徽宗时期，江东饶州市民鲁四公，在东京开了一家小食品店，靠煮猪羊血售卖，养活妻儿老小，每日所得不过二百钱，却安贫守分。

还有世代卖面的许大郎一家，虽然有京城户口，“然仅能自赡”。

还有一名沧州妇人，因“幼年母病卧床，家无父兄，日卖果于市，得赢钱数十以养母。”这说明卖水果的收入，一天为数十文钱。

很多人年少时学过的那首《蚕妇》，写的是养蚕卖丝为生的普通妇女，其中有一句：“遍身罗绮者，不是养蚕人。”像蚕妇一样的劳动人民，即使养一辈子蚕，也难以穿上蚕丝织成的罗绮。

繁华的大宋敲响了盛世的警钟。张择端的《清明上河图》，据说有以画曲谏的意思。

权贵却还不满足。宋徽宗为了在京城建造“寿山艮岳”，派爪牙搜刮天下名花奇石，加重对百姓的剥削。北宋灭亡前夕，为反抗剥削揭竿而起的方腊起义吹响了亡国的前奏，尽管其被宋军平定。

不久后，在1127年的靖康之变中，金兵铁骑南下汴京，攻灭北宋，艮岳奇石不是被毁，就是被运往金朝的燕京，徽、钦二帝当了俘虏，不少京城权贵跟着他们在被俘北上的途中，遭受前所未有的侮辱。

东京梦华，至此湮灭。

3

南宋建立后，经过几番辗转，定都于临安（杭州）。从此，“暖风熏得游人醉，直把杭州作汴州。”

历经晚唐五代以来的中原离乱，经济重心进一步南移，宋代的南方经济已实现对北方的全面逆袭。

杭州城，这个三吴都会，代表南方大城市的繁华富丽，如有“张三影”之称的北宋词人张先，在《破阵乐·钱塘》所写：

四堂互映，双门并丽，龙阁开府。郡美东南第一，望故苑、楼台霏雾。垂柳池塘，流泉巷陌，吴歌处处。近黄昏，渐更宜良夜，簇簇繁星灯烛，长衢如昼，暝色韶光，几许粉面，飞甍朱户。

和煦。雁齿桥红，裙腰草绿，云际寺、林下路。酒熟梨花宾客醉，但觉满山箫鼓。尽朋游、同民乐，芳菲有主。自此归从泥诏，去指沙堤，南屏水石，西湖风月，好作千骑行春，画图写取。

政治、经济中心的东迁南移，是一个漫长的过程。唐代安史之乱后，北方大受破坏，被誉为“天府之国”[1]的关中在朝政混乱与环境恶化之中走向衰落。

中晚唐时，关中长期依赖于东边的运河与江南的粮食财富求生存。

唐德宗贞元二年（786），甚至发生了由于江南漕运来不及运送，禁军缺粮而险些暴动的事件。幸好有大臣及时运了三万斛米到关中，唐德宗才转忧为喜。

为了缩短物资运送的距离，中晚唐的皇帝常往来于西都长安与东都洛阳之间，到了五代十国时，中原政权进一步东移至临近运河的开封。

---

[1]《史记·留侯世家》称：“关中崤函，右陇蜀，沃野千里，此所谓金城千里，天府之国也。”

五代十国时期，北方政权如走马灯，你方唱罢我登场之时，南方政权都在发展经济。

比如占据岭南的南汉，就“广聚南海珠玑，西通黔蜀，得其珍玩”，利尽南海，与四方通商，像极了今日的经济特区。吴越、南唐、前后蜀、闽、楚，都处于当时的富庶之地，除了租赋收入外，皆取资于商利，凭借经济兴盛，据地以自雄。

宋太祖定都汴梁后，本想迁都回长安或洛阳，这一做法被皇弟赵光义与群臣反对，不得已继续留在开封。但是，赵匡胤对于繁华的北方城市开封，心里也没底，曾经感叹道：“不出百年，天下民力殚矣！”

赵匡胤应该知道，随着经济重心向东南转移，南方崛起的经济才是国家的未来。

对此，北宋学者李觏直言道：“当今天下，根本在于江淮。”

李觏发现，杭州、苏州、京口（镇江）、扬州、金陵（南京）等江南市镇，不仅将南方的物资源源不断地运往北方，同时也为北方输入了江南的人文习俗，而当时北方在物质文化上对南方几乎没有什么回馈，所谓“不闻有一物由北来者”。

因此，南方人愈发讲究，大多数北方人反而变得节俭。

宋代有一则关于饮食文化的故事，发生于江西人黄庭坚与河北人刘挚之间。

每次黄庭坚请客吃饭，都会想尽方法，让厨师多准备几样山珍海味。刘挚却性情纯朴，常对黄庭坚说：“来日吃蒸饼。”蒸饼，类似于馒头。黄庭坚不喜欢刘挚的简俭，日子久了，二人渐行渐远，后来竟然成为政敌。

宋词的发展，也反映了南方经济文化对北方的碾压。

据唐圭璋先生统计，两宋三百余年，有八成以上的词人来自南方。除了北宋都城开封之外，杭州、苏州、扬州、成都、南京等南方城市留下了词人活跃的足迹。

北宋僧人仲殊先后寓居苏、杭，与苏轼往来甚厚，年轻时考过科举，也曾寄宿于秦淮河畔。他写金陵的都市风光，如这首《诉衷情·建康》：

钟山影里看楼台，江烟晚翠开。六朝旧时明月，清夜满秦淮。

寂寞处，两潮回。黯愁怀。汀花雨细，水树风闲，又是秋来。

靖康之变后，金兵多次饮马长江，铁蹄踏碎了扬州梦。对于这座东南大都会饱受战乱的悲剧，南宋词人姜夔有一阕代表作《扬州慢》，感慨扬州的前后变化。

北宋的柳永不仅游历江南，还曾为西南的天府之国成都写了首《一寸金》：

井络天开，剑岭云横控西夏。地胜异、锦里风流，蚕市繁华，簇簇歌台舞榭。雅俗多游赏，轻裘俊、靓妆艳冶。当春昼，摸石江边，浣花溪畔景如画。

梦应三刀，桥名万里，中和政多暇。仗汉节、揽辔澄清。高掩武侯勋业，文翁风化。台鼎须贤久，方镇静、又思命驾。空遗爱，两蜀三川，异日成嘉话。

北宋时期，热闹繁华的巴蜀开始流行世界上最早使用的纸币“交子”，其诞生于民间，推动者是当时的名臣张咏。

早在当县令时，张咏就以刚正不阿著称。有一次，一个管理官库的小吏偷了一个铜钱，被张咏下令杖打。小吏不服气，说：“我今天才拿了一枚铜钱，何至于杖打我呢？你敢打我，那敢杀我吗？”

张咏当机立断，做出判决：“一日一钱，千日千钱，绳锯木断，水滴石穿。”当场将小吏处死。

后来，张咏两次到益州为官，治蜀颇有政绩。他对交子铺进行规范化治理，将这个行业交给当地16个有声誉的富商大户经营，提高了交子的信用度，使其真正成为一种流通货币。因此，有人将张咏称为“纸币之父”。

《宋朝事实》记载，宋代商品交易频繁，上街买卖有时需要携带好几十斤的钱币，一串串、一袋袋的钱，手提肩扛、马驮车载，极不方便。

交子通过发行纸币，代替铜钱流通，为人们的生活提供了便利。从此，“货出军储推赈济，转行交子颂轻便”。

到了南宋，交子进一步升级，发展为会子，并深刻影响后世与周边国家。宋代纸币的发明，弥补了白银与铜钱的外流。宋代经济，离不开四通八达的海外贸易。

4

宋辽澶渊之盟后，双方在边境的雄州、霸州、广信军等地形成对峙，同时设置榷场，进行贸易。辽对宋出口牛、马、羊和皮毛，换取北宋的茶叶、瓷器、香药等。有一段时期，北宋每年从榷场中获利超过四十万缗，用来缴纳辽朝的岁币绰绰有余。

有宋一代，宋辽夏金，还有吐蕃、大理等，形成一个脉络贯通的经济圈，蔚为整体，绝难分离。有考古发现可以证明，两宋铸造的大量铜钱，在当时也是辽夏金各区域的通用货币。

宋人的商业视野远远不止陆上贸易，还有广阔的海洋。

北宋初年，不太会打仗的宋太宗，派遣内侍八人下海，携带敕书、金帛，分四路往南海各国，招揽蕃商，对来华进行大宗贸易的外商予以奖赏。

到了南宋初年，宋高宗抗金虽不行，却重视海外贸易。他说：“市舶之利最厚，若措置合宜，所得动以百万计，岂不胜取之于民？朕所以留意于此，庶几可以少宽民力尔。”意思是，通过海上贸易赚钱，比向农民伸手收税强得多，还可以让老百姓更加富裕。

宋代造船业发达，南方商人竞相造船，训练水手，已经能造载重500吨以上的大船。

宋朝重视海上贸易，与宋通商的国家有南太平洋、中东、非洲、欧洲的五十多国。从东到西，有东南亚诸国，过马六甲，到印度洋，是阿拉伯半岛上的国家。除此之外，还有非洲东岸诸国，再加上东方的高丽和日本等。

朝廷于泉州、广州、杭州、明州（今宁波）等港口城市设立市舶司，优待外国商人，在专门的侨民区（蕃坊）提供住房和饮食，其中一些蕃商子弟还可为官。

值得一提的是，宋朝不断调整关税，对货物的抽解，从北宋的1/10降到了南宋的1/15，甚至是1/25。关税不断降低，宋朝市舶司的收入却越来越高，从北宋初年占全国岁入的2%–3%，到南宋初年已经占财政收入的1/5。

海外各国的金银、珊瑚、玳瑁、犀角、珍珠、玛瑙、香料等货物源源不断地运到宋朝，换取宋人的瓷器、丝绸、茶叶等商品，甚至是火药等先进科技。占城稻等海外优良品种也在此时由海外引进国内，并分给各地耕种，大大提高了土地利用率。

海外商品也走进了词人的生活中，如辛弃疾的老友陈亮所作《采桑子》，其中的“蒲桃绿”，是指通过海外贸易传入的名酒：

桃花已作东风笑，小蕊嫣然。春色暄妍。缓步烟霞到洞天。
一杯满泻蒲桃绿，且共留连。醉倒花前，也占红香影里眠。

与积贫积弱的传统印象不同，有史料表明，直到南宋灭亡那一天，大宋朝廷都不差钱。

景炎元年（1276），元兵攻陷临安，宋恭帝的两个兄弟赵昰、赵昺，在大臣的护送下开始了流亡生涯。二王出逃时带有大量金宝，每到一处，还有地方官、富商献上钱粮赋税，如潮州商人马南宝、文昌县令陈惟中、官宦子弟伍起隆等人，都在宋室倾颓时为二王送过钱粮。

因此，南宋流亡政府在临安失陷后，还养得起剩下的17万正规军。

但在泉州，二王吃了闭门羹。

当时，阿拉伯人是南海航线的主导，一些外商定居下来，成为大宋的子民。宋元之际，泉州是中国第一大对外贸易港口，当地的阿拉伯后裔蒲寿庚富甲一方，独霸泉州市舶司关税三十年。

宋臣张世杰护送二王南下泉州，想凭借其城中数量可观的物资作为立足之地，因此向蒲寿庚索要军粮。蒲寿庚却有反叛之心，拒绝了张世杰的要求，并与宋军争夺物资。发生冲突后，怒杀南宋宗室与士大夫多人。之后，蒲寿庚向元朝开城投降。

张世杰等人只好护送赵昰、赵昺入粤，最后转移到潮州，小皇帝赵昰在不断逃亡中惊惧而死。

1279年，宋元崖山海战前夕，护卫宋帝赵昺的军队缺乏粮食，但他们还有大量金银。

张世杰派心腹上岸购买粮草，想继续率领众船迎敌。但是，张世杰派去的人大都四散奔逃，没几个带着粮草回来。张世杰不禁叹道："若弃之而去，后来何以用人？"

最后，元将张弘范步步紧逼，宋军断粮后被迫以海水解渴，但海水过于咸苦，宋军每喝一口即呕泄不止。两军交战，宋军大败，宰相陆秀夫背着小皇帝赵昺跳海，用黄金系腰间，君臣一同自沉而死。

此时，还有大量财物在船上，大臣们不愿使其被元军夺取，纷纷倾倒海中。此战，百官、军民殉国者数以万计，海上浮尸无数。

宋朝江山日危，大都是因为朝政、军事腐朽无能，而非财力匮乏。自始至终，不差钱的宋朝都没能将其财力、物力转化为现实的战斗力。

前文提到通过海外贸易传入西方的火药，在一路西传后炸碎了欧洲的封建城堡，而将火药成功运用到火器上的"黑色革命"，却是源自孱弱的大宋。遗憾的是，宋朝没有建立起强大的军队。

钱塘江边的杭州，在元代仍是马可波罗口中“世界上最美丽华贵的天城”。

但在南宋遗民张炎的眼中，早已物是人非。这位南宋贵胄，前半生锦衣玉食，后半生颠沛流离，江南都会的华丽再也与他无关。他在《高阳台·西湖春感》中写道：

接叶巢莺，平波卷絮，断桥斜日归船。能几番游？看花又是明年。东风且伴蔷薇住，到蔷薇、春已堪怜。更凄然，万绿西泠，一抹荒烟。

当年燕子知何处？但苔深韦曲，草暗斜川。见说新愁，如今也到鸥边。无心再续笙歌梦，掩重门、浅醉闲眠。莫开帘，怕见飞花，怕听啼鹃。

宋朝，最终辜负了一个时代的繁华。那也许是最好的时代，也许是最坏的时代。

宋朝人吃什么

有一天半夜，宋仁宗肚子饿了。他想吃烧羊肉，可不愿命御厨料理，以免此事成为贻害后世的常制，宁愿饥肠辘辘直至天明。

宋仁宗是个美食爱好者，却厉行节约。宫中生活精打细算，就连皇后曹氏，想要做一道皇帝爱吃的糟制淮白鱼，还得亲自向大臣夫人讨要食材。

一次宫廷宴会上，御厨准备了二十八只蟹，宋仁宗未动筷，说：“吾尚未尝，这蟹一只多少钱？”

左右答道，一千钱。

宋仁宗颇为不悦，说：“我多次告诫你们，不要奢侈浪费，一下筷就二十八千钱，吾不忍也。”他将此菜放置一旁不吃，作为警示。

宋代是一个美食盛世，中国饮食的发展至此已进入“鼎盛时代”。上至庙堂，下至市井，煎、烹、煮、炒、烧、烤、炖、熘、煸、蒸、泡等几十种烹饪方式争奇斗艳，大放异彩。

我们熟悉的俗语“柴米油盐酱醋茶”，出自宋代的《梦粱录》。

而在《东京梦华录》中，更是描写了东京汴梁“集四海之珍奇，皆归市易；会寰区之异味，悉在庖厨”的盛景。

1

宋代的文人墨客颇有当大厨的潜质，北宋的梅尧臣、欧阳修、黄庭坚与南宋的陆游、范成大、杨万里等都是有名的“吃货”，常将饮食生活写入诗词中。

这其中有一位勇于承认自己是“老饕”的美食家苏轼，他在一篇《老饕赋》中点评杏仁浆、蛤蜊、蟹、葡萄酒等美食精萃，最后“一笑而起，渺海阔而天高”，说起吃的就来劲。在《东坡志林》中，还留下了不少其研究美食的记载。

这位宋仁宗年间的进士，一生足迹遍及各地，不仅擅长发掘美食，还为美食代言，以苏东坡名号命名的菜有多种，如东坡肘子、东坡墨鱼、东坡饼、东坡肉等。

若说宋词饮食美学的极致，更不得不提苏轼的这一首《浣溪沙·细雨斜风作晓寒》：

细雨斜风作晓寒，淡烟疏柳媚晴滩。入淮清洛渐漫漫。
雪沫乳花浮午盏，蓼茸蒿笋试春盘。人间有味是清欢。

元丰七年（1084），春寒料峭，苏轼与好友同游南山，在山林间野餐。在宋代，立春有馈送春盘的习俗，即以蔬菜、水果、饼食等装盘赠送亲友。春盘中的蓼茸与蒿笋等果蔬鲜脆可口，滚烫的水在茶具中冲起雪花一般的乳白色泡沫，待浮沫退去，就是一杯沁入心脾的春茶。

一句“人间有味是清欢”，道出了清旷淡泊的人生境界。

苏轼常以品茶、饮酒为乐，自称“酒困路长惟欲睡，日高人渴漫思茶”。他认为，煮茶的灵魂在于水，以雨雪之水为最佳，井泉甘冷者为其次，而关键在于温度，精妙在于器皿。

纵使人间万苦，一句“吃茶去”亦可自得其乐。苏轼大半生都在贬谪，尝尽了漂泊的苦，却始终怀着一腔乐观向上的人生态度，其中一大原因或许是有美食相伴。

政敌看不惯苏轼苦中作乐，不断将他贬谪，从黄州赤壁矶到西湖之畔，从岭南海滨再到天涯海角的海南岛，但无论去到哪儿，苏轼身边都少不了美食。

苏轼在黄州（今湖北黄冈）时，当地猪肉价格低廉，富贵者不食，老百姓买得起，却不知道如何烹调，浪费了大好的食材。

自己动手，丰衣足食。苏轼便亲自下厨研制猪肉，做出了“东坡肉”，并写下自己的美食秘方，在民间大力推广。一道传世名菜就此诞生，而其制作的初衷，是苏轼在地方为官的利民之举。

后来被贬惠州（今广东惠州），苏轼不因地处边远而苦闷，却只想“日啖荔枝三百颗，不辞长作岭南人”。

贬到海南时，苏轼又学会烹饪牡蛎，尝到了其鲜美后，还写信给别人，调侃朝中大臣：“无令中朝士大夫知，恐争谋南徙，以分此味。”他自嘲地说，如果让朝中他们知道了，我怕他们都争着要来南方。

为了吃，苏轼连死都不怕。

当春江水略带寒意，江中嬉戏的鸭群已经在江水中感觉到春天的到来，这个季节是吃河豚的好时节。河豚是一道美食，也是苏轼的心头好，他才在诗中写道：

竹外桃花三两枝，春江水暖鸭先知。
蒌蒿满地芦芽短，正是河豚欲上时。

但河豚内脏有毒，如果稍有不慎、处置失当，食用后可能毙命。
有一次，苏轼冒死品尝河豚，别人问他味道如何。
苏轼淡定地说："值得一死。"
这老饕，太有仙气了。

2

尽管有美食相伴，苏轼在漫长的漂泊岁月中仍不免有背井离乡的孤寂之感，如这首《南歌子·游赏》所写：

山与歌眉敛，波同醉眼流。游人都上十三楼。不羡竹西歌吹古扬州。

菰黍连昌歜，琼彝倒玉舟。谁家水调唱歌头。声绕碧山飞去晚云留。

菰黍，即粽子，因菰叶可以裹粽而得名。这首词是苏轼担任杭州知州期间，在端午节登上当地的名胜十三楼时所作，宴席间除了粽子，还有以菖蒲嫩茎切碎加盐制成的昌歜，以及玉壶、玉杯盛装的美酒。

端午节在宋代已经有了多元的文化意蕴。宋人在端午祈求祛灾，纪念屈原，共饮菖蒲酒，同食粽子。宋代粽子以糯米为馅，种类繁多，有筒粽、团粽、九子粽等，不过那时还没有“甜”“咸”之争，宋人食粽，大都喜欢蘸糖而食。

宋代夏天的另一个美食，是以夏初竹笋制成的“傍林鲜”。

山间隐士不需要特意上山采摘，只需在夏初林笋正盛时，“扫叶就竹边煨熟”，其味甚鲜。

这道被称为“蔬食中第一品”的美食，就记载于南宋隐士林洪所著的《山家清供》中。

林洪是一个奇人，诗词书画无一不精，却仕途不顺，只求在山林过幽隐生活。他所著的《山家清供》更是一部奇书，融饮食、养生、文学为一体，以笔记的形式记录了一百余种宋代美食，涉猎广泛。

在传统士大夫看来，林洪的人生可谓特立独行。

可他怡然自得，把家搬到山里，称呼自己的妻子为“山妻”，常年游离于世俗之外，投入到碧涧羹、槐叶淘、山家三脆、黄金鸡等山野之菜的美食世界中，以苏东坡等文豪为偶像。

他一生始终在坚持做自己，过自己想要的生活。

有一次，他闲暇无事，去拜访好友陈介。陈介头戴角巾，超凡脱俗，一边请林洪饮酒，一边让两个童仆唱起晋代陶渊明的《归去来兮辞》，奉上“松黄饼”佐酒。

松花饼取松花黄和炼熟的蜜拌匀而成，有着特殊的清香。林洪认为，世人所艳羡的驼峰、熊掌等贵重名菜的味道，也远不如这山野间的松黄饼。

还有什么比精神的愉悦与满足更重要？这也是美食存在的意义吧。

除了取自山林的美食，在宋代的夏天，由于藏冰技术的进步，民间已经有冰雪可以食用，甚至有人沿街叫卖冰饮。

宋代冷饮店兴起的背后，是坊市界限打破后，市民阶层的崛起。

在北宋画家张择端的旷世杰作《清明上河图》中，中小商人遍布于街道两旁，可以明确认定为经营餐饮的店面有四十五家，近乎半数。画中还出现了各种特色招牌，堪称打广告的鼻祖。

宋人记载了一则关于打广告的笑话。当时有一个游走街边卖环饼的小贩，为了表示自己家的饼物美价廉，别出心裁地想了一句广告词："吃亏的便是我呀。"他跑到宋哲宗被废的孟皇后居处瑶华宫附近也这样叫卖，引起了开封府衙役的注意，怀疑他借此讽刺皇帝废后，就把他抓起来审问。

一经审讯，才知道这个小贩只是为了推销自己卖的饼，便罚杖一百后释放。此时小贩还是按照职业习惯，改口喊了句："待我放下歇一歇吧。"官府人员觉得又好笑又好气。

据宋朝宫廷统计，当时著名面点和糕点有86种之多，另有人统计，宋代的酒名多达一百余种。此外，宋人吃五谷杂食、饮酒饮茶的种类都比前代丰富，且逐渐普及了三餐制，即便是普通人家也可以有一日三餐的生活。

正因民间餐饮业的发达，宋室南渡后，许多开封的老字号也随之迁移，宋高宗还时不时命人到临安（今浙江杭州）的饮食店采购美食。

3

皇帝经常到宫外取食，一不小心就吃坏了肚子。宋高宗的养子宋孝宗是个蟹痴，有一次就因为吃多了蟹而腹泻不止。

秋天，是吃蟹的最佳季节，尤其要选秋季的母蟹，若是结霜时节后的螃蟹则更肥美。

南宋朝廷偏安于东南，水道密布，还有海洋贸易，河鲜、海鲜更是取之不尽。《武林旧事》等记载以蟹为原料的菜品就有螯供、蟹羹、酒蟹、醉蟹、蟹生、洗手蟹等数十种。

出生于绍兴山阴县的陆游，就是一个吃蟹达人。即便是在年老失意时，吃蟹品酒仍然让他眼前一亮，如他在诗中所说，“团脐霜蟹四腮鲈，樽俎芳鲜十载无。塞月征尘身万里，梦魂也复醉西湖。”

前有苏轼，后有陆游。作为南宋老饕的代言人，陆游诗词中涉及饮食的篇目数以千计，他更喜欢家乡的江南美食。在数十年的宦游生活中，陆游将对家乡的思念与壮志难酬的忧虑，寄托于美食之中，如这一首写给老朋友范成大的《双头莲·呈范至能待制》：

华鬓星星，惊壮志成虚，此身如寄。萧条病骥。向暗里、消尽当年豪气。梦断故国山川，隔重重烟水。身万里，旧社凋零，青门俊游谁记？

尽道锦里繁华，叹官闲昼永，柴荆添睡。清愁自醉。念此际、付与何人心事。纵有楚柁吴樯，知何时东逝？空怅望，鲙美菰香，秋风又起。

鲈鱼、菰菜都是典型的江南风味，晋代张季鹰就有著名的莼羹鲈脍之思。陆游心怀北定中原的壮志，在宦海之中沉浮，无法如张翰一样驾车返乡，就只能在秋风中思念鲙美菰香的美味佳肴，空怅望。

4

除了吃蟹，宋人还“尚羊”，倡导以羊肉为主的肉食消费，将羊肉与人参并列，认为羊肉“味甘，大热，无毒”，适合在虚劳寒冷时食用，可说是一道冬季的美食。据《东京梦华录》记载，宋代以羊肉为原料的美食就有炖羊、闹厅羊、入炉羊、蒸羊头、煎羊白肠等数十种。

前文提及的宋仁宗、苏轼都是爱吃羊肉的同好。

苏轼还是烹羊的好手，他有一道祛除羊肉膻味的独家秘方：“先将羊肉放在锅内，用胡桃二三个带壳煮，三四滚，去胡桃。再放三四个，竟煮熟，然后开锅，毫无膻气。”

宋仁宗虽厉行节俭，且不愿为半夜吃羊而劳师动众，但宋仁宗一朝也有过宫中一日宰羊多达二百八十余只的记载，可见羊肉在宫廷饮食中的地位。

靖康之变前后，两宋宫廷早已抛弃北宋前期诸事尚简、自我约束的生活作风。

皇帝宋徽宗在位时，每次宴席八珍罗列，而无下筷之处，可见饮食的铺张豪华。宋徽宗本人还经常亲自指导宴设，对饮食器皿尤其讲究，所用的材料有玛瑙、琉璃、水晶、翡翠等。在极尽奢华后，他与儿子宋钦宗一同被金人俘虏而去，受尽屈辱，金樽美酒、玉盘珍馐从此只在梦中。

到了南宋，宋高宗绍兴年间，大臣张俊为皇帝办了一桌史无前例的豪宴，广纳一百九十余种菜品，其中仅羊肉佳肴就有羊舌签、片羊头、烧羊头、羊舌托胎羹、铺羊粉饭、烧羊肉、斩羊等7种，其余奢侈菜品更是不胜枚举。宋高宗带着大小一百多位官员前往赴宴，其中就包括陷害岳飞的宰相秦桧，而且每个人的菜单都不同，可见张俊家宴的穷奢极欲。

这一宴席与唐代烧尾宴、清代满汉全席相比，有过之而无不及。

张俊供奉宋高宗的这份“大宋第一菜单”，被全文收录于《武林旧事》中，宋高宗君臣并没有因为这场饕餮盛宴而名垂青史，反而因此为人不齿，备受嘲讽。

帝王、官僚速朽的腐化生活不值得歌颂，只有苏轼、陆游、林洪等真正爱美食、爱生活的文人雅士会被人记住，他们的作品与精神将流传千古。常年归隐山林的林洪，在《山家清供》中曾讽刺地方为政者只顾大吃大喝而荒废政事：“世之醉醲饱鲜而怠于事者视此，得无愧乎！”可见，这样的不良风俗已经从宫廷传播到各地。

南宋宰相史浩在其所作的《声声慢》中，也曾描写过临安宫廷宴会的奢靡：

风收淅沥，雾隐森罗。群山万玉嵯峨。禁街车马，银杯缟带相过。胥涛晚来息怒，练光浮、都不扬波。最好处，是渔翁归去，鼓棹披蓑。

况是东堂锡宴，龙墀骤，貂珰宣劝金荷。庆此嘉瑞，明岁黍稌应多。天家预知混一，把琼瑶、铺遍山河。这宴饮，罄华戎、同醉泰和。

富而节俭，往往才是真正的强盛。相反，宋人的宴会越豪华，王朝就越颓靡。

宋茶往事：杯茶盏水也风流

宋哲宗曾送给苏东坡一件神秘“礼物”——一斤龙凤团饼。使者说数量稀少，封条都是皇帝御笔所题，皇帝还嘱咐“赐与苏轼，不得令人知”。

宋哲宗下令千里赐送的茶叶龙凤团饼，来自宋太宗时期兴起的皇家茶园建安北苑（位处今福建省建瓯市东峰镇）。建安北苑当时出产一种皇家御用的茶饼，因为茶饼上面印制有龙凤图形的纹饰，因此称为“龙凤团饼”或“龙凤团茶”。这种皇家贡茶每斤共有二十饼，其在黑市的交易价格，每饼“值金二两”。也就是说，宋哲宗送给苏东坡的这件神秘礼物，在黑市的交易价格可以达到40两黄金。

多年后，苏东坡将这件事告诉了好友王巩，王巩又将其写入《随手杂录》。但少年聪颖登科进士的苏东坡，其实在此之前也曾品尝过龙凤团饼茶。在宋哲宗的父亲宋神宗时期的熙宁六年（1073），苏东坡还曾带着龙凤团饼茶登顶无锡的惠山远眺太湖，与一名姓钱的道士好友共同品茗龙凤团茶。

惠山上有一口惠山泉，号称“天下第二泉”。就在这里，苏东坡和钱道士一起品茗皇家贡茶，写下了那句千古名诗：“独携天上小团月，来试人间第二泉。”

作为闻名千古的超级吃货，苏东坡对于好茶情有独钟。多年后，他在《望江南·超然台作》中写道：

春未老，风细柳斜斜。试上超然台上望，半壕春水一城花。烟雨暗千家。

寒食后，酒醒却咨嗟。休对故人思故国，且将新火试新茶。诗酒趁年华。

1

与苏东坡一样，宋徽宗对于品茶也是情有独钟。

苏东坡去世六年后，大观元年（1107），爱茶如痴的宋徽宗亲笔写下了《茶论》一书，这是中国历史上唯一一部由皇帝专著的茶叶研究著作。因为成书于宋徽宗大观元年，该书也被称为《大观茶论》。

治国昏聩的宋徽宗，对于艺术和生活享受却颇具天赋。他的书法、绘画在中国艺术史上自成一格，闻名千古。他还是顶级品茗高手，权臣蔡京曾经回忆说，宣和二年（1120），宋徽宗与大臣们宴饮，会上宋徽宗亲自表演了如今已经失传的点茶技艺，然后，宋徽宗亲自将茶汤分给各位近臣，说：“这可是朕亲手施予的茶。”

中国人喝茶由来已久，国内最早的地方志《华阳国志》就曾经记载说，早在周武王时期，巴蜀古国地区曾向周武王进献过茶叶，这是国内有关茶叶的最早记载。到了汉代，茶叶开始作为商品广泛流通。早在西汉时期的公元前59年，四川人王褒就在他买卖家奴的文书《僮约》中留下了“烹茶尽具”以及“武阳买茶”的记载。

到了魏晋时期，文人与茶开始相互结合。鉴于长期纵酒的危害，当时许多玄学家、清谈家从嗜酒转向好茶。唐代时，吃茶已经成了老百姓日常生活的重要组成部分，成书于唐代大中十年（856）的《膳夫经手录》记载说，“关西山东、闾阎村落皆吃之……不得一日无茶。”

尽管早在先秦时期就已出现，但茶叶真正的流行却是从唐代开始。中唐时期，被后世称为“茶圣”的陆羽（733—804），写下了世界上第一部茶叶专著《茶经》。

宋代，饮茶更广泛地深入平民百姓家庭，当时人记载说：“茶非古也，源于江左，流于天下，浸淫于近代。君子小人靡不嗜也，富贵贫贱靡不用也。”由于茶在宋代的广泛流行，宋人自己也说“夫茶之为民用，等于米盐，不可一日以无”。“柴米油盐酱醋茶”的说法，也正是从宋代开始出现。

从赵匡胤开始，宋朝历代皇帝都是爱茶之人。上有所好，下必效焉，北宋首都开封，甚至在冬天的雪夜里，都有专门的卖茶人在卖茶，以方便那些上夜班的官吏或市民食用。因此，宋徽宗说：“（本朝）缙绅之士，韦布之流，沐浴膏泽，熏陶德化，盛以雅尚相推，从事茗饮。”

宋代的茶叶分为散茶、片茶两种，其中片茶以作为皇家贡品的龙团凤饼茶最为出名。尽管有皇家茶园建安北苑，但龙团凤饼的产量仍然非常稀少。为了迎合宋徽宗的喜好，宣和二年（1120），漕臣郑可简创制了一种以“银丝水芽”制成的“方寸新”茶，这种团茶色如白雪，故名为“龙园胜雪”。创制新品种的郑可简因此得到宋徽宗宠幸，官至福建路转运使。

后来，郑可简又让手下四处寻访名茶珍品，并让儿子郑待问向宋徽宗进贡了一种名为“朱草”的名茶。郑待问也因贡茶有功得了官职，以致当时有人讽刺说“父贵因茶白，儿荣为草朱”。

但北宋的品茶盛世即将戛然而止。1127年，随着金兵的铁蹄南下，开封城破，宋徽宗、宋钦宗父子被金兵俘虏北上，北宋灭亡。

成书于明代的《华夷花木鸟兽珍玩考》记载了一个野史传说，说宋徽宗、宋钦宗父子在北上途中，有一日路过一个寺庙，一位胡僧特地让童子给他们点茶，然后胡僧和童子就退往后堂，宋徽宗父子喝完觉得非常美味还想再喝，却发现胡僧和童子都已不见踪影。宋徽宗于是步入后堂寻觅，才发现里面竟然有一尊胡僧的塑像，旁边立着一位塑像童子，仔细分辨，竟然就是刚才献茶的二人。

这则故事彰显了后世人对于宋徽宗一生爱茶的同情、叹息和讽刺。北宋的品茶盛世突然陨落，自然与宋徽宗的爱好风雅和昏庸治国脱不了干系。

2

宋徽宗父子被俘虏北上之时，闻知天下巨变的李清照，在接到丈夫赵明诚的书信后，立刻从山东青州南下江宁（南京）。不久赵明诚病逝，李清照辗转于杭州、越州（绍兴）和金华等地。

家国动荡、至亲逝世、一生所藏尽失、个人无奈飘零，这使得李清照陷入了无尽的惆怅。她时常回忆起婚后和丈夫定居山东青州时，一起饭后赌茶的场景："余性偶强记，每饭罢，坐归来堂烹茶，指堆积书史，言某事在某书、某卷、第几叶、第几行，以中否角胜负，为饮茶先后。中即举杯大笑，至茶倾覆怀中，反不得饮而起。甘心老是乡矣！"

但靖康之变的烽火，使得无数北方士民逃难南下，在仓皇的流离生涯中，李清照时常回忆起和丈夫赵明诚在青州的美好日子。她曾写下《莫分茶》，来回忆靖康之变前吃茶读书的美好时光：

病起萧萧两鬓华，卧看残月上窗纱。豆蔻连梢煎熟水，莫分茶。

枕上诗书闲处好，门前风景雨来佳。终日向人多酝藉，木犀花。

在流落江南的日子，故国光复无望，李清照只能在《鹧鸪天·寒日萧萧上琐窗》中哀叹：

寒日萧萧上琐窗，梧桐应恨夜来霜。酒阑更喜团茶苦，梦断偏宜瑞脑香。

秋已尽，日犹长。仲宣怀远更凄凉。不如随分尊前醉，莫负东篱菊蕊黄。

面对东篱秋菊，她只有在品茗一杯团茶的时光里，才能淡忘漂泊之苦。

李清照流落江南的日子，宋高宗与秦桧合谋杀死岳飞后，偏安江南不思进取。到了南宋高宗绍兴二十五年（1155），七十二岁的李清照最终在江南凄凉离世。

李清照死后七年，绍兴三十二年（1162），赵昚即位，是为宋孝宗。作为南宋最有作为的皇帝，宋孝宗在即位后不久就发起了隆兴北伐，但由于仓皇出兵和前线将帅不和，宋军很快就被金兵击败，北伐所光复州县不久又相继沦陷。

北伐遇挫，宋孝宗无奈只能在厉兵秣马之时，加紧治理内政，而经过靖康之变后的长期动荡，此时的南宋尽管不能光复北方国土，但在南方，社会生产开始稳步恢复。这使得日本僧人再次渡海东来。

早在隋唐和北宋时期，日本僧人就经常作为遣唐使的一分子，前来中国学习佛法。尽管靖康之变使得这种文化交流中断多年，但随着南宋社会日趋稳定，孝宗乾道四年（1168），二十八岁的日本僧人荣西为了深入学习佛法渡海入宋。荣西回国时，将中国茶籽带回日本，这也成了日本种植茶树的发源。隋唐和北宋时期，尽管日本的遣唐使和僧人也会带回一些茶叶回到日本，但真正开始带回茶籽和推广茶叶种植，却是从荣西开始。

1187年，荣西再次渡海入宋。四年后荣西返回日本，并在次年写成了《吃茶养生记》，这是日本第一部茶书。由于首次将中国佛教禅宗系统性地传回日本，荣西因此被称为日本的“禅祖”，而在“禅祖”之外，他还被称为日本的“茶祖”。

唐代时，中国的喝茶方法主要是煎煮，到了宋代则流行点茶法。所谓点茶，是指将茶叶碾碎成茶末放入茶碗，再冲入沸水调和饮用。前面所述的宋徽宗点茶，基本手法就是如此。但宋代以后，随着明代开始流行冲泡散茶，中国传统的点茶技艺也逐渐消失。而在日本，由于荣西禅师的学习和传入，宋式的点茶技艺却得到了流传。今天的日本茶道，正是源自宋代的点茶等茶艺演变。

由于宋代的点茶涉及磨茶等复杂工艺，宋人的茶器用具相对一千年后的今天显得更为精致和复杂。南宋人董真卿就曾经将当时的茶具用品绘制成《茶具图赞》一书，从而为后世保存了珍贵的史料。在《茶具图赞》中，宋人的茶具至少有十二件，也称“十二先生”。

“十二先生”中，专门用来储存茶饼的焙笼称为“韦鸿胪”，用于捣茶的茶臼称为“木待制”，碾茶的茶碾称为“金法曹”，磨茶用的茶磨称为“石转运”，用来入茶的称为“胡员外”，筛茶用的茶罗称为“罗枢密”，清茶用的茶帚称为“宗从事”，盛茶用的盏托称为“漆雕密阁”，茶盏称为“陶宝文”，注汤用的汤瓶称为“汤提点”，调沸茶汤用的茶筅称为“竺副帅”，清洁茶具用的茶巾称为“司职方”。

宋人的茶艺生活，精致如是。

由于品茶有助于僧人道士坐禅修行、消除困意入定研修，从唐宋时期开始，品茶也开始与宗教结合，由此产生了许多禅诗、禅词。例如宋代词人朱敦儒就曾写道：“飘然携去，旗亭问酒，萧寺寻茶。恰似黄鹂无定，不知飞到谁家。”在南渡日久、北伐无望的日子里，朱敦儒在翘首北望中盼白了头，他在词作中更是哀叹“中原乱，簪缨散，几时收”。

无望。浮生如梦。只有茶酒相随，残度余生。

3

如果说北宋与茶相关的诗词，透露的是盛世惬意的话，那么进入南宋后，中国的茶诗、茶词则在表露风月之际，时常透露出一种时代的哀伤。

隆兴北伐失败七年后，南宋孝宗乾道七年（1171），主战派王炎主政川陕，四十七岁的陆游成为王炎的幕僚。在驻军南郑前线时，王炎委托陆游草拟驱逐金人、收复中原的战略计划，陆游遂写下了《平戎策》。

作为南渡官员的后代，陆游从小就在父辈们激烈讨论如何收复中原的家庭氛围中成长，也因此，他一直期待着能够参与北伐、光复先人故土。在这一时期，陆游经常跟随军队到骆谷口、仙人原、定军山等宋金对峙的前线探视考察，并到大散关巡逻。然而他不会想到的是，王炎很快就被调离前线，幕府解散，陆游人生中第一次、也是唯一一次亲临前线、参与北伐的机会就此烟消云散。

第二年（1172），陆游被调任为成都府路安抚司参议官，这是一个闲职。陆游无奈骑着驴，进入了四川。也就是这一年，在回复堂兄陆升之（字仲高）的《渔家傲·寄仲高》中，陆游写道：

东望山阴何处是。往来一万三千里。写得家书空满纸。流清泪。书回已是明年事。

寄语红桥桥下水。扁舟何日寻兄弟。行遍天涯真老矣。愁无寐。鬓丝几缕茶烟里。

在远离南渡后的家乡山阴的日子里，陆游想参与北伐却壮志难酬，又一个人闲居四川，与家乡和亲人相去万里，他早生白发，时常伴着云烟和清茶度日。

作为诗词界的“茶神”，陆游一生共留下9000多首诗词，其中有300多首与茶有关，是传世茶诗、茶词最多的诗人。

但陆游并不能见证北伐的成功。就在陆游去世前三年（1207），由韩侂胄主持的开禧北伐也宣告失败，为了与金人议和，南宋朝内的主和派、礼部侍郎史弥远甚至与杨皇后合作，割下了力主北伐的韩侂胄的人头，与金人进行议和。

后世人常说，南宋一代从始至终，从来不缺忠肝义胆、倾心为国的仁人志士，可惜的是，南宋的主政者却从来愧对英雄、辜负英雄，置身一个军事孱弱、主政者或懦弱、或无能、或昏庸黑暗的时代，这是英雄和仁人志士的悲剧，也是中国历史的悲剧。

理宗端平元年（1234），日益崛起的蒙古人相约南宋一起攻灭金国，南宋出师北伐，收复了位于河南的原北宋东京开封府（今河南开封）、西京河南府（今河南洛阳）和南京应天府（今河南商丘）等三京故地，实现了岳飞一生都没实现的梦想。但由于粮草不济和兵力孱弱等原因，南宋大军却被继金兵之后的蒙古兵所败，以致取得的失地再次沦陷，此次事件史称端平入洛。

不仅如此，蒙古骑兵随后蜂拥南侵，揭开了此后长达四十六年（1234—1279）的宋蒙战争序幕。

作为宋宁宗嘉定十年（1217）的状元，词人吴潜早在端平入洛之前，就忧心忡忡地上书宋理宗说，在军队缺乏充分训练、后勤供应难以及时保障的情况下，以南宋的步兵贸然北伐与蒙古骑兵作战，在北方平原缺乏优势。但立功心切的宋理宗不顾众多大臣和前线将帅的反对力主出兵，最终功亏一篑。

端平入洛失败后，蒙古骑兵多次南下，试图灭亡南宋，开庆元年（1259），蒙古大军进攻华中重镇武汉，京都临安（杭州）震动。危难之际，理宗起用吴潜作为左丞相兼枢密使，吴潜则对言说："臣年将七十，捐躯致命，所不敢辞。"

面对汹涌南下的蒙古大军，吴潜对属下说："我年近七十，鬓发如霜，让我上前线捐躯致命，也在所不辞，感到痛心的是元兵压境，大宋危在旦夕！"

尽管形势危如累卵，南宋的内斗却从未终止，由于在立太子的问题上得罪了宋理宗，加上权臣贾似道鼓动谏臣集体攻击，拜相仅半年的吴潜旋即被罢免，被贬谪到循州（今广东惠州）。

贾似道必欲杀死吴潜，以独揽大权，于是指使手下刘宗申为循州知州。刘宗申以宴请的名义，将吴潜用毒酒毒死。吴潜之死，是在宋理宗景定三年（1262），此时，距离南宋灭亡（1279），仅有十七年时间。

此前，端平入洛失败后，吴潜曾经在《踏莎行》中写道：

红药将残，绿荷初展。森森竹里闲庭院。一炉香烬一瓯茶，隔墙听得黄鹂啭。

陌上春归，水边人远。尽将前事思量遍。流光冉冉为谁忙，小桥伫立斜阳晚。

南宋一代，曾经出过三位状元词人，分别是张孝祥、吴潜和文天祥，其中吴潜和文天祥更是成为状元宰相。这三位状元词人壮怀激烈，但却壮志难酬。吴潜死于南宋奸臣之手，文天祥则是力战不屈被俘后殉国。

或许，在“一炉香烬一瓯茶”，“尽将前事思量遍”的时候，明白朝堂凶险，却在元兵入侵时仍然义无反顾、勇担大任的吴潜，就已明白自己的宿命所在。从岳飞到韩侂胄到吴潜，南宋朝政的黑暗，远超人所能想象。

吴潜遇害后十三年（1275），贾似道被杀，但此时南宋已危在旦夕。1276年，蒙古大军最终兵临南宋首都临安城下，时任南宋太皇太后的谢道清带着五岁的宋恭帝投降，临安沦陷。

临安陷落后，陆秀夫、张世杰、文天祥等人又继续拥戴宋端宗赵昰力抗元兵。宋端宗死后，陆秀夫等人又拥戴宋帝昺进行抗战。最终在1279年，南宋残余十万军民在崖山海战中兵败，十万军民或战死、或不甘投降元兵跳海自杀，集体殉国。南宋至此宣告灭亡。

南宋灭亡，但不少遗臣仍在。宝祐四年（1256）进士，词人陈著（1214—1297）在南宋灭亡后隐匿不仕，清贫度过余生。

在人生的最后时光里，他在元人的统治淫威下，写下《鹊桥仙·次韵元春兄》一词以表心怀，他写道：

兄年八十，弟今年几，亦是七旬有九。人生取数已为多，更休问、前程无有。

家贫是苦，算来又好，见得平生操守。杯茶盏水也风流，莫负了、桂时菊候。

在改朝换代的历史风云中，他在“杯茶盏水也风流”的清贫生活中，默默怀念着南宋往事，以示余生仍然效忠南宋的“平生操守”。

而在1279年南宋彻底灭亡以后，那些曾经发展至巅峰极致的宋代茶艺文化，也走向消亡。于是，曾经精致的龙凤团饼茶逐渐消失，中国的品茶方式逐渐走向简单化的散茶品茗。到了1391年，建立明朝的朱元璋下令彻底废除龙凤团饼茶的制作，散茶最终定型，成为朝野上下的品茗主流。

宋人精致生活的风流已逝，时代风云激荡之后，只剩下陈著的“桂时菊候”和一杯清茶，来追思前朝往事了。

宋茶风流，烟消云散。

宋代的“狂欢节”，到底有多狂欢

中国有很多传统节日，但古人元宵节最重要。

法国汉学家谢和耐说的没错：“宋朝人的新年真正的开始，要到上元灯节，也就是正月十四、十五、十六这三天。这三天的庆典，具有狂欢节所有的表现特征。”

古代元宵节，直接被称为“狂欢节”。

1

先讲个故事。故事出自宋元年间的话本《宣和遗事》，说书人的文字底本。说的是，北宋徽宗年间，元宵节，有个女子尽情游览了京城的花灯之后，已是深夜时分。

该女子来到皇城端门，见门前摆着金瓯酒，一时酒兴大发，端起一大杯一饮而尽。喝完了，竟顺手牵羊把金杯塞进怀里，想偷走。

这一幕被禁军卫士发现，一把将女子抓住押到宋徽宗面前。

宋徽宗还没睡觉，他正欢度元宵，就问女子为什么要偷东西。

该女子镇定自若，不慌不忙，当着皇帝的面吟诵了一首词：

月满蓬壶灿烂灯，与郎携手至端门。贪看鹤阵笙歌举，不觉鸳鸯失却群。

天渐晓，感皇恩。传宣赐酒饮杯巡。归家恐被翁姑责，窃取金杯作照凭。

宋徽宗听明白了，原来这女子是要偷个金杯作为证据，免得出来到大半夜，回去被公公婆婆责骂。

“此金杯就赠与你了。”宋徽宗大喜，并命令卫士护送该女子回家。

这名北宋女子可真够胆大的。但很多人觉得不够味，觉得这有什么，逛夜场、爱喝酒、懂点文艺，这样的女子，现在随便一座大城市的酒吧街，都能寻出一打两打来。不过要记住，我们不能用今人的眼光去揣度古人的世界。

这个故事其实大有门道。它包含了古代，尤其是宋代元宵节的所有重要因素，而且，这些因素仅在元宵节期间生效，过了这个节日就没了。

到底是哪些因素呢？我用四个关键词来表述：深夜、皇帝、女人，以及诗词。

2

女子窃杯的故事，发生在深夜。这一点很重要，是元宵节异于或高于其他一切节日的主要特征。

跟我们现在的夜生活截然不同，古人的世界里基本没有夜生活。

古代官府一直试图管理老百姓的作息时间。早在春秋时代，统治者就有这样的管理理念：为了防止人们过分安逸，滋生邪念，从天子、诸侯到平民百姓，每个人的作息都要统一安排好。

官府最怕的是夜幕降临。因为夜色中，对老百姓的控制难度大，很多违法犯罪也容易借此发生。所以，古代大多数时期都有宵禁的法令：夜幕降临后，城门会关闭，居民区也会被封闭起来，如无要事严禁在街上晃荡行走，吃个夜宵、泡个酒吧更是不可能的事。

犯了宵禁的人，受到的处罚也挺重，重则处死，轻则杖刑。

宋代基本上取消宵禁制度，但其他朝代，均严格执行宵禁制度。

比如唐代的长安城，一到黄昏就击鼓六百下，敦促在外行走的人各回各家，鼓响六百下后，城内坊门一律关闭。这时如被发现仍在街上行走，就是“犯夜”，将受到笞打。

可见，宵禁制度是权力的表现之一。古人的世界被权力切割为两个完全不同的时空，白天可以随意活动的区域，到了夜晚就成为禁地。

只有在每年元宵节的前后几天，官府才会解除宵禁。这就好比久在笼中的小鸟，那几天突然得了自由，人们的兴奋程度不亚于中大奖。

元宵节在古代之所以备受青睐，其实主要原因不在于这个节日有多少仪式，多少欢乐。说白了，这些都是附加在宵禁制度解除的基础上。最关键的一点，就是宵禁的解除，大家可以外出体验真正的夜生活。

古人过元宵节高兴到什么程度？举个例子，宋朝人除了看灯，逛街，就是外出喝酒，喝得醉醺醺的，才想到要回家。酗酒所产生的局面，在当时居然催生了一个仅在元宵节出现的职业：一些人在夜阑之后，举着小灯“扫街”，往往可以捡到醉酒人遗失的金银首饰，收获颇丰。

3

上面故事中，出现了皇帝与“女贼”的对话情景。要是在别的时间点，出现这么离谱的描写，我们基本可以断定这只是小说家言，但放在元宵夜，这事并非不可能发生。

史载，北宋徽宗年间，皇室在皇城端门前摆出御酒，叫“金瓯酒”。无论男女老少，还是富贵贫贱，元宵节期间都能到端门下受赐御酒一杯。“女贼”喝的正是这种金瓯酒。

我前面讲过古代宵禁制度之严苛无情，到了元宵节期间，却得到了短暂的解禁。谁这么大胆，敢对权力进行挑战？

答案只有一个：这是皇帝默许甚至带头执行的结果。

早在隋朝，正月十五夜，城市已是“不夜城”。当时人柳彧在一封给隋文帝的奏疏中说，元宵夜锣鼓喧天，火光照地，人戴兽面，搞什么歌舞表演、奇装异服、男女混同，成何体统？他请求皇帝禁止正月十五的侈靡之俗。

隋文帝表面同意了，但并未采取具体行动。后面的皇帝也都知道，狂欢的传统禁不住，堵不如疏，干脆利用这个机会大搞亲民“秀”，与民同乐，宣扬天威。

宋徽宗时代，元宵节当晚，皇帝要亲临宣德楼或端门看灯。于是，御街两旁拥挤的人群，在观看百戏和花灯表演的同时，也能隔着一层黄色的丝织品看到皇帝神秘的面孔。

正月十六早上，皇帝会再次出现在城楼，如果人们不是过于疏懒或是晚上喝醉了酒，只要能足够早地起床赶到宫门口，会看得更加清楚。

宋代文人经常讲“仰瞻天表”，指的就是普通百姓在元宵节期间近距离观看皇帝（天子）容貌这件事。要知道，这在古代中国，几乎是破天荒的事。

皇权时代，皇帝至高无上。任何未经许可对皇帝身体的触碰，甚至凝视，都可能构成弥天大罪。只有元宵节成为例外。老百姓可以在此时观看和凝视平时神秘莫测的皇帝。

皇帝带头参与元宵节活动，让这个节日变成真正的官民同乐的庆典。

北宋年间，开封府尹一到元宵节就要出来会见民众。期间，随从跟在府尹身后，背着一个大布袋，里面装着零钱，遇到在京城做生意的商贩，便给他们派钱。每人数十文，祝他们新年生意兴隆。

而因赏灯烧毁皇宫的事屡有发生。1514年，明武宗朱厚照在乾清宫过元宵节，宫前张灯，花样翻新，由于不顾及安全，结果灯火烧到殿宇，把寝殿乾清宫都烧光了。

4

女子窃杯故事中，最亮眼的地方还在于，故事主人公是个女子，而不是男人。

古代女子基本上大门不出，二门不迈，过着深居简出的生活。不要说晚上了，白天都鲜有出门游玩的机会。

元宵节期间，上街观灯、游玩突破了女子防线，使她们获得了暂时的人身自由，能够走出闺门，尽情欢娱。

有一年元宵节，司马光的夫人想要出外看灯，司马光问："家中点灯，何必出看？"夫人回答："兼欲看游人。"司马光反问："我难道是鬼吗？"这个段子很能说明，元宵夜的很多日常禁忌都被消解掉了。

因为女性获得加入元宵节活动的权利，这个节日才显得特别人性化。男女同处于一个公共空间，为彼此提供了寻觅意中人的契机。不少经典的古诗词以元宵节为背景，不是没有原因的。

北宋词人欧阳修的《生查子·元夕》一词有云：

去年元夜时，花市灯如昼。月上柳梢头，人约黄昏后。
今年元夜时，月与灯依旧。不见去年人，泪湿春衫袖。

这首词表达了元宵夜不能再见意中人的遗憾。

台湾学者陈熙远在他的文章《中国夜未眠——明清时期的元宵、夜禁与狂欢》中所指出的："百姓在'不夜城'里以点灯为名或在观灯之余，逾越各种礼典与法度，并颠覆日常生活所预设规律的、惯性的时空秩序——从日夜之差、城乡之隔、男女之防到贵贱之别。事实上对礼教规范与法律秩序的挑衅与嘲弄，正是元宵民俗各类活动游戏规则的主轴。"

5

故事中，偷窃被抓的女子最终获得皇帝赦免，正是因为该女子关键时刻吟诵了一首词，对了宋徽宗的胃口。

连“女贼”都这么高雅，动不动就出口诗词，无形中为元宵节增添了几分文化气息。

我们当然可以说，宋朝文化发达，宋人好有文化。但是，这种发达的背后，是否也潜藏着一些问题呢？

众所周知，宋朝推行崇文抑武政策，文人不仅地位高，而且待遇优渥。宋太祖杯酒释兵权时，曾说过，人生如白驹过隙，不如多置歌儿舞女，日夕饮酒相欢，以终天年。

开国皇帝的讲话，影响深刻，使得宋代文化观念向富贵、金钱和娱乐等世俗的人生价值转化。

具体到元宵节，更是人人沉醉于这举国欢庆的狂欢之夜。

宋庠、宋祁兄弟俩是北宋名臣。宋庠听说弟弟宋祁在元宵夜“点华灯拥歌妓醉饮”，就派人对他说：“弟弟你忘记我们当年元宵节一起吃齑饭、艰苦奋斗的日子了吗？”

没想到宋祁回了一句：“哥哥你难道不知道我们当年元宵节一起吃齑饭、艰苦奋斗，是为了什么吗？”

言下之意，还不是为了今日的荣华和享乐？

在这种思潮影响之下，北宋君臣时时利用元宵佳节制造太平盛世景象。方法除了前面提到的张灯结彩，与民同乐，还有就是宋人最拿手的好戏——填词。

宋朝有一类词叫元宵词。在元宵词中，歌颂盛世是文人士大夫趋之若鹜的写作主题。连皇帝也直接参与元宵词的创作，据统计宋徽宗现存的元宵词至少有5首。

一直到靖康之难发生的前夕，整个国家还沉浸在盛世幻象里。

这种心理状态的形成，与北宋推行的基本国策密切相关。史载，宋太宗曾直言："国若无内患，必有外忧，若无外忧，必有内患。外忧不过边事，皆可预为之防，唯奸邪无状，若为内患，深可惧焉。帝王用心，常需谨此。"这段话说出了北宋统治者的治国方针：不以外患为威胁，而注重对内的统治。直到宋徽宗时期，仍有朝臣上书说："中国，内也；四夷，外也。忧在内者，本也；忧在外者，末也。"

正因为把"安内"看得比"攘外"更加重要，北宋皇帝极其注重元宵节。这也是北宋的元宵节在历朝历代中最获重视的原因。

后来的事我们都知道了，外族袭来，北宋皇帝都被抓走了。盛世覆灭，宋室南渡，唯有无名氏的一首悲歌《鹧鸪天》，道出了昔日元宵节狂欢的不可持续性。

再后来的事我们也知道了，历史悲剧在南宋末年重演。

想当年，歌颂盛世有多欢快，如今面对现实就有多悲彻。

两宋元宵节盛况，到此终成梦一场。

宋词里的长江

江水无休时，爱恨亦无已时。宋人的情感世界，在潇潇暮雨、明月朗照之中，随一江春水东流而去，流淌在世人心中。

1

崇宁二年（1103），词人李之仪陷入人生的至暗时刻。

李之仪因得罪权臣，被贬边远之地。更苦的是祸不单行，他的亲人在几年间相继离世，自己也日渐年迈体衰，如他所说："第一年丧子妇。第二年病悴，涉春徂夏，劣然脱死。第三年亡妻，子女相继见舍。"

年华渐去如江水，绵绵无绝期，隔开了李之仪与爱人的距离，却隔不断他的痴心。于是，他在长江边上作了这一首《卜算子》：

我住长江头，君住长江尾。日日思君不见君，共饮长江水。

此水几时休，此恨何时已。只愿君心似我心，定不负相思意。

有一传说，说是绝色歌姬杨姝走进了李之仪的晚年生活，他们谈了一场无果的恋爱。但也有很多人猜测，李之仪这首词是写给他心爱的妻子胡淑修，那时候，他们已经天人永隔。

长江，在古代也称作“江”，发源于唐古拉山脉的涓涓细流，蜿蜒东流，横贯中国东西。

万里长江穿越巴山蜀水、云贵高原，流经荆楚大地，滋润江南水乡，跨域西南、华中、华东三大经济区，最后注入东海，孕育了中华文明，养育了炎黄子孙。

作为中国第一大河，长江流域面积达180多万平方公里，约占中国陆地面积的1/5，沿途山川雄伟，风光秀丽，为“造物者之无尽藏也”，历代文人对它吟咏不尽。

江上轻舟渡客，有唐代李白的“两岸猿声啼不住，轻舟已过万重山”。两岸草木摇落，有杜甫的“无边落木萧萧下，不尽长江滚滚来”。涛声回荡天外，有王湾的“潮平两岸阔，风正一帆悬”。临江抚今追昔，有杜牧的“折戟沉沙铁未销，自将磨洗认前朝”。巨浪荡涤尘埃，有明代杨慎的“滚滚长江东逝水，浪花淘尽英雄”。

宋词更是将其忧愁柔美与波澜壮阔，写进了这条承西启东、接南济北、通江达海的世界第三长河流。

2

有一种观点认为，在4000万年前，长江是两条江，一条向东流，一条向西流，间隔地带大概是现在的巫山。

后来，喜马拉雅造山运动将中国西部地区抬升，东流与西流的古长江加剧对峡谷的切割侵蚀。在江流与地质运动的长期作用下，崇山峻岭犹如被利刃劈开，长江三峡诞生，东西两条长江就此执手，夺峡而出，滔滔东流。

狭义的三峡，由瞿塘峡、巫峡和西陵峡三段大峡谷组成，是巴蜀到荆楚的必经之路，也是万里长江最凶险的一面。

长江中上游的分界线，即以三峡终点湖北宜昌为界。

古人乘坐木船跨越三峡，就像一场冒险。沿途河滩奇险，两岸山峰林立，巍然压来，有时随船逆水而行，甚至要花一两个月的时间才能跨过这道天险，进入蜀地。

距今八百多年前，主战派的陆游受南宋朝廷排斥，被贬到长江上游的夔州（治所在今重庆奉节）当通判。

四十六岁的陆游带着一家老小，从浙江绍兴一路长途跋涉，经三峡入巴蜀，一遇风浪就要停下来，行程总共花了一百六十天。

陆游仕途受挫，想到还要沿长江艰难赴任，于是写下了“残年走巴峡，辛苦为斗米”。但两岸看不尽的风景名胜缓解了陆游的心情，他暂时将个人坎坷抛之脑后。

在这几个月的行程中，陆游将沿岸所见所闻的地理人文写成日记。这部共计六卷的《入蜀记》，是宋代最著名的长江游记之一。陆游还写诗作词记录旅途风光，曾在二十一天内作二十七首，日产量惊人。

到巴蜀之地后，花香、云雾与美女，无法阻止他写诗写词。他在一年立春时节作了首《木兰花》，描写从三峡到巴蜀的天涯沦落之感：

三年流落巴山道，破尽青衫尘满帽。身如西瀼渡头云，愁抵瞿塘关上草。

春盘春酒年年好，试戴银旛判醉倒。今朝一岁大家添，不是人间偏我老。

在狂醉之中，陆游心怀报国无门之愤，又是一副醉态可掬的模样，而他心中北伐中原的大业，终将如梦一场空。

但陆放翁想不到，在百年后，长江上游的巴山蜀水将成为阻挡蒙古铁骑的天然要塞。

南宋军民凭借长江流域的天险御敌，与蒙古军相持近半个世纪，蒙古大汗蒙哥甚至战死在合川钓鱼城下（一说病死）。

3

长江中游地区，在自然地理区划上属华中，西起巫山东麓，东至江西湖口。

这一地区有“气蒸云梦泽，波撼岳阳城”的洞庭湖，也有九省通衢的江汉平原，历史上有“湖广熟，天下足”的美名，而现在的长江中游城市群，以武汉为中心，承东启西、连南接北，有着得天独厚的发展潜力。

元丰二年（1079），四十三岁的苏轼来到长江中游的黄州（今湖北黄冈）时，刚经历了一番生死劫。在相互倾轧的党争中，苏轼受到弹劾，身陷乌台诗案，入狱三个月，险遭杀身之祸，之后被贬为黄州团练副使。

流落黄州的苏轼是不幸的，可与苏轼结下不解之缘的黄州却是幸运的。因为苏轼，黄州的知名度上升了好几倍。

在黄州期间，苏轼向上司申请了一块荒地，自号“东坡”，过上躬耕垂钓的生活。

他常泛舟长江，来到城西的赤壁，面对陡峭如壁的山崖与大江长天，逸兴吟哦，写下前后《赤壁赋》等名篇佳作，还有《念奴娇·赤壁怀古》。

有一种说法，黄州赤壁（又名“文赤壁”）并非三国赤壁之战的古战场。东坡自己在词中也说了，“人道是、三国周郎赤壁”。即这话不是我说的，是别人说的。他也只能把个中争议，留待后人考证。

长江中游，被称为九省通衢的武汉城中，黄鹤楼雄踞蛇山之巅，矗立在江岸，千百年来说不尽离愁。

无论是写下“晴川历历汉阳树，芳草萋萋鹦鹉洲”的崔颢，还是在此目送孟浩然时写下“孤帆远影碧空尽，唯见长江天际流”的李白，他们眼前云水苍茫的江面上，载着的都是离别。

南宋初年，岳飞登楼远眺，却满怀悲愤，写下了《满江红·登黄鹤楼有感》：

遥望中原，荒烟外、许多城郭。想当年，花遮柳护，凤楼龙阁。万岁山前珠翠绕，蓬壶殿里笙歌作。到而今，铁骑满郊畿，风尘恶。

兵安在？膏锋锷。民安在？填沟壑。叹江山如故，千村寥落。何日请缨提锐旅，一鞭直渡清河洛。却归来、再续汉阳游，骑黄鹤。

历经靖康之变，北宋灭亡，北方被金人攻占，岳飞镇守鄂州（治所在今武昌）十多年，在长江边积极筹备北伐，并多次从此地挥师北上，打了多场胜仗，却遭到宋高宗与秦桧的屡屡打压。

长江两岸留下了岳飞精忠报国的壮怀激烈，可是这位英雄，在北伐节节胜利时被12道金牌召回，最终落得“莫须有”的罪名，含冤而死。

岳飞的满腹韬略付之流水，而南宋的倾覆，也是从长江中游一溃千里。

汉江，为长江一大支流，流经陕西、湖北两省，在武汉的汉口汇入长江。汉江沿岸的襄阳，是一座历史悠久的古城，也是南宋重要的军事基地，在宋蒙战争中成为整条长江防线的重镇。

宋人仰慕的魏晋名将羊祜（字叔子），当年常登襄阳南面的岘山，置酒吟咏。羊祜为三国重归一统立下大功，而且他善于用人、提携后进，留下伐吴遗策，却没能亲眼看到晋军实现顺江而下灭吴的宏图。

南宋游人到襄阳瞻望羊公碑，总会想起有心报国、无力回天的宗泽、岳飞等抗金名将，不禁怅然。南宋词人刘辰翁，就在重阳登高时写了一首《水调歌头》：

不饮强须饮，今日是重阳。向来健者安在，世事两茫茫。叔子去人远矣，正复何关人事，堕泪忽成行。叔子泪自堕，湮没使人伤。

燕何归，鸿欲断，蝶休忙。渊明自无可奈，冷眼菊花黄。看取龙山落日，又见骑台荒草，谁弱复谁强。酒亦有何好，暂醉得相忘。

心怀愤懑的刘辰翁经历了元兵入侵，见证了大江大河的英雄悲歌，活到了南宋灭亡的十八年后。

这一时期，襄阳城成为决定南宋存亡的关键。襄阳之战六年后，祥兴二年（1279）南宋彻底灭亡。

4

宋词的故事，开始于长江下游。

长江下游流域，一般指湖口至长江入海口，但古人称长江下游河段为扬子江，大抵是从今南京以下到入海口，因扬州府城南扬子津而得名。

后来，西方传教士来华，在烟波浩渺的长江下游最先听到的名字就是扬子江。因此，the Yangtze River也成为长江的英文别称。

位于长江下游的南京，古称金陵、江宁，五代十国时曾为南唐都城。南唐自937年建国，到975年灭亡，国祚三十八年。

北宋开宝七年（974），宋军发兵三路，攻打南唐，东路的曹彬与潘美率军十万沿长江东进，兵临金陵城下，南唐精锐尽失，无险可守。

次年，城倾国灭，南唐后主李煜奉表投降，被押到汴京（今开封），受封违命侯，告别了长江下游的玉砌雕栏，从此别时容易见时难。

这位词人皇帝成为俘虏后，念念不忘故国，时而怅惋“人生长恨水长东”，时而悲叹“问君能有几多愁？恰似一江春水向东流”。

这一阕《破阵子》，记录了李煜与繁华金陵的永别：

四十年来家国，三千里地山河。凤阁龙楼连霄汉，玉树琼枝作烟萝，几曾识干戈？

一旦归为臣虏，沈腰潘鬓消磨。最是仓皇辞庙日，教坊犹奏别离歌，垂泪对宫娥。

后来，苏东坡读到这几句，颇为不满，说李后主应该恸哭于九庙之外，辞别他的子民，怎么可以对宫娥挥泪，还听着教坊离歌呢？

李煜降宋三年后离奇身亡，江南，是李煜终生回不去的故梦，也成了改革家王安石心灰意冷之后的归处。

北宋神宗时期，王安石主张“天变不足畏，祖宗不足法，人言不足恤”，针对王朝的重重危机进行了声势浩大的变法运动，却遭到了无休止的反对，保守派都将他戏称为“拗相公”。

晚年，王安石罢相退居金陵，眼看着新法被废，却无可奈何，不久后病逝于扬子江畔的钟山。那时的他更多时候只是一个厌倦世事的老头，如这首《渔家傲·平岸小桥千嶂抱》：

平岸小桥千嶂抱，柔蓝一水萦花草。茅屋数间窗窈窕。尘不到，时时自有春风扫。

午枕觉来闻语鸟，欹眠似听朝鸡早。忽忆故人今总老。贪梦好，茫然忘了邯郸道。

长江下游的江流，倾诉的不只有词人的忧伤与无奈，还有悲愤。

南京以东的镇江，古称京口，为长江三角洲的重要港口，城外横贯着汹涌的长江。北固山与江水形成“天下第一江山”的盛景，登临远眺，浩荡长江，尽收眼底。

正因地处险要，镇江也是南宋长江防线上的军事重镇。南宋初年，金军南下，金兀术从黄州（今湖北黄冈）、马家渡（今安徽和县）南渡，韩世忠率军赶往镇江，沿江截击金人，取得大胜。

多年后，一心收复中原的辛弃疾登上了北固山，面朝长江，作词怀古：

何处望神州？满眼风光北固楼。千古兴亡多少事？悠悠。不尽长江滚滚流！

年少万兜鍪，坐断东南战未休。天下英雄谁敌手？曹刘。生子当如孙仲谋！

在这首《南乡子·登京口北固亭有怀》中，辛弃疾想到了统率江东子弟与曹魏、蜀汉抗衡的孙仲谋。他渴望像古代的英雄一样收复河山，可南宋经过这么几代皇帝，大都萎靡庸碌，即便想与北方一决高低，也都以失败收场，签订了屈辱的和议。

辛弃疾满眼都是长江沿岸的大好河山，他多想“了却君王天下事，赢得生前身后名”，却有心无力，只能感慨岁月蹉跎。

两宋三百年，多少词人如辛弃疾一样，将自己的喜悦、哀愁与愤懑赠予了长江。

词人贺铸沿着长江前往江夏赴任，路过采石矶（在今安徽马鞍山），驻足登临，由长江天险想到六朝兴亡，写成一首《天门谣》：

牛渚天门险，限南北、七雄豪占。清雾敛，与闲人登览。

待月上潮平波滟滟，塞管轻吹新阿滥。风满槛，历历数、西州更点。

长江中游的岳阳，因范仲淹的一篇《岳阳楼记》而名动天下。一登此楼，就是衔远山、吞长江的洞庭胜景色，“不以物喜，不以己悲”的贬官文化也随着涌上心头。

仕途不顺的南宋词人张孝祥，在此地写下《水调歌头·过岳阳楼作》：

湖海倦游客，江汉有归舟。西风千里，送我今夜岳阳楼。日落君山云气，春到沅湘草木，远思渺难收。徙倚栏杆久，缺月挂帘钩。

雄三楚，吞七泽，隘九州。人间好处，何处更似此楼头？欲吊沉累无所，但有渔儿樵子，哀此写离忧。回首叫虞舜，杜若满芳洲。

山河本无情，或许听不见词人的心声。千年前的长江，却因他们的词章而永驻于民族的记忆之中。

今人不见古时月，今月曾经照古人。

后　记

本书三名主要作者是郑焕坚、吴润凯和陈恩发。卢娜对本书亦有贡献。书中大部分文章，初稿首发在微信公众号“最爱历史”。承蒙80多万粉丝和读者的厚爱，多数文章均拥有了不俗的阅读量，并获得了一些不错的评价。在此，谨致谢忱。

附录一　两宋大事记

960年　赵匡胤发动陈桥兵变，建立宋朝，是为宋太祖。

961年　宋太祖赵匡胤以“杯酒释兵权”的方式，罢去禁军宿将兵权，强化对中央军的控制。

962—975年　宋军先后扫平南方的荆、楚、后蜀、南汉、南唐等五个割据政权。

976年　宋太祖赵匡胤暴毙，其弟赵光义继位，是为宋太宗。

978年　吴越、漳泉政权降宋，中国南方实现统一。

979年　宋灭北汉，但同年宋太宗亲征幽云，败于辽军。

986年　宋第二次征幽云，又败，自此绝北伐之念。

997年　宋太宗驾崩，其子赵恒继位，是为宋真宗。

1004年　辽军攻宋，宋真宗亲征，双方订立“澶渊之盟”，宋每年向辽国输送岁币，两国进入百年和平期。

1008年　宋真宗“发现”天书，遂封禅于泰山，自此开始四处祭祀，进入“天书政治时期”。

1022年　宋真宗驾崩，其子赵祯继位，是为宋仁宗。

1037年　苏轼降生。

1038年　党项人李元昊正式称帝，建立大夏国，史称西夏。宋夏关系破裂。

1040—1042年　宋夏战争爆发，宋军三次遭遇大败。

1043年　范仲淹主持推行改革，史称“庆历新政”。次年，新政失败。

1052年　广南西路广源州少数民族首领侬智高反宋，攻占邕州，围困广州。次年，狄青大败侬智高，平定叛乱。

1063年　宋仁宗驾崩，其养子赵曙继位，是为宋英宗。

1067年　宋英宗病逝，长子赵顼继位，是为宋神宗。

1069年　王安石出任参知政事，熙宁变法拉开帷幕，同时揭开北宋新旧党争的序幕。

1070—1075年　为了完成对西夏的大包围，由王韶主持，宋先后收复了宕、叠、洮、岷、河、临（熙）六州的战役，史称“熙河开边”。

1074年　王安石被罢相，熙宁变法高潮过去。

1081—1082年　宋军大举进攻西夏，但遭遇惨败，伤亡数十万人。宋神宗抑郁成疾。

1085年　宋神宗病逝，太子赵煦继位，是为宋哲宗。神宗之母高太后摄政，起用司马光，新法被废，新党官员多遭撤职流放。不久，旧党内部分裂，发生洛蜀朔党争。

1093年　宋哲宗亲政，尽斥旧党，重新起用新党，并向西夏用兵，占领部分边地。

1100年　宋哲宗病逝，没有子嗣，由其弟端王赵佶继位，是为宋徽宗。

1102年　宋徽宗任蔡京为相，立元祐党人碑，新党对旧党的迫害达到顶点。

1114—1115年　女真首领完颜阿骨打起兵反辽，建立金国。

1122年　宋、金达成“海上之盟”，夹攻辽国。但宋军攻打幽州大败，金军一战即克。至此，辽国领土几乎全被金国占领。

1125年　金南下攻宋，宋徽宗将皇位传于太子赵桓，是为宋钦宗。

1127年　金军攻破开封，俘虏宋徽宗、宋钦宗二帝，北宋灭亡，史称靖康之变。宋徽宗第九子赵构称帝，是为宋高宗，南宋建立。

1129年　宋高宗从行之将领发动“苗刘兵变”，旋即被张浚平定。金军追击宋高宗直至海上，后退归，宋高宗得以在东南立足。

1140年　岳飞进军中原，前锋抵达朱仙镇，获得收复中原的机会，却因遭宋高宗猜疑而被强令撤军。

1141年　宋、金达成绍兴和议，宋向金称臣，交纳岁币。岳飞随后被以莫须有的罪名杀害。

1155年　权相秦桧死。

1161年　金主完颜亮南侵，宋将虞允文带兵抵抗，取得采石大捷。

1162年　宋高宗传位于养子赵昚，自任太上皇。赵昚是为宋孝宗。

1163—1164年　宋军隆兴北伐失利，宋、金重订和约，宋改称臣为称侄，降低每年交纳岁币数额，史称“隆兴和议”。

1187年　宋高宗崩。

1189年　宋孝宗禅位，太子赵惇继位，是为宋光宗。

1194年　宋孝宗驾崩。随后，在赵汝愚、韩侂胄等人主导下，宋光宗被迫禅位给皇子赵扩，史称“绍熙内禅”。赵扩是为宋宁宗。次年，韩侂胄逐去赵汝愚，掌控朝政。

1206年　宋军在韩侂胄的主持下北伐，惨败，史称“开禧北伐”。

1207年　史弥远与杨皇后、太子合谋刺杀韩侂胄。史弥远专权开始。

1208年　宋、金重订和约，史称“嘉定和议”。宋剖开韩侂胄棺木，割其首级送给金国。

1211年　蒙古侵金，金蒙战争爆发。

1224年　宋宁宗驾崩，其侄赵昀继位，是为宋理宗。

1227年　蒙古灭西夏。

1234年　宋出兵与蒙古联合灭金。同年，宋军北伐，一度占领开封、洛阳等地，史称“端平入洛”，但很快被蒙军击败。

1235—1241年　蒙古军第一次侵宋，后因窝阔台汗亡故不了了之。

1254年　蒙古灭大理。

1258—1259年　蒙古军第二次侵宋，因蒙哥汗在合州钓鱼城战死，再次失败。

1264年　宋理宗驾崩，其侄赵禥继位，是为宋度宗。

1267—1273年　蒙古军第三次侵宋，攻破襄阳、樊城，长驱直入宋境。

1274年　宋度宗病逝，年幼的嫡子赵㬎继位，是为宋恭帝。

1275年　贾似道率军与元军战于池州江面丁家洲，败亡。

1276年　元军攻陷临安，俘虏宋恭帝。张世杰、陆秀夫开始组建流亡小朝廷，继续抵抗。

1279年　崖山海战，宋军溃败，陆秀夫背宋帝昺赴海死，宋亡。

附录二　参考文献

一、基本史料

[汉]司马迁. 史记. 北京：中华书局，2006.

[后晋]刘昫. 旧唐书. 北京：中华书局，1975.

[宋]欧阳修等. 新唐书. 北京：中华书局，1975.

[宋]薛居正. 旧五代史. 北京：中华书局，1976.

[宋]欧阳修等. 新五代史. 北京：中华书局，1974.

[宋]司马光. 资治通鉴. 北京：中华书局，2009.

[宋]李焘. 续资治通鉴长编. 北京：中华书局，2016.

[元]脱脱等. 宋史. 北京：中华书局，1985.

[明]陈邦瞻. 宋史纪事本末. 北京：中华书局，2015.

[元]脱脱等. 辽史. 北京：中华书局，1974.

[元]脱脱. 金史. 北京：中华书局，1975.

[明]宋濂. 元史. 北京：中华书局，1976.

[后蜀]赵崇祚. 花间集校注. 杨景龙校注. 北京：中华书局，2015.

[五代]孙光宪. 北梦琐言. 北京：中华书局，2002.

[宋]范仲淹. 宋本范文正公文集. 北京：国家图书馆出版社，2017.

[宋]柳永. 乐章集校注（增订本）. 薛瑞生校注. 北京：中华书局，2012.

[宋]欧阳修. 欧阳修诗文集校笺. 上海：上海古籍出版社，2009.

[宋]王安石. 临川文集. 长春：吉林出版集团，2005.

[宋]晏殊. 珠玉词. 上海：上海古籍出版社，2005.

[宋]晏几道. 小山词. 上海：上海古籍出版社，2005.

[宋]苏洵. 嘉祐集笺注. 曾枣庄等笺注. 上海：上海古籍出版社，1993.

[宋]苏轼. 苏轼文集. 孔凡礼校注. 北京：中华书局，2004.

[宋]苏辙. 栾城集. 曾枣庄等校点. 上海：上海古籍出版社，1987.

[宋]曾巩. 曾巩集. 陈杏珍等点校. 北京：中华书局，1984.

[宋]黄庭坚. 山谷诗集注. 上海：上海古籍出版社，2003.

[宋]黄庭坚. 山谷词校注. 上海：上海古籍出版社，2011.

[宋]秦观. 淮海集笺注. 徐培均注解. 上海：上海古籍出版社，2000.

[宋]贺铸. 贺铸词集. 上海：上海古籍出版社，2013.

[宋]周邦彦. 清真集笺注. 罗忼烈笺注. 上海：上海古籍出版社，2008.

[宋]李清照. 李清照集笺注. 徐培均笺注. 上海：上海古籍出版社，2002.

[宋]邵伯温. 邵氏闻见录. 北京：中华书局，1983.

[宋]岳珂. 桯史. 北京：中华书局，1981.

[宋]姜夔. 姜白石词编年笺校. 夏承焘笺校. 上海：上海古籍出版社，1981.

[宋]陆游. 剑南诗稿校注. 钱仲联校注. 上海：上海古籍出版社，1985.

[宋]辛弃疾. 稼轩词编年笺注（增订本）. 上海：上海古籍出版社，1993.

[宋]刘克庄. 后村词笺注. 钱仲联注解. 上海：上海古籍出版社，2012.

[宋]吴文英. 梦窗词汇校笺释集评. 吴蓓笺校. 杭州：浙江古籍出版社，2007.

[宋]孟元老. 东京梦华录. 北京：中华书局，2020.

[宋]范成大. 范石湖集. 上海：上海古籍出版社，2006.

[宋]周密. 齐东野语. 北京：中华书局，1983.

[宋]周密. 武林旧事. 杭州：浙江古籍出版社，2011.

[宋]林洪. 山家清供. 北京：中华书局，2013.

[明]茅坤. 唐宋八大家文钞. 上海：上海古籍出版社，1993.

[清]黄宗羲. 宋元学案. 北京：中华书局，1986.

唐圭璋等. 全宋词. 北京：中华书局，2005.

唐圭璋. 唐宋词简释. 上海：上海古籍出版社，1981.

夏承焘等. 宋词鉴赏辞典. 上海：上海辞书出版社，2003.

夏承焘. 唐宋词人年谱. 上海：上海古籍出版社，1979.

周义敢等. 秦观资料汇编. 北京：中华书局，2001.

顾宏义等. 宋代日记丛编. 上海：上海书店出版社，2013.

谭其骧. 中国历史地图集. 北京：中国地图出版社，1996.

钱钟书. 宋诗选注. 北京：生活 · 读书 · 新知三联书店，2002.

二、著作

钱穆. 国史大纲. 北京：商务印书馆，2013.

邓广铭. 宋史十讲. 北京：中华书局，2015.

余蔚. 宋史. 上海：上海人民出版社，2015.

游彪. 宋史. 北京：中信出版集团，2017.

吴钩. 宋仁宗：共治时代. 桂林：广西师范大学出版社，2020.

吴钩. 风雅宋：看得见的大宋文明. 桂林：广西师范大学出版社，2018.

梁庚尧. 宋代科举社会. 北京：东方出版中心，2017.

邓小南. 祖宗之法——北宋前期政治述略. 北京：生活 · 读书 · 新知三联书店，2006.

方诚峰. 北宋晚期的政治体制与政治文化. 北京：北京大学出版社，2015.

游彪. 靖康之变：北宋衰亡记. 长沙：湖南人民出版社，2018.

吴天墀. 西夏史稿. 北京：商务印书馆，2010.

王天顺. 西夏战史. 银川：宁夏人民出版社，1993.

李桂芝. 辽金简史. 福州：福建人民出版社，1996.

骆玉明. 简明中国文学史. 上海：复旦大学出版社，2004.

侯家驹. 中国经济史. 北京：新星出版社，2008.

齐涛. 中国古代经济史. 济南：山东大学出版社，1999.

韩茂莉. 中国历史地理十五讲. 北京：北京大学出版社，2015.

邹逸麟. 中国历史地理概述. 上海：上海教育出版社，2007.

詹安泰. 詹安泰词学论稿. 广州：中山大学出版社，2018.

缪钺、叶嘉莹. 灵谿词说. 上海：上海古籍出版社，1987.

叶嘉莹. 唐宋词十七讲. 北京：北京大学出版社，2017.

叶嘉莹. 唐宋词名家论稿. 石家庄：河北教育出版社，1997.

叶嘉莹. 南宋名家词讲录. 天津：天津古籍出版社，2005.

薛砺若. 宋词通论. 南京：江苏文艺出版社，2008.

肖鹏. 宋词通史. 南京：凤凰出版社，2013.

郦波. 宋词简史. 上海：学林出版社，2019.

葛晓音. 唐诗宋词十五讲. 北京：北京大学出版社，2003.

陶尔夫、刘敬圻. 南宋词史. 哈尔滨：黑龙江人民出版社，2005.

方勇. 南宋遗民诗人群体研究. 北京：人民出版社，2011.

何忠礼. 南宋全史. 上海：上海古籍出版社，2011.

顾宏义. 天裂：十二世纪宋金和战实录. 上海：上海书店出版社，2012.

胡昭曦. 宋蒙（元）关系史. 成都：四川大学出版社，1992.

易中天. 风流南宋. 杭州：浙江文艺出版社，2018.

黄宽重. 南宋史研究集. 台北：新文丰出版公司，1985.

杜继文、魏道儒. 中国禅宗通史. 南京：江苏人民出版社，2007.

杜继文. 佛教史. 南京：江苏人民出版社，2006.

孙昌武. 禅宗十五讲. 北京：中华书局，2016.

许纪霖. 脉动中国：许纪霖的50堂传统文化课. 上海：上海三联书店，2021.

卿希泰、唐大潮. 道教史. 南京：江苏人民出版社，2006.

漆侠. 宋代经济史. 北京：中华书局，2009.

黄纯艳. 宋代海外贸易. 北京：社会科学出文献出版社，2003.

葛金芳. 两宋社会经济研究. 天津：天津古籍出版社，2010.

谢桃坊. 中国市民文学史. 成都：四川人民出版社，2015.

傅崇兰. 中国运河城市发展史. 成都：四川人民出版社，1985.

辛德勇. 黄河史话. 北京：中国大百科全书出版社，1998.

王学泰. 中国饮食文化史记. 桂林：广西师范大学出版社，2006.

中国茶叶博物馆. 话说中国茶. 北京：中国农业出版社，2018.

王曾瑜. 宋高宗. 长春：吉林文史出版社，2004.

粟品孝等. 南宋军事史. 上海：上海古籍出版社，2008.

漆侠. 王安石变法. 保定：河北大学出版社，2001.

唐红卫. 二晏研究. 天津：南开大学出版社，2010.

黄进德. 欧阳修评传. 南京：南京大学出版社，2003.

梁启超. 王安石传. 西安：陕西师范大学出版社，2010.

张祥浩、魏福明. 王安石评传. 南京：南京大学出版社，2011.

易中天. 王安石变法. 杭州：浙江文艺出版社，2017.

李昌宪. 司马光评传. 南京：南京大学出版社，1998.

王水照、朱刚. 苏轼评传. 南京：南京大学出版社，2004.

林语堂. 苏东坡传. 天津：百花文艺出版社，2008.

李一冰. 苏东坡新传. 成都：四川人民出版社，2020.

黄宝华. 黄庭坚评传. 南京：南京大学出版社，1998.

莫砺锋. 江西诗派研究. 济南：齐鲁书社，1986.

薛瑞生. 柳永别传. 西安：三秦出版社，2008.

马莎. 周邦彦及其学术史考论. 广州：暨南大学出版社，2017.

陈祖美. 李清照评传. 南京：南京大学出版社，2007.

邱鸣皋. 陆游评传. 南京：南京大学出版社，2008.

朱东润. 陆游传. 北京：人民文学出版社，2007.

邓广铭. 辛弃疾传 · 辛稼轩年谱. 北京：生活 · 读书 · 新知三联书店，2007.

巩本栋. 辛弃疾评传. 南京：南京大学出版社，2002.

孔凡礼. 范成大年谱. 济南：齐鲁书社，1985.

于北山. 范成大年谱. 上海：上海古籍出版社，1987.

黄嫣梨. 朱淑真研究. 上海：上海三联书店，1992.

金启华、萧鹏. 周密及其词研究. 济南：齐鲁书社，1993.

钱鸿瑛. 梦窗词研究. 上海：上海古籍出版社，2005.

周茜. 映梦窗零乱碧：吴文英及其词研究. 广州：广东教育出版社，2006.

卜正民. 哈佛中国史. 北京：中信出版集团，2016.

寺地遵. 南宋初期政治史研究. 刘静贞等译. 上海：复旦大学出版社，2016.

伊沛霞. 宋徽宗. 韩华译. 桂林：广西师范大学出版社，2018.

艾朗诺. 才女之累：李清照及其接受史. 夏丽丽等译. 上海：上海古籍出版社，2017.

贝剑铭. 茶在中国：一部宗教与文化史. 朱慧颖译. 北京：中国工人出版社，2019.

三、论文

莫砺锋. 论晚唐五代词风的转变——兼论韦庄在词史上的地位. 文学遗产，1989. 第5期金诤. 南方经济文化的兴起与宋词的繁荣. 新国学，2000.

李希运. 三苏与北宋进士科举改革. 山东大学学报（哲社版），1999. 第2期

潘殊闲. 论“三苏”产生的政治文化生态. 西华大学学报（哲社版），2010. 第6期

陈岳芬. 北宋时期柳永词的传播与接受. 暨南学报（哲学社会科学版），2006. 第3期

过常宝. 柳永的文化角色与生存悲剧. 东方论丛，1998. 第3期

陈燕妮. 中国11世纪城市书写中的“印象派”：柳永城市词与城市精神. 华中师范大学学报（人文社会科学版），2019. 第1期

卢有才. 张载与王安石：熙宁变法中的温和派与激进派. 南昌大学学报（人文社会科学版），2015. 第3期

李昌舒. 濮议之争与欧阳修之死. 东南大学学报（哲学社会科学版），2018. 第6期

谢谦. 欧阳修艳词绯闻辨疑. 四川大学学报（哲学社会科学版），2006. 第4期

李华瑞. 论宋夏战争. 河北学刊，1999. 第2期

朱德才. 论婉约派词人秦观. 山东大学学报，1961. 第4期

苏文健. 秦观词在两宋时期的经典化生成. 北方论丛，2016. 第4期

王梦隐. 贺铸年谱. 河南师大学报（社会科学版），1982. 第5期

李维新. 步武东坡，继往开来——试论贺铸词的历史地位. 河南大学学报（社会科学版），1996. 第1期

徐承伟. 论贺铸的词史地位. 东岳论丛，2012. 第9期

李世忠、段琼慧. 党争视域下的周邦彦及其词之政治抒情. 北京工业大学学报（社会科学版），2009. 第3期

刘尊明、田智会. 试论周邦彦词的传播及其词史地位. 文学遗产，2003. 第3期

张学忠. 论李清照的反传统精神. 社会科学研究，1998. 第3期

马里扬. 李清照南渡事迹考辨. 文学遗产，2014. 第2期

郁玉英. 姜夔词史经典地位的历史嬗变. 文学评论，2012. 第5期

张宏生. 晋宋风致与雅人情怀——姜夔的生活模式与文化品格. 文史哲，2014. 第1期

江媚. 怎样认识10至13世纪中华世界的分裂与再统一. 史学月刊，2019. 第6期

顾宏义. 宋金采石之战考. 东北史地，2010. 第3期

张邦炜. 韩侂胄平议. 四川师范大学学报（社会科学版），1991. 第1期

李超. 历史书写与历史事实：宋金和战与韩侂胄之死. 中山大学学报（社会科学版），2017. 第4期

邓红梅. 朱淑真事迹新考. 文学遗产，1994. 第2期

钱锡生. 关于吴文英生平中的两个问题. 文学遗产，1993. 第2期

张香宁. 虞允文研究. 浙江大学硕士学位论文，2011.

徐美超. 史弥远的政治世界：南宋晚期的政治生态与权力形态的嬗变. 复旦大学硕士学位论文，2014.

席明旺. 交通、水利与城市的兴衰——以清代开封为例. 四川大学硕士学位论文，2007.

陈欣. 南汉国史. 暨南大学博士学位论文，2009.